LA POESÍA EN EL SIGLO XX
(DESDE 1939)

HISTORIA CRÍTICA
DE LA LITERATURA HISPÁNICA-21

HISTORIA CRÍTICA
DE LA LITERATURA HISPÁNICA
Dirigida por Juan Ignacio Ferreras

TÍTULOS DE LA COLECCIÓN

PILAR PALOMO

LA POESÍA
EN EL SIGLO XX

(DESDE 1939)

taurus

Cubierta
de
MANUEL RUIZ ÁNGELES

Primera reimpresión: 1990

*Este libro ha sido compuesto mediante una Ayuda
a la Edición de las obras que componen el Patrimo-
nio literario y científico español, concedida por el
Ministerio de Cultura.*

© 1988, Pilar PALOMO
© 1988, ALTEA, TAURUS, ALFAGUARA, S. A.
TAURUS
Juan Bravo, 38 - 28006 MADRID
ISBN: 84-306-2521-6
Depósito legal: M. 28.876-1990
PRINTED IN SPAIN

INDICE

A mis compañeros
de Departamento:
profesores, colaboradores
y, sobre todo, amigos.

HISTORIA

1. INTRODUCCIÓN

Cuando se plantea, didácticamente al menos, la tarea crítica del análisis diacrónico de la poesía española posterior al 27, la primera tentación que surge al paso es el intento clasificatorio por generaciones. Y creo que hemos abusado de ello tal vez por el éxito —popularidad y prestigio científico del término— de la cercana invención del 27. Pero creo también que —frente a ese exagerado uso del término generación— la nota críticamente más relevante de la poesía española del treinta y cinco en adelante es la homogeneización por etapas, de sincrónica analogía, de las corrientes generacionales que en ella confluyen. Quiero decir que, al examinar ese panorama, lo evidente es que poetas de varias promociones o generaciones confluyen interrelacionados en un casi común desarrollo. Y si coexisten las publicaciones de los autores del 27 y del 36 con las de los nuevos escritores, «la evolución de las obras poéticas en curso varía también de signo, y poetas de distintas promociones concuerdan en sus intencionalismos con los de otras generaciones», como apunta Joaquín Marco (1981). Así, cuando analizamos, por ejemplo, los libros de poesía aparecidos en la postguerra, lo evidente no es sólo esa señalada confluencia sino sus líneas de identidad. Porque son, evidentemente, reveladoras de su momento una serie de libros iniciales, de García Nieto, Ruiz Peña, López Anglada, Blas de Otero, José Luis Cano, Montesinos, Morales, Cirlot, Hidalgo, Crémer, Leopoldo de Luis o Vicente Gaos.

Pero junto a ellos no olvidemos que han ido apareciendo los títulos *Ángeles de Compostela* (1940), *Alondra de verdad* (1941) o *Poemas adrede* (1943), de Gerardo Diego; *Tiempo de dolor* (1940), de Vivanco o *Poesía en armas* (1940), de Ridruejo. Y que el año 1944 está signado —junto a libros de Carmen Conde o Leopoldo Panero— por el acontecimiento que supone la publicación de *Hijos de la ira,* de Dámaso Alonso y *Sombra del paraíso,* de Aleixandre. Ninguno de ellos puede, por supuesto, *generacionalmente,* considerarse poetas de la llamada poesía de la postguerra, o de los 40. Pero su aparición es, sin duda, el elemento más importante y decisivo de mediados de la década. *Sombra del paraíso* señalaba y apuntaba las bases de un latente neorromanticismo coetáneo, no exento de notas surrealistas, y fue «desde 1944 el breviario de muchos jóvenes poetas —Bousoño, Gaos, Barral, Valente, Gimferrer—, que asumieron voluntariamente este magisterio». En cuanto a *Hijos de la ira,* «supuso una ruptura con relación a la pureza y la serenidad imperantes e influyó decisivamente en las promociones en formación» —como anota Fanny Rubio (1981)— ejerciendo la función catártica que ha señalado la crítica tantas veces.

Pero, insisto, los dos libros no son fenómenos aislados ni, mucho menos, la mera presencia magistral de voces de antaño. Porque ese mismo año de 1944, surgen Crémer y Gaos. Y es el año de iniciación de *Espadaña,* la revista poética de Crémer y Nora, o de *Proel,* en donde se consolidan como grupo los nombres de Hidalgo, Hierro o Maruri. García de la Concha (1973) ha escrito acerca de «la revolución de 1944» y, cuando en 1945 aparezcan *Postimo* y *La Cerbatana* y comiencen a publicar Bousoño —*Subida al amor*—, o Valverde —*Hombre de Dios*—, y aparezcan cercanos los promotores de *Cántico* (1947), con los primeros libros de Ricardo Molina y Pablo García Baena, el frente garcilasista se quebrará en favor de un neorromanticismo existencial e interiorizado, de calidades tremendistas o de intimismo artístico, que apuntan hacia posiciones independientes de cercanía vanguardista o al desgarrón colectivo de lo social. Cuando en 1949, Panero y Rosales publiquen dos obras definitivas —*Escrito a cada instante* y *La casa encendida*—, la poesía introspectiva del «dolor y la angustia» que vio Valbuena (1983) hasta en la «melancolía» de los neo-garcilasistas, será el común denominador de *tres generaciones poéticas,* comprometidas con el hombre y con el tiempo.

De modo análogo, serán poetas del llamado —según veremos— grupo del 36, como Celaya, los que preconicen la poesía social de los 50. Junto a ellos, poetas de la postguerra, como

Hierro, de Luis o Blas de Otero en esa su segunda etapa. Y, por supuesto, los jovencísimos poetas de los 50, como Sahagún, Garciasol o Gil de Biedma. Pero pensemos que es precisamente en esa década de predominio de lo social, cuando Guillén publica *Clamor* (1957) o Aleixandre «canta por todos» y se encuentra a sí mismo —«En la plaza», de *Historia del corazón*, 1954—, «en el movimiento con que el gran corazón / de los hombres palpita extendido».

Así pues, entiendo que cabe marcar unas etapas en el desarrollo de la poesía actual en lengua castellana y que en esas etapas, lo idóneo sería analizar la producción poética del período, con independencia de la adscripción diacrónica de los poetas a una u otra promoción. Pero que, obviamente, por simples razones didácticas habré de mencionar o analizar la obra total de los autores en el apartado correspondiente a su aparición en el panorama poético.

Y sin embargo, entiendo que será sumamente revelador anticipar aquí una relación diacrónica, por años, de autores y títulos, para que, en todo momento, el interesado en el tema pueda constatar sincrónicamente la apuntada homogeneidad de esas etapas que a continuación marcaré. Se trata de una simple enumeración de títulos —unos 700—, de alrededor de cien poetas, —de Juan Ramón a los «novísimos»— que publican entre 1930 y 1980. Es decir, desde el comienzo de publicación del llamado grupo del 36 y la aparición de las últimas promociones. La labor de consulta —qué tipo de poesía aparece conjuntamente en unos determinados años—, es una labor a realizar por el lector interesado en el tema, pero cuyo comentario he de omitir necesariamente. Y se trata, por supuesto, de una relación que pudiera ser aumentada por cada lector con aquellos títulos no mencionados, pero que, según su criterio, son significativos del período. O bien, por el contrario, ser reducida, eliminando de ella lo que a su juicio carece de ese valor significativo. Porque su *significación* en la etapa, junto a su calidad, ha sido, desde luego, una de las razones de su elección: tal libro elegido como *muestra* de un tipo de poesía no mayoritaria, o tal otro *síntoma* o *signo* de una evolución personal o colectiva. El orden de cita se efectúa en atención a esas etapas a que luego aludiré de poetas novecentistas, del 27, grupo del 36, poesía de postguerra, generación de los 50, renovación de los 60 y «novísimos» o poesía de los 70. Se señala con un asterisco el título inicial de cada autor.

2. LA PRODUCCIÓN POÉTICA ENTRE 1930 Y 1980

1930: —León Felipe: *Versos y oraciones de caminante II.*—J. Moreno Villa: *Salón sin muros.*—J. J. Domenchina: *El tacto fervoroso.*—M. Altolaguirre: *Poesía.*
1931: —J. Moreno Villa: *Carambas.*—G. Diego: *Vía Crucis.*—F. García Lorca: *Poema del cante jondo.*—P. Salinas: *Fábula y signo.*—M. Altolaguirre: *Soledades juntas.*—E. de Champourcín: *La voz en el viento.*
—Ildefonso-Manuel Gil: *Borradores* *.
1932: —V. Aleixandre: *Espadas como labios.*—G. Diego: *Poemas adrede* y *Fábula de Equis y Zeda.*
—A. Gaos: *Tertulia de campanas* *.
1933: —León Felipe: *Drop a star.*—P. Salinas: *La voz a ti debida.*—R. Alberti: *Un fantasma recorre Europa* y *Consignas.*
—M. Hernández: *Perito en lunas* *.
1934: —L. Cernuda: *Donde habite el olvido.*
—C. Conde: *Júbilos (Poemas en prosa).*—I. M. Gil: *La voz cálida.*—G. Bleiberg: *Arbol y farola* *.—A. del Valle: *Primavera portátil* *.— A. Serrano-Plaja: *Sombra indecisa* *.—A. Gaos: *Ímpetu del sueño.*
1935: —J. Ramón Jiménez: *Canción.*
—J. Moreno Villa: *Puentes que no acaban.*—R. Alberti: *De un momento a otro* y *Verte y no verte.*—V. Aleixandre: *La destrucción o el amor* y *Pasión de la tierra.*—F. García Lorca: *Llanto por Ignacio Sánchez Mejía.*
—G. Bleiberg: *El cantar de la noche.*—G. Celaya: *Marea del silencio* *.—D. Ridruejo: *Plural* *.—L. Rosales: *Abril* *.
1936: —A. Machado: *De un Cancionero Apócrifo* (en *Poesías Completas*).
—R. Alberti: *13 bandas y 48 estrellas* y *Nuestra diaria palabra.*—F. García Lorca: *Primeras canciones.*—P. Salinas: *Razón de amor.*—L. Cernuda: *La realidad y el deseo.*—E. Prados: *El llanto subterráneo.*—M. Altolaguirre: *Las Islas Invitadas.*—E. de Champourcín: *Cántico inútil.*
—M. Hernández: *El rayo que no cesa.*—A. Serrano-Plaja: *Destierro infinito.*—G. Bleiberg: *Sonetos amorosos.*—J. Gil-Albert: *Misteriosa presencia* * y *Candente horror.*—L. F. Vivanco: *Cantos de primavera* *.
1937: —E. Prados: *Llanto en la sangre.*
—M. Hernández: *Viento del pueblo.*
1938: —E. Prados: *Cancionero menor para combatientes.*

—J. Gil-Albert: *Son nombres ignorados...*—A. Serrano-Plaja: *El hombre y el trabajo.*

1939: —L. Felipe: *Español del éxodo y del llanto.*

—M. Altolaguirre: *Nube temporal.*

—D. Ridruejo: *Primer libro de amor.*— A. del Valle: *Lyra sacra.*—M. Hernández: *El hombre acecha.*

1940: —F. García Lorca: *Poeta en Nueva York.*—G. Diego: *Ángeles de Compostela.*—E. Prados: *Memoria del olvido.*

—L. F. Vivanco: *Tiempo de dolor.*—D. Ridruejo: *Poesía en armas.*—L. Rosales: *Retablo sacro del Nacimiento del Señor.*—J. García Nieto: *Víspera hacia ti* *.

1941: —J. Moreno Villa: *Puerta severa.*—P. Garfias: *Primavera en Eaton Hastings.*—R. Alberti: *Entre el clavel y la espada.*—G. Diego: *Alondra de verdad.*

1942: —A. del Valle: *Sonetos a Italia.*—E. Azcoaga: *La piedra solitaria* *.

—B. de Otero: *Cántico espiritual* *.—J. L. Cano: *Sonetos de la bahía* *.

1943: —L. Cernuda: *Las nubes.*

—D. Ridruejo: *Sonetos a la piedra.*— J. Rejano: *Fidelidad del sueño* *.—E. Azcoaga: *El canto cotidiano.*

—R. Morales: *Poemas del toro* *.—A. Canales: *Cinco sonetos en color y uno negro* *.

1944: —E. Prados: *Mínima muerte.*—R. Alberti: *Pleamar.*—V. Aleixandre: *Sombra del Paraíso.*—D. Alonso: *Hijos de la ira* y *Oscura noticia.*

—D. Ridruejo: *Poesía en armas (Cuadernos de Rusia)* y *En la soledad del tiempo.*— C. Conde: *Pasión del verbo.*—J. Rejano: *El Genil y los olivos.*—J. Gil-Albert: *Las Ilusiones con los poemas de El Convaleciente.*

—J. L. Hidalgo: *Raíz* *.—V. Gaos: *Arcángel de mi noche* *.—J. García Nieto: *Poesía* y *Versos de un huésped de Luisa Esteban.*—V. Crémer: *Tacto sonoro.*

1945: —J. R. Jiménez: *Voces de mi copla.*

—R. Alberti: *A la pintura.*

—I.-M. Gil: *Poemas de dolor antiguo.*—C. Conde: *Ansia de la gracia.*—A. Serrano-Plaja: *Versos de guerra y paz.*

—J. M. Valverde: *Hombre de Dios* *.—C. Bousoño: *Subida al amor* *.—E. de Nora: *Canto al destino* *.—J. E. Cirlot: *La muerte de Gerión* * y *En la llama.*—C.-E. de Ory: *Versos de pronto* *.—J. L. Cano: *Voz de la muerte.*—V. Gaos: *Sobre la tierra.*

1946: —J. R. Jiménez: *La estación total con las canciones de la nueva luz.*
—P. Salinas: *El Contemplado.*—E. Prados: *Jardín cerrado.*—M. Altolaguirre: *Nuevos poemas de las Islas Invitadas.*—I.-M. Gil: *Homenaje a Goya.*
—C. Bousoño: *Primavera de la muerte.*—J. García Nieto: *Del campo y soledad.*—E. de Nora: *Pueblo cautivo y Amor prohibido.*—L. de Luis: *Alba del hijo* * y *Laurel.*—R. Morales: *El corazón y la tierra.*—J. L. Cano: *Las alas perseguidas.*—J. Hierro: *Tierra sin nosotros* *.—P. García Baena: *Rumor oculto* *.
1947: —León Felipe: *Antología rota.*
—L. Cernuda: *Como quien espera el alba.*
—C. Conde: *Mujer sin Edén.*—I.-M. Gil: *El corazón en los labios.*—G. Bleiberg: *Más allá de las ruinas.*—G. ·Celaya: *Movimientos elementales* y *Tranquilamente hablando.*
—J. Rejano: *Víspera heroica.*—A. Gaos: *Vientos de la angustia.*
—J. L. Hidalgo: *Los muertos.*—J. Hierro: *Alegría.*—V. Gaos: *Luz del silencio.*—R. Morales: *Los desterrados.*
1948: —J. R. Jiménez: *Romances de Coral Gables.*
—G. Bleiberg: *La mutua primavera* y *El poeta ausente.*—D. Ridruejo: *Elegías.*—G. Celaya: *Objetos poéticos.*—J. Rejano: *El oscuro límite.*
—L. de Luis: *Huésped de un tiempo sombrío.*—R. Molina: *Elegías de Sandua.*—P. García Baena: *Mientras cantan los pájaros.*— M. Labordeta: *Sumido 25* *.—M. Álvarez Ortega: *La huella de las cosas* *.
1949: —J. R. Jiménez: *Animal de fondo.*
—P. Salinas: *Todo más claro y otros poemas.*—R. Alberti: *Coplas de Juan Panadero.*—M. Altolaguirre: *Fin de un amor.*
—Leopoldo Panero: *Escrito a cada instante.*—L. F. Vivanco: *Continuación de la vida.*—G. Celaya: *Se parece al amor* y *Las cosas como son.*—J. Rejano: *Noche adentro* y *Oda Española.*—L. Rosales: *La casa encendida.*—J. Gil-Albert: *El existir medita su corriente.*
—V. Crémer: *Las horas perdidas* y *La espada y la pared.*—J. M.ª Valverde: *La espera.*—L. de Luis: *Los imposibles pájaros.*—R. Molina: *Corimbo.*—M. Labordeta: *Violento idílico.*—J.-E. Cirlot: *Lilith.*
1950: —L. Felipe: *Llamadme publicano.*

—V. Aleixandre: *Mundo a solas* —J. Guillén: *Cántico* (1.ª edición completa).

—G. Celaya: *Deriva.*—I.-M. Gil: *El tiempo recobrado y Huella del linaje.*—J. Rejano: *Constelación menor.*

—B. de Otero: *Ángel fieramente humano.*—J. Hierro: *Con las piedras, con el viento.*—M. Labordeta: *Transeúnte central.*—P. García Baena: *Antiguo muchacho.* M. Álvarez Ortega: *Clamor de todo espacio.*

—A. Crespo: *Una lengua emerge* *

1951: —L. Rosales: *Rimas.*—C. Conde: *Iluminada tierra.*—J. Gil-Albert: *Concertar es amor.*—G. Celaya: *Las cartas boca arriba.*—A. Gaos: *La sencillez atormentada.*

— B. de Otero: *Redoble de conciencia.*—C. Bousoño: *Hacia otra luz.*—G. Nieto: *Tregua.*—M. Álvarez Ortega: *Noche final y principio.*

1952: —R. Alberti: *Retorno de lo vivo lejano y Buenos Aires a tinta china.*—E. de Champourcín: *Presencia a oscuras.*

—C. Conde: *Mientras los hombres mueren (Poemas en prosa).*—G. Celaya: *Lo demás es silencio.*

—J. Caballero Bonald: *Las adivinaciones* *.—C. Barral: *Las aguas reiteradas* *.—V. Crémer: *Nuevos cantos de vida y esperanza.*

1953: —M. de Unamuno: *Cancionero.*

—L. Felipe: *Ganarás la luz.*

—V. Aleixandre: *Nacimiento último.*—G. Diego: *Biografía incompleta.*—R. Alberti: *Ora marítima.*

—P. Garfias: *Río de las aguas amargas.*

—L. Panero: *Canto personal.*—G. Celaya: *Paz y concierto.*

—J. Hierro: *Quinta del 42.*—E. de Nora: *Siempre.*

—C. Rodríguez: *Don de la ebriedad* *.

1954: —V. Aleixandre: *Historia del corazón.*—R. Alberti: *Baladas y Canciones del Paraná.*

—G. Celaya: *Vía muerta.*—A. del Valle: *La Innombrable.*

—V. Crémer: *Libro de Santiago.*—R. Morales: *Canción sobre el asfalto.*—J. M.ª Valverde: *Versos del Domingo.*—E. de Nora: *España, pasión de mi vida.*—J.-E. Cirlot: *Tercer canto de la vida muerta.*—M. Álvarez Ortega: *Hombre de otro tiempo.*

—J. Caballero Bonald: *Memorias de poco tiempo.*—J. A. Valente: *A modo de esperanza* *.

1955: —D. Alonso: *Hombre y Dios.*—M. Altolaguirre: *Poemas en América.*—P. Salinas: *Confianza.* —G. Diego: *Amazona.*

—G. Celaya: *Cantos íberos.*—J. Rejano: *Cancionero de la Paz.*
—J. García Nieto: *La red.*—B. de Otero: *Pido la paz y la palabra.*—M. Álvarez Ortega: *Exilio y Tiempo en el Sur.*—L. de Luis: *El extraño.*—J. E. Cirlot: *El Palacio de Plata.*—C. Sahagún: *Hombre naciente* *.—J. A. Goytisolo: *El retorno* *.
1956: —G. Diego: *Paisaje con figuras.*
—G. Celaya: *De claro en claro.*—A. Serrano-Plaja: *Galope de la muerte.*—J. Rejano: *La respuesta. En Recuerdo de Antonio Machado.*
—V. Crémer: *Furia y paloma.*—V. Gaos: *Profecía del recuerdo.*—M. Álvarez Ortega: *Desierto Sur.*—A. Canales: *El Candado y Port Royal.*
—J. Caballero Bonald: *Anteo.*—A. Crespo: *Todo está vivo.*—R. Guillén: *Antes de la esperanza* *.—F. Quiñones: *Ascanio o el libro de las flores* *.—A. González: *Áspero mundo* *.—E. Badosa: *Más allá del viento* *.
1957: —J. R. Jiménez: *Tercera antología poética (1898-1953).*
—J. Guillén: *Clamor. Maremagnum.*—E. Prados: *Río natural y Circuncisión del sueño.*—L. Cernuda: *Poemas para un cuerpo.*—P. Salinas: *Volverse sombra y otros poemas.*
—L. F. Vivanco: *El descampado.*—C. Conde: *Vivientes de los siglos.*—I.-M. Gil: *El incurable.*—A. del Valle: *Oda naútica a Cádiz.*—G. Celaya: *Entreacto y Las resistencias del diamante.*
—L. de Luis: *Teatro real.*—C. Bousoño: *Noche del sentido.*—P. García Baena: *Junio.*—R. Molina: *Elegía de Medina Azahara.*
—F. Quiñones: *Cercanía de la gracia.*—C. Barral: *Metropolitano.*
1958: —L. Felipe: *El ciervo.*
—G. Diego: *Amar sólo.*
—L. F. Vivanco: *Memoria de la plata.*—M. Hernández: *Cancionero y Romancero de ausencias.*
—J. García Nieto: *El parque pequeño y Elegía en Covaleda.*—B. de Otero: *Ancia.*—J. Hierro: *Cuanto sé de mí y Estatuas yacentes.*—P. García Baena: *Óleo.*
—C. Rodríguez: *Conjuros.*—J. A. Goytisolo: *Salmos al viento.*—M. Fernández: *Credo de libertad* *.—Carlos Sahagún: *Profecías del agua* *.
1959: —G. Diego: *Canciones a Violante.*

—G. Celaya: *El corazón en su sitio.*

—J. M.ª Valverde: *Voces y acompañamientos para San Mateo.*—V. Crémer: *Con la paz al hombro.*—B. de Otero: *En castellano.*

—A. Crespo: *Júpiter* y *Junio Feliz.*—J. Caballero Bonald: *Las horas muertas.*—J. Gil de Biedma: *Compañeros de viaje* *.

1960: —J. Guillén: *Clamor. Que van a dar en la mar.*— G. Diego: *Tántalo.*—E. de Champourcín: *El nombre que me diste.*

—C. Conde: *Derribado Arcángel, En un mundo de fugitivos, Poemas del Mar Menor* y *En la tierra de nadie.*—J. Rejano: *El río y la paloma.*

—J. M.ª Valverde: *La conquista de este mundo.*—J. L. Cano: *Otoño en Málaga y otros poemas.*

—R. Guillén: *Pronuncio amor.*—J. A. Valente: *Poemas a Lázaro.*

—F. Brines: *Las brasas* *.—J. Hilario Tundidor: *Río oscuro* *.

1961: —J. Moreno Villa: *Voz en vuelo a su cuna.*—E. Prados: *La sombra abierta* y *La piedra escrita.*—L. Cernuda: *Díptico español.*—G. Diego: *Mi Santander, mi cuna, mi palabra, Glosa a Villamediana* y *La rama.*

—G. Celaya: *Rapsodia euskera* y *La buena vida.*—J. Rejano: *Libro de los homenajes.*—J. Gil-Albert: *Poesía (Carmina manu trementi ducere).*—M. Andújar: *La propia imagen.*

—L. de Luis: *Juego limpio.*—M. Labordeta: *Epilírica.*—A. Canales: *Cuestiones naturales.*

—C. Sahagún: *Como si hubiera muerto un niño.*—A. González: *Sin esperanza, con convencimiento.*—J. A. Goytisolo: *Claridad.*—C. Barral: *19 figuras de mi historia civil.*—R. Guillén: *Elegía.*—A. Crespo: *Puerta clavada.*

—J. Marco: *Fiesta en la calle* *.

1962: — V. Aleixandre. *En un vasto dominio.*—E. Prados: *Signos del Sur* y *Últimos poemas.*—L. Cernuda: *La Desolación de la Quimera.*—G. Diego: *Sonetos a Violante.*

—G. Celaya: *Episodios nacionales* y *Mazorcas.*—C. Conde: *Su voz le doy a la noche.*

—C. Bousoño: *Invasión de la realidad.*—R. Morales: *La máscara y los dientes.*—J. L. Cano: *Luz del tiempo.*— M. Álvarez Ortega: *Dios de un día.*—J. E. Cirlot: *Los espejos.*

—R. Guillén: *Cancionero para andar por el aire de Granada.*

—A. González: *Grado elemental.*—A. Crespo: *Suma y sigue.*

—J. Hilario Tundidor: *Junto a mi silencio.*—D. J. Jiménez: *Grito de la sangre* *.
1963: —J. Guillén: *Clamor.*—G. Diego: *La suerte o la muerte (Poema del toreo).*
—C. Conde: *Jaguar puro inmarchito.*—G. Celaya: *Versos de otoño.*
—J. García Nieto: *Circunstancia de la muerte.*—C. E. de Ory: *Los sonetos.*
—E. Badosa: *Balada para la paz.*—J. Caballero Bonald: *Pliegos de cordel.*—F. Quiñones: *En vida.*
—J. Jiménez Martos: *Por distinta luz* *.—M. Ríos Ruiz: *La búsqueda* *.—A. García López: *Emilia es la canción* *.—P. Gimferrer: *Mensaje del Tetrarca* *.—D. J. Jiménez: *La valija* y *Ámbitos de entonces.*
1964: —L. Cernuda: *La realidad y el deseo* (versión definitiva). G. Diego: *El Jándalo (Sevilla y Cádiz).*—R. Alberti: *Abierto a todas horas.*—E. de Champourcín: *Cárcel de los sentidos.*
—G. Celaya: *La linterna sorda.*—E. Azcoaga: *España es un sabor.*
—B. de Otero: *Que trata de España.*—L. de Luis: *La luz a nuestro lado.*—J. Hierro: *El libro de las alucinaciones.*—V. Gaos: *Mitos para tiempo de incrédulos.*—M. Álvarez Ortega: *Invención de la muerte.*—A. Canales: *Al otro lado del muro.*
—A. Crespo: *Cartas desde un pozo.*—R. Guillén: *El gesto.*
—C. Janés: *Las estrellas vencidas* *.—F. Grande: *Las piedras* *.—C. Álvarez: *Noticias del más acá* *.—J. B. de Lucas: *Las tentaciones* *.
1965: —L. Felipe: *¡Oh, este viejo y roto violín!*
—V. Aleixandre: *Retratos con nombre.*
—A. Serrano-Plaja: *La mano de Dios pasa por este perro.*—D. Ridruejo: *Cuaderno catalán.*—M. Andújar: *Campana y cadena.*
—V. Gaos: *Concierto en mí y en vosotros.*—A. Canales: *Aminadab.*
—R. Guillén: *Amor, acaso nada.*—A. González: *Palabra sobre palabra.*—C. Barral: *Usuras.*—C. Rodríguez: *Alianza y condena.*—A. Crespo: *No sé cómo decirlo.*
—A. M.ª Navales: *Silencio y amor* *.—J. M. Ullán: *El jornal* * y *Amor peninsular.*—A. Hernández: *El mar es una tarde con campanas* *.—D. J. Jiménez: *La ciudad.*—J. M.ª Álvarez: *Libro de las nuevas herramientas.*

1966: —R. Alberti: *El poeta en la calle.*—G. Diego: *Odas Morales* y *El cordobés dilucidado* y *Vuelta del peregrino.*
—J. Rejano: *Elegía rota para un himno* y *El jazmín y la llama.*
—V. Crémer: *El amor y la sangre.*—J. García Nieto: *Memorias y compromisos.*—L. de Luis: *Correo español.* J.-E. Cirlot: *Bronwyn* y *Las oraciones oscuras.*—R. Molina: *La casa.*
—J. A. Valente: *La memoria y los signos.*—J. Gil de Biedma: *Moralidades.*—R. Guillén: *Hombre en paz.*
—F. Brines: *Palabras a la oscuridad.*—F. Grande: *Música amenazada.*—P. Gimferrer: *Arde el mar.*—M. R. Barnatán: *Acerca de los viajes* *.
1967: —J. Guillén: *Homenajes.*—E. de Champourcín: *Haikai espirituales.*
—G. Celaya: *Lo que faltaba.*
—C. Bousoño: *Oda en la ceniza.*—M. Álvarez Ortega: *Génesis* y *Despedida en el tiempo.*—R. Molina: *A la luz de cada día.*—J.-E. Cirlot: *La doncella de las cicatrices* y *Marco Antonio.*
—R. Guillén: *Tercer gesto.*—J. A. Valente: *Siete representaciones.*—A. González: *Tratado de urbanismo.*—M. Fernández: *Sagrada materia.*
—F. Grande: *Blanco espiritual.*—A. García López: *Tierra de nadie.*—J. Benito de Lucas: *Materia de olvido.*—M. Ríos Ruiz: *Coro de ánimas.*—C. Álvarez: *Escrito en las paredes* y *Papeles encontrados por un preso.*—G. Carnero: *Dibujo de la muerte* *.—M. Vázquez Montalbán: *Una educación sentimental* *.—A. Martínez Sarrión: *Teatro de operaciones* *.
1968: —V. Aleixandre: *Poemas de la Consumación.*—R. Alberti: *Roma, peligro para caminantes.*—E. de Champourcín: *Cartas cerradas.*
—G. Celaya: *Los espejos transparentes.*—I.-M. Gil: *Los días del hombre.*—J. M. Gil-Albert: *La trama inextricable.*—L. Rosales: *El contenido del corazón.*—E. Azcoaga: *Del otro lado.*
—J. García Nieto: *Hablando solo.*
—J. A. Goytisolo: *Algo sucede.*—E. Badosa: *Arte Poética.*—J. A. Valente: *Breve son.*—F. Quiñones: *Crónicas de mar y tierra.*—J. Gil de Biedma: *Poemas póstumos.*
—P. Gimferrer: *La muerte en Beverly Hills.*—M. R. Barnatán: *Los pasos perdidos* y *Laberinto.*—A. Carvajal: *Tigres en el jardín* *.—A. García López: *Tierra de nadie.*—J. Hilario

Tundidor: *Las hoces y los días.*—F. de Azúa: *Cepo de nu-tria* *.—Leopoldo M.ª Panero: *Por el camino de Swan* *.—- Juan Luis Panero: *A través del tiempo* *.

1969: —J. L. Domenchina: *El extrañado y otros poemas.* —G. Celaya: *Lírica de cámara.*—E. Azcoaga: *Olmeda (Poemas solidarios).* —J. E. Cirlot: *Poemas de Cartago y Hamlet.*—M. Labordeta: *Soliloquios.*—M. Álvarez Ortega: *Oficio de los días.*—C. E. de Ory: *Poemas.* —M. Fernández: *Juicio final.*—A. González: *Breves anotaciones para una biografía.* —J. Hilario Tundidor: *En voz baja.*—A. Hernández: *Oveja negra.*—M. Ríos Ruiz: *Dolor de Sur.*—A. García López: *A flor de piel.*—L. Jiménez Martos: *Encuentro con Ulises.*—C. Álvarez: *Estos que ahora son poemas.*—Antonio Colinas: *Poemas de la tierra y de la sangre* * y *Preludios a una noche total.*—J. Siles: *Génesis en la luz* *.—F. Millán: *Este protervo zas* *.

1970: —R. Alberti: *Los ocho nombres de Picasso* y *No digo más lo que no digo.*—G. Diego: *La fundación del querer.* —C. Conde: *A este lado de la eternidad.* —J. García Nieto: *Facultad de volver.*—L. de Luis: *Con los cinco sentidos.*—C. E. de Ory: *Música del lobo.* —J. A. Valente: *El inocente* y *Presentación y memorial para un monumento.*—E. Badosa: *En román paladino.*—R. Guillén: *Los vientos* y *Límites.*—A. Canales: *Gran fuga.*—F. Quiñones: *Las Crónicas de Al-Andalus* y *Las Crónicas americanas.* —C. Álvarez: *Tiempo de siega y otras yerbas.*—F. de Azúa: *El velo en el rostro de Agamenón.*—M. R. Barnatán: *El libro del talismán.*—A. Martínez Sarrión: *Pauta para conjurados.*—M. Ríos Ruiz: *Amores con la tierra.*—A. M.ª Navales: *En las palabras.*—L. Jiménez Martos: *Con los ojos abiertos.* —A. García López: *A flor de piel.*—Leopoldo M.ª Panero: *Así se fundó Carnaby Street.*—F. Millán: *Textos y contextos.*—J. M.ª Álvarez: *87 poemas.*

1971: —P. Salinas: *Largo lamento* (edición total en *Poesías completas*).—G. Diego: *Versos divinos.* —G. Celaya: *Operaciones poéticas* y *Campos semánticos.* —I.-M. Gil: *De persona a persona.* —J. M.ª Valverde: *Años inciertos.*—C.-E. de Ory: *Técnica y llanto.* —J. A. Valente: *Treinta y siete fragmentos.*—A. González:

Breves acotaciones para una biografía.—E. Badosa: *Historias de Venecia.*—F. Quiñones: *Nuevas crónicas de Al-Andalus.*—F. Brines: *Aún no.*—A. Colinas: *Truenos y flautas en un templo.*—J. Siles: *Biografía sola.*—F. de Azúa: *Edgard en Sthepane*—J. Marco: *Algunos crímenes y otros poemas.*—G. Carnero: *El sueño de Scipión.*—A. García López: *Elegía en Astaroth.*
—L. A. de Villena: *Sublime solarium* *.—P. Canelo: *Celda verde* *.—J. J. Padrón: *Los oscuros juegos* *.—F. Aguirre: *Itaca* *.—L. A. de Cuenca: *Los retratos* *.
1972: —R. Alberti: *Canciones del alto Valle de Aniene.*—G. Diego: *Cementerio civil.*—E. de Champourcín: *Poemas del ser y del estar.*
—J. Gil-Albert: *Fuentes de la constancia.*—D. Ridruejo: *Casi en prosa.*—I.-M. Gil: *Luz sonreída, Goya, Amarga luz.*—L. F. Vivanco: *Poemas en prosa.*
—V. Crémer: *Nuevas canciones para Elisa.*—J. E. Cirlot: *Perséfone.*—M. Álvarez Ortega: *Carpe Diem*—A. Canales: *Requiem andaluz.*
—R. Guillén: *Gesto segundo.*—A. González: *Procedimientos narrativos.*
—F. de Azúa. *Lengua de cal.*—J. M. Ullán: *Maniluvios.*—M. Ríos Ruiz: *El Oboe.*—L. A. de Cuenca: *Elsinore.*—J. Hilario Tundidor: *Pasiono.*
1973: —J. Guillén: *Y otros poemas.*
—G. Celaya: *Función de Uno, Equis, Ene y El derecho y el revés.*—I.-M. Gil: *Poemas del tiempo y del poema.*—L. Rosales: *Canciones.*
—C. Bousoño: *Las monedas contra la losa.*—C.-E. de Ory: *Los poemas de 1944.*—A. Canales: *Épica menor.*
—J. A. Goytisolo: *Bajo tolerancia.*—F. Quiñones: *Ben Jagan.*—C. Sahagún: *Estar contigo.*
—C. Álvarez: *Eclipse de mar y Aullido de licántropo.*—Leopoldo M.ª Panero: *Teoría.*—J. Siles: *Canon.*—M. R. Barnatán: *Arcana Mayor.*—A. García López: *Elegía en Astaroth* y *Retrato respirable en un desván.*—M. Ríos Ruiz: *Los arriates.*
—A. Carvajal: *Serenata y navaja.*
—C. Janés: *Límite humano.*—J. J. Padrón: *Mar de la noche.*
1974: —V. Aleixandre: *Diálogos del conocimiento.*
—L. F. Vivanco: *Los Caminos.*—D. Ridruejo: *En breve* y *Cuadernillo de Lisboa.*—J. Gil-Albert: *La meta-física.*—L. Rosales: *Como el corte hace sangre.*

—V. Crémer: *Lejos de esta lluvia tan amarga.*—P. García Baena: *Antes que el tiempo acabe.* —M. Fernández: *Monodía.* —G. Carnero: *Variaciones y figuras sobre un tema de La Bruyère.*—P. Canelo: *El barco de agua.*—J. M.ª Álvarez: *Museo de cera.* —C. A. Molina: *Épica* *.

1975: —G. Diego: *Carmen jubilar* y *Los árboles de Granada (A Manuel de Falla).*—R. Alberti: *Maravillas con variaciones acrósticas en el jardín de Miró.* —G. Bleiberg: *Selección de poemas (1936-1973).*—C. Conde: *Corrosión.* —M. Labordeta: *Autopía.*—R. Morales: *La rueda y el viento.*—L. de Luis: *Reformatorio de adultos.*—M. Álvarez Ortega: *Génesis.* —M. Fernández: *Atentado celeste.*—F. Quiñones: *Memorandum.* —A. M.ª Navales: *Restos de lacre y cera de vigilias.*—J. M. Ullán: *Frases.*—G. Carnero: *El azar objetivo.*—A. Martínez Sarrión: *Una tromba mortal para balleneros.*—A. Colinas: *Sepulcro en Tarquinia.*—J. Luis Panero: *Los trucos de la muerte.*—C. Janés: *En busca de Cordelia* y *Poemas rumanos.*—M. Ríos Ruiz: *La paz de los escándalos.* —A. Sánchez Robayma: *Fragmentos nocturnos* *.—A. Carvajal: *Casi una fantasia.*

1976: —C. Conde: *Cita con la vida.*—J. Rejano: *La tarde.*—J. Gil-Albert: *Homenajes e Impromptus* y *A los presocráticos seguido de Migajas del pan nuestro.*—J. M. Gil: *Elegía total.*—G. Celaya: *Buenos días, Buenas noches.* —V. Crémer: *Los cercos.*—J. M.ª Valverde: *Ser de palabra.*—J. García Nieto: *Sonetos y revelaciones de Madrid.*—C.-E. de Ory: *Lee sin temor* y *18 poemas.* —C. Rodríguez: *El vuelo de la celebración.*—C. Sahagún: *Memorial de la noche.*—J. A. Valente: *Interior con figuras.*—M. Fernández: *Eros y Anteros.*—E. Badosa: *Dad este escrito a las llamas.*—A. González: *Breve muestra de algunos procedimientos narrativos y de las actitudes sentimentales que habitualmente comportan.* —C. Álvarez: *Versos de un tiempo sombrío* y *Como la espuma lucha contra la roca.*—J. Benito de Lucas: *Memorial del viento* y *Plancton.*—D. J. Jiménez: *Fiesta en la oscuri-*

dad.—J. M. Ullán: *De un caminante enfermo que se enamoró donde fue hospedado* y *Alarma.*

—J. J. Padrón: *Los círculos del infierno.*—J. L. Jover: *Ocho poemas* *.

1977: —G. Diego: *Soria sucedida.*

—J. Gil-Albert: *El existir medita su corriente.*—G. Celaya: *Parte de guerra.*

—J. García Nieto: *Súplicas por la paz del mundo y otros «collages».*—A. Canales: *El canto de la tierra.*—M. Álvarez Ortega: *Fiel infiel.*

—J. Caballero Bonald: *Descrédito del héroe.*—J. M. Goytisolo: *Taller de arquitectura* y *Del tiempo y del olvido.*—F. Quiñones: *Crónicas del 40.*

—F. Brines: *Incidencias en Luzbel.*—J. Siles: *Alegoría.*—C. Álvarez: *Las campanas y el martillo pegan al caballo blanco. Poemas para un análisis y teoría del crimen,* y *Los poemas del bardo.*—M. Ríos Ruiz: *Vasijas y deidades.*

F. Aguirre: *Los 300 escalones.*—A. Sánchez Robayna: *Abolida.*

1978: —J. R. Jiménez: *Leyenda.*

—R. Alberti: *La primavera de los pueblos* y *Signos del día.*—E. de Champourcín: *Primer exilio.*

—C. Conde: *El tiempo es un río lentísimo de fuego.*—G. Celaya: *Ibería sumergida.*

—J. García Nieto: *Los cristales fingidos.*—A. Crespo: *Claroscuro* y *Colección de climas.*—C.-E. de Ory: *Metanoia.*—M. Fernández: *Entretierras.*

—C. Álvarez: *Dios te salve, María... y algunas oraciones laicas.*—A. Martínez Sarrión: *Canción triste para una parva de heterodoxos.*—F. Grande: *Las Rubáiyatas de Horacio Martín.*—J. Luis Panero: *Desapariciones y fracasos.*—J. Marco: *Aire sin voz.*—A. Hernández: *Donde da la luz.*—F. Millán: *Mitogramas.*—M. Ríos Ruiz: *Razón, vigilia y elegía de Manuel Torres.*—J. Hilario Tundidor: *Tetraedro.*—A. García López: *Mester andalusí.*

—A. Sánchez Robayna: *Clima.*—F. Aguirre: *La otra música.*—J. J. Padrón: *El Abedul en llamas.*—L. A. de Cuenca: *Scholia.*—C. A. Molina: *Proyecto preliminar para una arqueología del campo.*—L. A. de Villena: *El viaje a Bizancio.*—L. A. de Cuenca: *Museo.*

1979: —R. Alberti: *¡Aire, que me lleva el aire!*

—J. Gil-Albert: *El ocioso y las profesiones.*—L. Rosales:

Diario de una resurrección.—M. Andújar: *Fechas de un retorno.*
—L. de Luis: *Igual que guantes grises.*—C.-E. de Ory: *La
flauta prohibida.*—A. Canales: *El puerto.*—M. Álvarez Ortega: *Escrito en el Sur.*
—J. A. Valente: *Material memoria.*—C. Sahagún: *Primer y
último oficio.*—E. Badosa: *Mapa de Grecia.*—R. Guillén:
Moheda.—M. Fernández: *Las flores de Paracelso.*
—A. Colinas: *Astrolabio.*—A. M.ª Navales: *Mester de amor.*
—A. Carvajal: *Siesta en el mirador.*—A. García López: *Auto de fe.*—A. Hernández: *Metaory.*—M. R. Barnatán: *La escritura del vidente.*—Leopoldo M.ª Panero: *Narciso en el último acorde de las flautas.*—L. A. de Villena: *Hymnica.*—M.
Ríos Ruiz: *Los preludios del jaramago.*—J. M. Ullán: *Solda-
desca.*
—P. Canelo: *Habitable (Primera poética).*—J. J. Padrón: *Ostenita.*—J. L. Jover: *En el grabado.*—C. A. Molina: *Últimas
horas en Lisca Blanca.*
1980: —D. Alonso: *Gozos de la vista.*— R. Alberti: *Fustigada
luz.*
—C. Conde: *La noche oscura del cuerpo.*—L. Rosales: *Un
puñado de pájaros* y *La carta entera (La almadraba).*—I.-M.
Gil: *Hombre en su tierra.*—J. Gil-Albert: *Mi voz comprometida. 1936-1939.*
—J. García Nieto: *El arrabal.*—V. Gaos: *Última Thule.*
—J. A. Valente: *Tres lecciones de tinieblas.*—A. Crespo: *Con
el tiempo, contra el tiempo.*—J. A. Goytisolo: *Palabras para
Julia* y *Los pasos del cazador.*—F. Quiñones: *Las crónicas
inglesas.*—M. Fernández: *Del jazz y otros asedios.*
—C. Álvarez: *Cantos y cuentos oscuros.*—J. Hilario Tundidor: *Libro de amor para Salónica.*—A. García López: *Trasmundo.*—Leopoldo M.ª Panero: *Last river together.*—A.
Hernández: *Dogmática menor.*
—C. Janés: *Libro de alienaciones.*—J. L. Jover: *Lección de
música.*—Ana Rossetti: *Los devaneos de Erato* *.—Luis García Montero: *Y ahora ya eres dueño del puente de Brooklyn.*

3. Etapas y desarrollo

En un título certero y sugestivo sintetizó Cano Ballesta (1972)
la bipolaridad y evolución de la poesía española tras el 27 entre
«pureza y revolución». Seis cortos años de evolución —poética,

ideológica, cultural...—, en que asistimos a la llamada *rehumanización del Arte*, como factor esencial. Rehumanización que rehuye la *pureza* vanguardista, abandonando *ismos* de perfección formalista, de supremacía del significante y la lúdica metáfora, para adentrarse en el surrealismo, el intimismo, el sentimiento y en la poesía comprometida. Un neo-romanticismo que detectó Dámaso Alonso en 1932, al comentar críticamente *Espadas como labios,* de Vicente Aleixandre, en un texto aparecido en *Revista de Occidente* y recogido después por su autor en *Poetas españoles comtemporáneos* (1958): «... en un espacio de unos tres años (1929-1932) se ha estado produciendo un fenómeno curiosísimo y es éste: que muchos de estos mismos poetas tachados de "poco humanos" (Alberti, Aleixandre, Altolaguirre, Cernuda, García Lorca, Salinas, etc.) por los caminos más distintos, y probablemente obedeciendo a una causa general (sin que por eso niegue la posibilidad de algunos influjos mutuos), vuelven los ojos a la profunda raíz de la inspiración poética, y no eluden el tema directamente personal ni el tono apasionado; más aún: en algunos el tono de voz se eleva hasta el énfasis profético».

Ese «movimiento neorromántico» que detecta Dámaso Alonso en los antes «poetas puros», es dentro del que surgen ya las nuevas voces. Así un Alejandro Gaos, al frente del volumen poético *Ímpetu del sueño* (1934), esclarece de forma contundente la nueva mentalidad: la crisis angustiosa del mundo coetáneo ha hecho temblar «las raíces más hondas de la vida» y ante el «contacto elemental pero certero de la doctrina antiburguesa» se van delimitando unos frentes de lucha, revolucionario y tradicional. En la trágica dicotomía se buscan «nuevos océanos espirituales» y para el poeta el camino «redentor» se ofrece nítidamente: «Soy de los muchos que creen que el arte necesita bucear en las entrañas vivas de lo humano, si es que ha de ser trascendental y por lo tanto permanente. Por eso cuando en los últimos años se intentaron los movimientos juveniles de «vanguardia», hinché mi voz insignificante pero convencida, advirtiendo la relativa importancia de aquellas tendencias...» «El tiempo nos dio después la razón a quienes así pensábamos y hoy no existe ningún espíritu responsable capaz de cantar el matrimonio de las bicicletas o la melancolía metafísica de los bueyes»... «Los artistas se enfrentaron de nuevo con el ímpetu de la vida...», y en ese enfrentamiento se sitúa, por ejemplo, un nuevo arte proletario, opuesto a la mentalidad burguesa, como el «grito romántico» se opuso a la «estupidez pseudo clásica del siglo XVIII». Pero ante la disyuntiva de pureza o revolución, «está todavía esa zona intermedia y mágica en la que el hombre solitario atisba el secreto de su intimidad para sorprenderla con un acento inédito». Asoma ya el poeta existencial de *Vientos de la angustia* (1947), que había colocado su poesía bajo el signo de lo vital: «Mi gran problema vital» titulará significativamente la primera de sus *Crónicas literarias* de 1934, para pasar a titular la segunda, no menos significativamente, «Homenaje a Bécquer».

Así pues, ese neo-romanticismo no es sólo la vuelta al sentimiento, a la *poesía impura* que definió Neruda. Romanticismo es, también, signo de *compromiso,* como defiende José Díaz Fernández, en 1930, desde las páginas decisivas de su libro sobre *El Nuevo Romanticismo,* defensa de un arte comprometido: lo mismo que los jóvenes románticos intentaron y lograron la transformación —desde nuevos postulados ideológicos— de las estructuras y mentalidades de la Europa de su momento, los intelectuales del presente no pueden rehuir, desde su arte, el compromiso histórico-social de su situación histórica. En este camino hacia un arte comprometido —con el Hombre y con la Historia— no habrá una diferencia de base entre los poetas de la pre-guerra (1935-1939) y los aparecidos en la década siguiente. Ambas promociones forman a mi entender una gran etapa común, que tendrá su máximo esplendor precisamente en los años cuarenta, cuando aparezcan los libros esenciales de Rosales, Panero, Rejano o Carmen Conde, paralelamente a la aparición de Otero o Hierro, como hemos visto en la relación de obras del apartado anterior. Rehumanización, compromiso y *tiempo de dolor,* según el expresivo título casi inicial de Luis Felipe Vivanco.

Pero, al compás de unos acontecimientos históricos, presentes en la memoria, pero que no es momento de comentar en la brevedad de estas páginas, el abandono de la *pureza,* de la torre de marfil del poeta, hacia una poesía enraizada en las preocupaciones políticas y filosóficas del momento —transformación política e ideológica y creciente angustia existencial— es rápidamente asumida por gran parte de los escritores del momento, con independencia de grupo o generación compartidos. Pensemos en un poeta como Pedro Garfías que, en 1926 —*El ala del Sur*—, se ha manifestado abiertamente ultraísta, y que pasa en sus *Poesías de la guerra española* (1936-1939), obviamente, a una perspectiva testimonial de poeta civil, y a la profundidad, en llanto y soledad, de la tremenda carga emocional de su *Primavera en Eaton Hastings* (1941). Como pasa, para el 27, el fervor purista, hacia 1930. Recordemos la definición de Valery sobre poesía pura recogida oralmente por Guillén, pero que ya el nuevo Guillén matizaba en una reducción de extremismos posibles, cuando se decantaba, en 1926, en favor de una «poesía bastante pura, *ma non troppo*». La asepsia ante lo ideológico, sentimental o meramente descriptivo, sustituida por la «caza de metáforas» a la que aludirá Cernuda muchos años después (1957), se abandona rápidamente en cercanía al 36, y pueden aducirse varios datos significativos. El citado libro de Cano Ballesta (1972), o los estu dios de Bassolas (1973), Hernando (1974) o A. L. Geist (1980) sobre revistas coetáneas al movimiento, ofrecen numerosos ejemplos reveladores. Por ejemplo, el contraste entre los resultados de dos muy cercanas encuestas sobre la relación entre política y literatura. Cuando en noviembre de 1927, en el número 21 de la *Gaceta Literaria,* se solicita a escritores del momento su opinión sobre la relación o alejamiento de ambos conceptos, la indiferencia es la tónica general. Incluso un escritor tan *comprometido* en fechas muy cercanas como César M. Arconada, contestaría: «El escritor debe sentir la política. Pero que el mundo lo arregle el político. Que esto es absurdo, egoísta, inmoral. Muy bien. Pero no todos hemos nacido para Napoleones». Sin embargo, una encuesta análoga, publicada en el *Almanaque Literario, 1935,* de la Editorial Plutarco, arroja, ocho años después, un resultado muy distinto. Incluso un escritor tan *puro* como Salinas responde: «No sé si la literatura y el arte deben mantenerse al margen de las inquietudes sociales. Lo que creo es que no pueden», y añade, en respuesta a otra pregunta: «Todo escritor y artista toma partido desde su obra, a menos de que éste no exista».

La llamada rehumanización del Arte —sentimiento y compromiso— se desarrolla entre 1930 y 1936 y paralelamente a la batalla contra la «poesía pura», como es lógico. En esa evolución y en esa batalla será un factor decisivo la presencia personal de Pablo Neruda, ya conocido autor de *Residencia en la tierra.* La editorial Plutarco publicó un folleto-homenaje, con la edición de tres *Cantos materiales* de *Residencia,* y que firmaron los poetas españoles, en dos grupos reveladores: Alberti, Aleixandre, Altolaguirre, Cernuda, Diego, León Felipe, Lorca, Guillén y Salinas. Y en grupo aparte, los nuevos poetas: Miguel Hernández, Muñoz Rojas, Leopoldo y Juan Panero, Rosales, Serrano Plaja y Vivanco. Es decir, una nueva promoción de poesía profundamente humanizada e impura, que hoy conocemos como grupo, promoción o generación del 36.

Caballo Verde para la Poesía fue la revista que protagonizó la nueva tendencia, desde su primer número, con la publicación de un primer manifiesto en que Neruda defiende «una poesía impura como un traje, como un cuerpo, con manchas de nutrición y actitudes vergonzosas, con arrugas, observaciones, sueños, vigilias, profecías, declaraciones de amor y de odio, bestias, sacudidas, idilios, creencias políticas, negaciones, dudas, afirmaciones, impuestos». Era, desde luego, una feroz acometida contra el mundo lírico de la torre de marfil de Juan Ramón (que acusó el golpe y lo devolvió, años después, en las páginas de *Españoles de tres mundos*). Era, en cierta manera (como Leopoldo Panero diría años después) una vuelta a los viejos maestros del 98, que escribían por esos años una poesía civil, como el reciente *De Fuerteventura a París,* de Unamuno, saltando los jóvenes por encima del esteticismo de un arte deshumanizado.

Pero en esa evolución, repito, participa casi en pleno el 27. Cuando tras los años de la guerra civil (y la muerte de Lorca) Guillén, Salinas, Cernuda, Prados, Altolaguirre, Rejano o Garfías (entre otros nombres) salgan hacia el extranjero, serán los temas de dolor, nostalgia, amargura, injusticia, amor o llanto, los que dominarán con su clamor toda asepsia y toda pureza y en donde se impone, como relevante, el tema de España. Y son unas revistas las que mantienen la unidad generacional. Unas revistas aparecidas en Francia, Cuba, Buenos Aires o Méjico, en donde los poetas españoles dispersos van intentando mantener una unión afectiva, cultural y literaria: *España peregrina, Romance,* el nuevo *Litoral, Las Españas, Ultramar...* Una unión que se plasma, asimismo, en cuatro importantes antologías: de Ricardo Morales (1943); Francisco Giner de los Ríos (1945); Horacio J. Beccoy y Osvaldo Svanascini (1947), y el fundamental *Panorama de la poesía moderna española* (1953), de Enrique Azcoaga, donde se reúnen poemas de toda la poesía española, con independencia ya de la permanencia o alejamiento de sus autores del territorio español. En todas ellas se reunía, simbólicamente, esa España peregrina que inició su éxodo en 1939. Pero que lo hizo ya con la carga de un profundo humanismo poético que, proféticamente, sintetizan, en 1941, las palabras de un viejo maestro, León Felipe, al despedir a la *España Peregrina,* en un último número no publicado de la revista: «La tierra no es la nuestra, la patria es la semilla, la sangre del Hombre. Se puede nacer en cualquier sitio y esperamos nacer algún día en una estrella de paz donde no haya espada ni veneno. El hombre peregrina hacia esa estrella... Nuestro destino es andar y está en el viento. El destino del hombre, no el destino de España. Por eso está bien que cambiemos ya nuestro título y que dejando aquí ahora el de España peregrina, adoptemos este otro mirando a las estrellas: El Hombre Peregrino».

Las palabras de León Felipe se insertan, naturalmente, dentro de su particular cosmovisión simbólica —viento, estrella, espada...—, en donde el *exilio* español se funde con el *éxodo* del Hombre en el mundo. Pero notemos que ese cambio de 1941 está más cercano al próximo *Ganarás la Luz* (1953), que al inmediato *Español del éxodo y del llanto*, de 1939. Porque el paso de la *España peregrina* al *Hombre peregrino* está señalando el camino hacia una perspectiva *existencial* —no cívica— del tema del destierro. La soledad y abandono en un universo absurdo que marcará los poemas más estremecidos del inmediato Blas de Otero.

Como conclusión de todo lo anterior, y retomando conceptos ya enunciados, podemos señalar una primera etapa en la poesía española actual que arranca de los años 30. Que en esta etapa coexisten y caminan por rutas poéticas afines poetas pertenecientes a distintos grupos o generaciones. Pero que se tiene ya la evidencia —como lo prueba el homenaje a Neruda, firmado en dos bloques— de que entre 1930 y 1936, existe ya una promoción más joven y distinta al 27. Que este grupo de jóvenes poetas va a publicar sus mejores obras ya en la década de los 40. Pero que no hay, esencialmente, una diferencia radical entre ellos y los poetas que *comienzan* en 1939, y que José Hierro llamó *Quinta del 42,* titulando así uno de sus primeros volúmenes.

Las diferencias entre los grupos del 36 y del 40, como dos apartados cronológicos de una etapa poética casi común, no radican en lo intrínseco de un quehacer literario, sino en circunstancias históricas. El grupo del 36 comienza a escribir dentro de un arte rehumanizado y comprometido —al igual que los poetas del 40—, en analogía con los maestros del 27. Pero en ellos, a diferencia de esos maestros, esa posición es *punto de partida,* no segunda etapa. (De ahí, como veremos, la dificultad crítica de encuadrar a Miguel Hernández). Pero la diferencia histórica es que el grupo del 36 será un grupo escindido a partir del 39, ya que una parte de ellos tendrá que escribir, necesariamente, su obra en el exilio. Por el contrario, en la promoción de los 40, no hay poesía de exilio, porque en América no surgieron voces nuevas. El fenómeno poético lo constata el propio León Felipe que afirmó que la *España peregrina,* las voces del éxodo, eran las únicas poseedoras del *salmo* y la *canción.* Pero cuando, en 1958, escribe las *Palabras* preliminares a un libro de Ángela Figuera, tiene que afirmar: «Nosotros no nos llevamos el salmo...» De aquel lado «no brotó el poeta». Y ahora los españoles del éxodo oyen «asombrados, atónitos...», las nuevas voces: «Esta voz... esas voces... Dámaso, Otero, Celaya, Hierro, Crémer, Nora, De Luis, Ángela Figuera Aymerich... los que os quedásteis en la casa paterna, en la vieja heredad acorralada... Vuestros son el salmo y la canción».

Esas nuevas voces son, por supuesto, del grupo del 36 —Celaya— o de la promoción de los cuarenta. Que recorren juntos o separados por el Atlántico, una primera etapa de poesía de postguerra, que coincidirá más o menos con la década.

Esa etapa parece cerrarse en 1952, en la *Antología consultada de la joven poesía española,* realizada por F. Ribes, en donde se recogen poemas de Bousoño, Celaya, Crémer, Gaos, Hierro, Morales, Nora, Otero y Valverde, como resultado de una encuesta destinada a seleccionar los diez mejores poetas vivos «dados a conocer en la última década».

Esos nombres y obras indicadas no se ajustan, por supuesto, a grupos y escuelas determinadas. Pero sí podemos señalar tendencias, marcadas o signadas por diversos factores culturales y editoriales. Así, la primavera del 43 se significará por la aparición de dos publicaciones decisivas: el comienzo de la colección Adonais, fundada por Juan Guerrero Ruiz y José Luis Cano, y el primer número de la revista *Garcilaso,* de la mano de Jesús Juan Cortés, Jesús Revuelta, Pedro de Lorenzo y, fundamentalmente, José García Nieto.

Garcilaso nacía bajo el lema de un verso de la Elegía II del poeta toledano —«Siempre ha llevado y lleva Garcilaso»— y en su corta existencia preconizaba una nueva estética, de clasicismo formal, un nuevo estilo humanista, de ruptura con las vanguardias anteriores o con la poesía «impura» de los años de preguerra. En realidad, su clasicismo, con la preponderancia del soneto, se situaba en caminos ya transitados por el grupo del 36, que había dado ya los pasos hacia una poesía de ruptura con el esteticismo anterior, como hemos visto. En esa línea, dos meses antes de la aparición de *Garcilaso,* ya había aparecido en *El Español* una antología de quince poetas jóvenes, de diversas tendencias, agrupados bajo el nexo de una titulación —*Juventud creadora*— que, carente en sí de connotaciones políticas, se uniría después al lema de la «creación como patriotismo» —que preconizaba Jesús Revuelta— en las páginas iniciales de *Garcilaso*. Pero ésta caminó, paulatinamente, hacia el neorromanticismo imperante en la década, en una colaboración abierta hacia los poetas del 27 o del 36, o a disidentes de todo clasicismo como los nacientes poetas *postistas*.

La posición garcilasista —entre estética purísima y compromiso político— fue polémicamente discutida desde su aparición. Porque ya los iniciales libros de la recién inaugurada colección Adonais reflejaban un mundo poético diverso, que fue «desde sus comienzos, el claro signo de una tendencia levantada en cierto modo frente al predominio garcilasista de aquellos momentos», como señaló Jiménez Martos al hacer la antología de la colección (1969). Recordemos, efectivamente, los primeros títulos aparecidos. En 1943, entre otras obras, *Poemas del toro,* de Morales; *Abril del alma,* de Antonio Muñoz Rojas; *La tierra amenazada,* de José Suárez Carreño; *El canto cotidiano,* de Enrique Azcoaga. Y en 1944, Dámaso Alonso prepara la explosión de su próximo *Hijos de la ira,* con *Oscura noticia,* o Vicente Gaos publica los sonetos estremecidos de *Arcángel de mi noche.* Y sólo tras los nombres de Cano, Bousoño, Carmen Conde, Ildefonso Manuel Gil o Nora, aparece, en su número 25, *Del campo y soledad,* de García Nieto, en 1946, el año de la desaparición de *Garcilaso.*

Ese frente insinuado es franca oposición polémica en las páginas de la revista *Cisneros,* cuyo espíritu antigarcilasista pasará a *Espadaña,* en cuyo primer número escribirá Victoriano Crémer: «Va a ser necesario gritar nuestro verso actual contra las cuatro paredes o contra los catorce barrotes sonetiles con que jóvenes tan viejos como el mundo pretenden cercarle, estrangularle. Pero nuestro verso, desnudo y luminoso, sin consignas y sin la necesidad de colocarnos bajo la advocación de ningún santón literario, aunque se llame Góngora o Garcilaso». Ese verso, «desnudo y luminoso», buscará los cauces de una rehumanización poética, dentro de una libertad métrica y en la vía —entrañada vía, lejos aún del próximo realismo social— del signo vital y el compromiso histórico. Por ello, a los nombres de Crémer y Nora se unirán en las páginas de *Espadaña* —por intermedio del propio Nora— los de Valverde o Blas de Otero.

La misma voluntad de rehumanización animada, desde 1942, las páginas valencianas de *Corcel,* dirigida por Ricardo Juan Blasco, que recogería las primeras inquietudes de José Hierro, Julio Maruri y José Luis Hidalgo —la «quinta del 42»—, quien escribe al primero de ellos, en estos comienzos de su obra: «...Valbuena Prat cree, con nosotros, que la poesía, después de la guerra, debe tender a una mayor humanización, pero él le da una dirección religiosa». Humanismo truncado trágicamente en Hidalgo y mantenido por José Hierro en una de las más claras trayectorias de la lírica contemporánea, centrado en ese *cuanto sé de mí* que signará su total producción. Pero las páginas de *Corcel* significaron algo más que corriente rehumanizadora, ya que en ellas se publicaron no pocos textos de tendencia surrealista.

Porque la década de los cuarenta es un período que difícilmente se puede clasificar en neogarcilasismo y neorromanticismo existencial, como corrientes encontradas simbólicamente en la encrucijada del 44. Es tiempo de «angustia y de dolor» —vuelvo a citar a Valbuena— y no cabe, por mucho tiempo, el escapismo evasivo de una serenidad forzadamente clásica e intemporal. Caben, sin embargo, otras posturas estéticas. Por ejemplo, la del independiente aragonés Miguel Labordeta, con sus ecos de recio surrealismo, o la posición de una «corriente surreal» que, colateralmente, discurre junto a la avalancha rehumanizadora y, pronto, social, al racionalizar su intrínseco expresionismo. Pero fieles a una vanguardia surrealista —que abandonará, como veremos, un Celaya— se mantendrán Carriedo, Labordeta o Cirlot, o se intentará la aventura del *Postismo,* de mano del pintor Eduardo Chicharro y de Carlos Edmundo de Ory. *Postismo,* la revista de Silvano Sernesi, Chicharro y Ory, sólo publicó un número, en enero de 1945, y se continuó en el también único número de *La Cerbatana,* en el mismo año. Fue, por supuesto, un movimiento minoritario y, en cierta manera, fracasado en su momento, aunque Ory lo continuase en el introrrealismo de 1951 y el A.P.O. de 1968. Y aunque en esa línea surgieran, inicialmente, nombres como el de Gloria Fuertes o el de Ángel Crespo, que desde las páginas de *Deucalión,* mantendrá, frente al realismo crítico de los años cincuenta, una vinculación a formas surrealistas. Aparecida en Ciudad Real, en 1951, en ella colaboraron Carriedo, Chicharro, Labordeta, Crespo, Celaya, Gloria Fuertes, etc..., es decir, los nombres más significativos de la corriente *surreal* que, en su conjunto, ha sido valorada hoy día como una de las fuentes de transformación de la poesía de los años sesenta, en los nombres de Félix Grande, Antonio Fernández Molina o Fernando Quiñones, para enlazar con los *novísimos* de finales de la década.

Proyección de futuro tuvo también, evidentemente, la veta andaluza de los cuarenta, representada por el grupo surgido en Córdoba en torno a la revista *Cántico*. Porque será en los años setenta cuando *Cántico* y sus poetas serán analizados y revalorizados, mientras sus nombres permanecían ausentes de las antologías coetáneas. El ejemplo de Juan Bernier, Mario López, Julio Aumente y, sobre todo, Ricardo Molina y Juan García Baena representaba en 1947 —año de aparición de *Cántico*— una vinculación con el 27, una estética de la belleza —literaria y pictórica— y, poco después, una oposición al compromiso social, en favor de un intimismo culturalista —modernismo y 27— y de una detención en la belleza formal de la palabra, que convertía su poesía en un puro mensaje artístico de increíble luminosidad y pureza de líneas. Esteticismo, paganismo, amor a la palabra, brillantez estilística y un cierto misticismo sensualista —Juan Ramón y Cernuda—, como notas esenciales de una estética al margen de modas y usos; pero que cristalizaría en el general culturalismo vanguardista posterior a 1965 y en el barroquismo sensualista de grupos actuales de poesía andaluza. Puente intermedio serán los nombres clave del malagueño Canales, de Aquilino Duque, del último Caballero Bonald o del granadino Rafael Guillén, en el camino hacia ese *mester andalusí* que —teoría y práctica— levantará poéticamente Ángel García López, a mediados de los setenta.

Al iniciarse la década de los cincuenta, la corriente neogarcilasista ha perdido definitivamente la batalla. Continúan, a su aire, el grupo andaluz de *Cántico* y la corriente surrealista parece batirse en retirada ante el avance de aquella rehumanización que se torna en la década en una problemática marcadamente social. Recordemos, de nuevo, cómo un Aleixandre ha descendido a la multitud en su célebre poema «En la plaza» y ha cantado «por todos». Y, por supuesto, son los años de *Las cartas boca arriba* (1951), *Lo demás es silencio* (1952), *Cantos íberos* (1955) o *Las resistencias del diamante* (1957) de Celaya, que ha declarado en la *Antología consultada,* de Ribes —que abre esta etapa, en 1952—, que considera la poesía como un «instrumento, entre otros, para transformar el mundo». El llamado por García Hortelano (1978) «grupo poético de los años cincuenta» aparece, pues, casi homogéneamente vinculado a la llamada poesía social. Lo cual no quiere decir, naturalmente, que no fructifiquen los disidentes, algunos en torno a la revista *Agora* que, desde 1956 a 1964, dirige y patrocina Concha Lagos.

Se define la poesía como comunicación, en un lenguaje intencionadamente antirretórico y antilírico, y con un mensaje de contenido ético-social de defensa del individuo y la colectividad, en cuanto que ambos sean un ejemplo de marginación, injusticia, persecución... con temas, muy frecuentemente, de encubierta denuncia política. El movimiento mezcló poetas de altura lírica extraordinaria —Hierro, Otero, Leopoldo de Luis—, con otros nombres de no menor calidad poética, más enraizados generalmente en el intimismo, como los de Sahagún, o Ángel González, entre los nuevos. Pero la poética del realismo social surgida a finales de los cuarenta aparece atacada casi generalizadamente, en torno o a partir de 1960, cuando numerosas voces críticas comienzan a señalar su reiteración temática y su antiliterario prosaísmo de corto vuelo. Ya incluso en 1953, Carlos Barral alertará de los peligros de la escuela, afirmando en la revista *Laye,* que «poesía no es comunicación», y al final del período, en 1962, Gerardo Diego señala el declinar de una poesía comprometida, que nació, en parte, oponiendo al arte de la palabra de los gongorinos, y a un mal entendido neoclasicismo intemporal, la palabra poética en el tiempo, de un parcialísimo Antonio Machado, en el que sólo se quiso ver, en increíble miopía crítica al poeta del pueblo. Paralelamente a esa poética, los nombres de Claudio Rodríguez, Valente o Barral —y algo posterior, Brines— proclamaban y realizaban un modo de poesía que se constituiría en una vía de conocimiento, como teóricamente analizaron en años posteriores. Y paralelamente también al intencionado prosaísmo de una poética de lo denotativo, la generalidad de los poetas del Sur siguen buceando en la palabra poética, portadora de todo mensaje —incluso el social—, hasta abocar al cultural barroquismo de los citados Canales, Caballero Bonald o el melillense Miguel Fernández, ya casi en la década posterior.

Cuando se cierra la de los cincuenta, una nueva antología —y su estudio preliminar, abiertamente defensivo de posiciones anteriores—, los *Veinte años de poesía española,* de Castellet (1960), son su máxima defensa teórica, pero también, inevitablemente, la historia casi cerrada de un capítulo de historia literaria, ya que «esta antología, en cierto modo, resumía el movimiento y al propio tiempo lo liquidaba, intención bien contraria a la del antólogo, cuyo sentido de la oportunidad corría parejo con la dogmática y profética exposición de sus enunciados teóricos» como afirmaría Batlló en su *Antología,* de 1968. Posteriormente, sólo especiales circunstancias vitales —como en el caso de Carlos Álvarez— justificarán la permanencia de la estética, que desaparece ante el retorno al intimismo lírico y a la palabra artística que se inicia en un tiempo de transición que irá —como una tercera etapa— hasta 1968-1971, en que tres antologías proclaman el triunfo de una nueva estética, ya instaurada hacia 1965, en la que no hubo, aparentemente, programas ni grupos, pero cuyos representantes —la evolución de los poetas del cincuenta, más los nuevos nombres de García López, Joaquín Marco, Jiménez Martos, Félix Grande, Gimferrer, Antonio Hernández o Carnero— llevarán la poesía hacia las posiciones definitivamente renovadoras de las últimas promociones.

Evidentemente no hay cohesión de escuela, pero será norma general la «liberación del compromiso ideológico» y su adscripción a un «compromiso fundamental con la poesía» —como certeramente apunta J. Olivio Jiménez (1942)—, en una búsqueda de autenticidad, en donde los nombres —que llegan, renovados, de años anteriores— de Claudio Rodríguez, Valente, o Brines cobrarán una densidad extraordinaria.

Uno de los primeros textos definidores del cambio poético experimentado desde la quiebra del realismo social de comienzos de los sesenta se evidencia en la citada *Antología de la nueva poesía española,* de José Batlló, en 1968. Porque en ella se alinean, en ese sentido de novedad poética —no de nuevos poetas—, autores de un amplio período: desde Gloria Fuertes, con un primer libro en 1950 a José Miguel Ullán, con una primera obra en 1965, o Vázquez Montalbán con sólo un año de conocimiento público: *Una educación sentimental,* de 1967. Son, en conjunto, una serie de poemas publicados entre 1957 y 1967, con el dato revelador de que se señalan las obras de Carriedo y Labordeta, como puntales de una renovación anticipada y, por ello, marginada o silenciada.

La impresión general de las respuestas de los poetas seleccionados —una solicitada definición de su estética y su momento generacional— es, aún, desorientadora. Pero acusa un cambio, una nueva dirección todavía no claramente definida, que tiene como denominador común la detención en la palabra, la factura artística, la literatura en suma, como vía de conocimiento —no de comunicación— en un progresivo acercamiento a rutas experimentales. Y así, en la segunda mitad de la década de los sesenta, las obras de Gimferrer, Carnero o Vázquez Montalbán suponían la total liquidación de una época preconizando una vuelta al 27, al decadentismo modernista, a los «poetas malditos» simbolistas o, incluso, mirando a la *generación beat* americana —cuyas obras comienzan a traducirse desde 1967— o situándose bajo el magisterio de Eliot, Pound, Saint-John Perse o Yeats. O, frente a Machado, Cernuda y Aleixandre.

La nueva tendencia, abierta ya decididamente hacia una cuarta etapa —la de los años setenta—, parece consolidarse críticamente en la otra de las antologías reseñadas: los *Nueve novísimos poetas españoles,* de Castellet (1970), como representativos ejemplos de la ruptura poética con un pasado inmediato, que se había, repito, iniciado hacia 1962 —como el propio Castellet señala— y que tras unas etapas transicionales aflora en los jóvenes *novísimos* del final de la década, en una explosión de libertad creadora, que va de la ruptura formal del discurso, en un campo alógico que opera sobre la sugestión del *collage,* al automatismo o al decadentismo de connotaciones especialmente culturalistas.

Un experimentalismo que cristalizará en la antología de Fernando Millán y Jesús García Sánchez, *La escritura en libertad* (1975). Sus autores presentan el conjunto de textos, dibujos, *collages,* ejemplos de poesía visual o poesía concreta, «como un producto más de los cambios fundamentales sobrevenidos en los últimos cincuenta años en el terreno de la comunicación», señalando el año 1965 como el inicial de un cambio poético, que se consagró en 1970, como final de esa «línea de evolución» que iría «desde la poesía de vanguardia de los años cincuenta hasta la situación actual». En esa línea de vanguardia, por supuesto, hay que situar al *postismo* o a Cirlot, en su doble confluencia e interrelación de los signos icónico y lingüístico. En la amplia nómina de autores —poetas y pintores— cuyas obras se seleccionan, sólo figuran los escritores españoles Juan Carlos Aberasturi, Felipe Boso, Joan Brossa, José Luis Castillejo, Celaya, Cirlot, Juan Hidalgo, Josep Iglesia del Marquet, Fernando Millán y José Miguel Ullán, los más jóvenes del grupo estos dos últimos y autores de los más importantes libros de la reciente poesía experimental española: *Mitogramas* (1979), de Millán, y *De un caminante enfermo que se enamoró donde fue hospedado* (1976), de José Miguel Ullán.

Experimentación o culturalismo. Dirección esta última que se definía teóricamente en la tercera antología que me interesa reseñar en este período abierto hacia el setenta: *Espejo del amor y de la muerte,* con selección y prólogo de Antonio Prieto y presentación de Aleixandre (1971), como una primera formulación teórica y presentación de lo que poco después será denominado *escuela veneciana* y que, junto con fórmulas experimentales, llenará, en novedad, la década de los setenta, en las plumas de los entonces más jóvenes poetas. Exquisitamente, la poesía discurrirá por las rutas de Bizancio y la Provenza, bebiendo en Baudelaire, Verlaine y Oscar Wilde, en Guillermo de Aquitania o Constantinos Kavafis... Mitos y viejas culturas o mitos de la sociedad presente, barroquismo esteticista y decadencia modernista o sugerencias arábigas de un *mester andalusí*. El desarrollo hasta hoy de un Antonio Colinas o Luis Antonio de Villena es el desarrollo de un arte donde el poema —retomando viejas voces, como nuevas olas de un mismo mar— es un universo autónomo que se basta a sí mismo a través del juego mágico de la palabra poética que saluda Aleixandre: «La juventud no es un puñal, pero su palabra es sagrada. Y éstos que con su nacimiento modifican la base, porque no hay un solo poeta que no modifique el mundo, se queman en palabras —son hoy— y dejan entre su humo un resplandor presunto que dice: Mañana».

4. REHUMANIZACIÓN Y TESTIMONIO: 1930-1952

Según he venido indicando en páginas anteriores, no estimo que los escritores que comienzan a escribir entre 1930 y 1936, formen una generación de índole diferente a la integrada por los poetas de la inmediata postguerra. Sin embargo, las circunstancias aducidas de carácter histórico y la misma cronología parecen hacer necesario desgajar del conjunto un primer grupo: el de aquellos poetas, nacidos a la literatura durante la República, que *vivieron* como testigos y protagonistas el proceso de rehumanización y compromiso que se desarrolla en esos años, y que publican sus primeras obras en coexistencia con la totalidad de los componentes del 27. Poco después, como ellos mismos, escindidos en dos grupos de difícil contacto y escasos puntos de unión externa: distintas revistas, editoriales y, en gran parte, distintos receptores. Sin embargo, la aceptación del término *generación* para designarlos — con lo que ello indica de grupo cerrado y autosuficiente—, parece haber entrado en un ligero retroceso crítico en los últimos años, desde una casi unanimidad de aceptación a mediados de los setenta. Pensemos, por ejemplo, en las dos aportaciones decisivas a la historia crítica de la poesía española actual de Víctor García de la Concha. En su primer estudio (1973) el profesor García de la Concha dedica los capítulos I, II y III de su estudio a analizar el concepto e historia de la llamada *generación del 36* y de sus principales representantes. En el segundo estudio (1987), superador del primero, acomete el tema con notable cautela. Y cuando establece la evidente analogía de todas las tendencias poéticas de la preguerra en el punto común de su «voluntad de encuentro en la palabra», añade casi categóricamente: «Es hora ya de abandonar un concepto crítico que, lejos de facilitar la captación de la rara variedad dialéctica del proceso poético, lo estorba y empequeñece».

4.1. El grupo del 36

El nombre de «generación del 36», como aduce Víctor García de la Concha, parece proceder de Pedro Lorenzo, pero sería Homero Serís quien, en 1945, lo acuñaría definitivamente. Pese a la inmediata réplica negativa por parte de Guillermo de Torre, comenzaba, en realidad, una polémica aún no zanjada, y de relativa importancia si pensamos que lo que se pone en juego no es una simple titulación, sino la existencia misma de dicha generación literaria, llámese ésta del 35, del 36 o «de la República», como quiere algún otro crítico. La cuestión tampoco se resolvió satisfactoriamente cuando la revista *Ínsula* dedicó un número a su planteamiento. Aparte de un trabajo de Ricardo Gullón, en la revista se incluía una encuesta sobre la existencia o realidad generacional en debate, y las respuestas fluctúan entre desorientación, impresión y generalidades no válidas, ya que los elementos aglutinadores que se aducen sólo se cumplen en una parte de los componentes del grupo y, por otra parte, son elementos de presencia mucho más evidente en corrientes poéticas anteriores. Tampoco aclaró definitivamente la cuestión el Symposium celebrado en Syracuse, en 1968, en homenaje a Homero Serís, pero el término cuenta ya con la acuñación crítica suficiente como para haber motivado diversas antologías: la excesivamente abarcadora de Luis Jiménez Martos (1972), o la más concisa de Francisco Pérez Gutiérrez (1979), circunscrita a diez nombres: Bleiberg, Celaya, I.-M. Gil, Gil-Albert, Miguel Hernández, J. Panero, L. Panero, Ridruejo, Serrano-Plaja y Vivanco. A estos nombres añade M.ª Dolores de Asís (1979), los indiscutibles de Adriano del Valle, Carmen Conde y Guillermo Díaz Plaja.

Pero, en realidad, la cuestión no se debate en torno a la nómina de sus integrantes, en los que, incluso, ya se van marcando «dos grupos claramente diferenciados: el de la revista *Hora de España,* donde destacan dos nombres, Juan Gil-Albert y Arturo

Serrano-Plaja, y el que después de la guerra giraría en torno a *Escorial*», como puntualiza Pérez Gutiérrez, y cuyos componentes tenían ya una clara conciencia de integración generacional. Incluso un poeta aparentemente *ajeno* al grupo de *Escorial,* como Idelfonso-Manuel Gil, tiene clara conciencia de *su* propia integración en un movimiento generacional o en un grupo homogéneo. Así, en el Congreso de Syracusa, declara con respecto a la existencia o no de esa generación que él denomina *republicana:* «Si es una realidad histórico-literaria, soy miembro de ella. Y si no existe soy un escritor que anda desvalido, sin ninguna sombra a que acogerme», manifestando después en sus *conversaciones* con la hispanista Rosario Hiriart (1981), sus *coincidencias* con Rosales o Panero.

Resumiendo o intentando sintetizar el problema (ampliamente desarrollado en los aludidos trabajos del profesor García de la Concha), entiendo que el elemento básico que serviría de unión entre los componentes de la debatida generación es —como tantas veces se ha aducido— su incuestionable humanización, que busca nuevos valores en el plano del contenido. «Entendemos el humanismo como aquello que intenta comprender al hombre, a todos los hombres, a fondo», declaran en una ponencia conjunta, en 1937, Serrano-Plaja, Gil-Albert y Miguel Hernández. Así, Luis Rosales aduce como característica generacional «la búsqueda de lo humano radical, que en la literatura había alcanzado la cima con la generación del 98». Y Panero remachará la idea: «Retorno a lo humano, de vuelta al sentimiento, de regreso a los temas líricos tradicionales y eternos: el amor, la muerte, la tierra y el paisaje de España».

Ese retorno lo explica Idelfonso-Manuel Gil por imperativos históricos: «Nuestra participación en los hechos, a lo largo de 1930 y 1931, nos sacó del magisterio inmediato de la Generación del 27, para llevarnos hacia Unamuno, hacia Antonio Machado, hacia Ortega. Y nos apartó de la brillante y gozosa tentación del juego poético y literario, para acercarnos a la integridad del hombre de carne y hueso». E indudablemente, en esos imperativos históricos, jugaría un papel decisivo —de ahí el nombre generacional propuesto— la impronta de la guerra civil, no como aglutinadora del movimiento —cuyas líneas, insisto, están marcadas con anterioridad—, sino como determinante básico de su fijación definitiva. Por eso dirá, certeramente, Ridruejo, en 1953, al prologar el *Canto personal,* de su amigo Panero: «... los poetas de esa generación a la que maduró la guerra de España».

Porque tal vez sea ese determinante histórico el factor decisivo del transcendentalismo intimista o enraizado existencialismo en que los poetas del 36 buscaron su salvación poética, por los caminos renovados de Machado o Unamuno. Ya no se busca esa salvación en una palabra poética transcendente en sí misma —Góngora—, sino en el mensaje que esa palabra comporta. Recordemos el *Credo poético* de Unamuno: «El lenguaje es ante todo pensamiento, / y es pensada su belleza. / Sujetemos en verdades del espíritu / las entrañas de las formas pasajeras...».

Y en esas verdades del espíritu, el dolorido sentir de Garcilaso —el «claro caballero» de Alberti o Miguel Hernández—, se une a un Bécquer intemporal, a cuyo *redescubrimiento* apasionado asistiremos.

Unamuno, Machado, Bécquer y Garcilaso... Incluso, el retorno al garcilasismo podía ser un factor determinante del mismo término «del 36». Porque Rafael Lapesa (1977) ha aducido otra interpretación del mismo partiendo de presupuestos estrictamente literarios: «Si el centenario de Góngora había agrupado en 1927 a los poetas más representativos de la generación anterior, el centenario de Garcilaso, en 1936, marcaba una de las orientaciones de la generación nueva: versos garcilasianos servían de lema a sus creaciones o inspiraban, como subyacente modelo, églogas y sonetos... No había ruptura con las tendencias anteriores: de la «poesía pura» se heredaban la profusión de imágenes, no pocas preferencias léxicas, expresiones acuñadas y algunos esquemas sintácticos gongorinos; pero más poderosa que estos rasgos formales era la instalación en el plano de la realidad existencial»...

Aunque, de nuevo, —como también indica Lapesa—, a ese plano y a ese garcilasismo también había llegado el 27 y se acercarían los poetas del 40. Recordemos varios datos bien conocidos, que engloban a las tres promociones: el grupo poético en torno a la revista *Garcilaso,* de la década de los 40. Pero muchos años antes, la temprana devoción del Rafael Alberti tradicional y neo-popular de *Marinero en tierra:* «Si Garcilaso volviera...», o la utilización de versos de la *Égloga* I por parte de Cernuda en su elegía «A un poeta muerto (F.G.L.)», que recientemente ha señalado García Posada. Sin embargo los dos ejemplos, separados casi por veinte años, creo que son reveladores de una transformación: en el poema de Alberti —1924— Garcilaso es un *motivo* de poesía tradicional; en el de Cernuda —incluido en *Las Nubes,* 1937-1940—, es la voz *dolorida* de Garcilaso la que presta el

tono elegíaco al poema sobre la muerte del amigo asesinado.
Y en esta segunda línea —*dolorido sentir*—, está la famosa
Égloga, de Miguel Hernández, dedicada al «claro caballero de
rocío» que duerme bajo las aguas del Tajo:

> Como un loco acendrado te persigo:
> me cansa el sol, el viento me lastima
> y quiero ahogarme por vivir contigo.

También bajo las aguas toledanas está, en los versos de Miguel Hernández, otro poeta del sentimiento: Bécquer, «El ahoga-
do del Tajo», salvado del polvo y de la tierra, porque «inacallable
metal líquido eres».

Igualmente, ese retorno a Bécquer se va preparando desde
años antes: el continuado homenaje al poeta de las *Rimas*
—«huésped de las nieblas»—, en *Sobre los ángeles,* de Alberti, o,
ya en la década de los treinta, *Donde habite el olvido,* de Cernuda. Muy pocos años después, los *Romances de Abril, Homenaje
a Gustavo Adolfo Bécquer* (1935-1938), que siguen, significativamente en el orden del *Segundo Abril,* de Luis Rosales, a los
Sonetos de Abril, Homenaje a Fernando de Herrera. Los ejemplos podrían multiplicarse.

Y por supuesto, Machado. Su presencia en la poesía de postguerra ha sido materia suficiente para que José Olivio Jiménez
escriba un reciente libro (1983). Y los temas machadianos del
tiempo serán los que volvamos a encontrar en una buena parte
del grupo del 36. Pero además se canta al Machado hombre, a
ese primer poeta muerto en el exilio. Así Juan Rejano, en *El
jazmín y la llama* expresa su propio desamparo a través de la
palabra del poeta desaparecido:

> Ha muerto
> Ya estoy más solo
> lo escuché en la voz del viento,
> Puedo decirlo sin lágrimas,
> No puedo decirlo: ha muerto
>
> . . . .
>
> Amor, el mar me devuelve
> la enternidad de su acento,
> Dicen que al morir le hallaron
> a España dentro del pecho.

Pero no es sólo *elegía*, sino *poética*. Porque el mismo Rejano, en 1965 publicaría «La respuesta, en memoria de Antonio Machado», donde declara, desde el comienzo su identidad espiritual y su magisterio:

> Me nutrió tu palabra, desnuda y verdadera,
> y he crecido a tu lado como un árbol sonoro
> al pie de una montaña.

Y Unamuno, que resuena en esta poesía existencial, *desarraigada,* como la definió Dámaso Alonso, de una manera incesante. Hasta leer en las *Rimas,* de Luis Rosales, estrofas tan impregnadas del simbolismo unamuniano que resuenan sus ecos hasta en los evidentes calcos léxicos inconfundibles:

> El tiempo es un espejo en que te miras.
> Tú ya has entrado en el espejo y andas
> a ciegas dentro de él. Tú ya has entrado
> en el espejo. Nada
> te puede desnacer, ya eres viviente.

El término «desarraigado» lo aplicó Dámaso Alonso (1958) a su propia poesía. Y retomo la evocación porque tal vez sea en este punto donde tengamos que situar al Dámaso Alonso poeta, si como crítico fue el verdadero artífice del 27. El mismo ha destacado su no afinidad poética con el grupo: «Si he acompañado a esta generación como crítico, apenas como poeta. Las doctrinas estéticas de hacia 1927, que para otros fueron tan estimables, a mi me resultaron heladoras de todo impulso creativo. Para expresarme en libertad necesité la terrible sacudida de la guerra española. Los poemas más antiguos de *Hijos de la ira* son de 1930; pero la mayor parte, posteriores a 1940». Así, pues, por la cronología de sus más importantes libros y por las mismas características en su obra poética, Dámaso Alonso está mucho más inmerso en el grupo del 36: una obra gestada desde antes del 36, dentro de una corriente rehumanizadora y existencial, que cobra toda su plenitud en la postguerra española. En consecuencia, encontraremos en su obra las voces de Unamuno y León Felipe y las fuentes bíblicas por las que caminaron los tres.

Efectivamente su obra poética publicada con anterioridad al 36, se limita, a los *Poemas puros. Poemillas de la ciudad,* de 1921, para saltar a su producción del 44: *Oscura noticia* e *Hijos de la ira.* Completan su obra *Hombre y Dios,* publicado en 1955, *Gozos de la vista,* de la misma época, básicamente, pero aparecido en 1981, y su último libro, de 1985, *Duda y Amor sobre el Ser Supremo*, redactado casi inmediatamente a su publicación, a los ochenta y seis años de edad.

Su poesía, en conexión con la etapa que estoy analizando, ha sido calificada de «existencial», por algunos de sus principales críticos (Flys, 1968; L. F. Vivanco, 1971), y como «poeta de una postguerra» le ha situado Fanny Rubio (*Cuadernos Hispano-americanos*, 1973). Lo indudable es que en él nace, con *Hijos de la ira* exactamente, una buena parte de la poesía de la postgue-rra, mientras que, por cronología, se enlaza con el 27 y el 36. Testigo y crítico del 27, no milita, sin embargo, dentro de una poesía pura, excepto con ese libro inicial, poco significativo en su trayectoria. Por el contrario, él mismo nos dirá en las páginas de reflexión crítica —«Vida y obra»— que anteceden a su última entrega poética: «En mi vida, cada vez más, ha habido un sufri-miento que ha ido intensificándose. Es curioso que mi vida haya recibido benevolencias, premios, posturas extradignas y fértiles; y que, sin embargo, en la suma interioridad de mi espíritu haya habido una constante angustia, vertida sobre mi propio yo, y atribuida a nacimiento desde mi propio yo «...» Mi amargura era profunda desde casi mi niñez y además crecía a diario». Esa angustia existencial se vuelca en toda su obra en un desesperado intento de una búsqueda de lo transcendente, de una búsqueda de Dios, a quien se dirige incesantemente desde las páginas de *Oscura noticia* o *Hijos de la ira* hasta el último verso de su último libro: «Amor, no sé si existes. Tuyo, te amo». Pero en esa búsqueda hay momentos de dulzura y mansedumbre, porque bascula intermitentemente entre el horror de la Nada, y «otro pensar dulce y suave que considera la existencia de prolongación de una especie de vida, después de la muerte de nuestro cuerpo. Y tiene, entonces, en su corazón y en su pensamiento, la idea de un hacedor y sumo gobernador de todo lo vital». Y añade: «Así en mi poesía viven ambos lados: el duro, terrible y desnudo; y el dulce y altamente gobernado. Hay versos míos, en que, en *Hijos de la ira*, se prescinde de toda eterna altitud sobre lo humano, pero hay muchos poemas en que se acude a eso que puede reme-diar la triste bajeza de nuestro vivir: Dios».

Los párrafos anteriores dan paso en el aludido volumen últi-mo a una selección poética del propio Dámaso Alonso, que el autor titula *Antología de nuestro monstruoso mundo*. Desde esas páginas en prosa y desde esa selección podría estudiarse toda la trayectoria del poeta, fluctuando desde siempre entre esas dos entidades de *poesía arraigada* y *poesía desarraigada* que él mismo definió. Y escribo, desde siempre, porque la angustia, la duda y lo absurdo de un existir sin destino transcendente, aparecen en la poesía de Dámaso Alonso en poemas anteriores a 1936. Poemas sobre la indagación del ser se incorporan así, a *Hijos de la ira* desde redacciones anteriores como *Casa*. Y recordemos el «Sueño de las dos ciervas», el simbólico y casi sanjuanista poema publicado en *Oscura noticia,* pero poco posterior al 27 y del que dice el poeta de 1983: «Como tan frecuentemente en mi poesía es el sueño de la vida «...» Luz y sombra huyen hacia el centro de todo, el hito, la eternidad». Luz y sombra, Ser y Nada, Duda y Amor frente al Ser Supremo que se traducen después en la «Continuación» de ese «Sueño de las dos ciervas», en la interrogación directa y en la impotencia de la respuesta:

> ¿Porque nos huyes, Dios, porque nos huyes?
> Tu veste en rastro, tu cabello en cauda,
> ¿dónde se anegan?

Ese tono interrogativo —la pregunta lanzada al vacío, como en León Felipe, en ecos del bíblico Job—, es consustancial a toda la poesía de Dámaso Alonso, como símbolo mismo del Hombre, misterio insondable sin respuesta. Así, en el mismo libro *Oscura noticia,* el hombre se presenta ya como una esencia interrogadora. Y dice «A los que van a nacer»: «Seréis / indagación y grito sin respuesta».

En «Voz del árbol», publicado en *Hijos de la ira,* pero anterior al 36, el hombre es «agorero croar», «aullido inútil». Es «voz en viento», «sólo voz en aire». Pero «nunca el viento y la mar oirán sus quejas» porque «Ay, nunca el cielo entenderá su grito / nunca, nunca, los hombres».

La «Noche» en *Oscura noticia,* le inspira una existencial interrogación cuya no respuesta es el origen de toda soledad. No el dolor —que se siente como vida—, sino el vacío del silencio, porque se interpreta como el vacío de Dios. Y en «Solo» también de *Oscura noticia,* pide una respuesta aunque entrañe dolor: «Hiéreme. Siénta / mi carne tu caricia destructora». Porque, como gimió Job:

> Desde la entraña se elevó mi grito,
> y no me respondías. Soledad
> absoluta. Solo. Solo.
> ....
> Soy hombre, y estoy solo.

Lógicamente, esta línea *desarraigada* de la poesía de Dámaso Alonso que culmina en la *duda* sobre el Ser Supremo —uno de los dos componentes del último libro— había alcanzado ya un momento de *plenitud* en *Hijos de la ira* del que se deben recalcar en este aspecto algunos versos significativos: la palabra del poeta —«Monstruos»— es una «desgarradora interrogación» y el «Hombre» mismo es un «melancólico grito», del que la «amargura» es «da densa pesadilla / del monólogo eterno y sin respuesta», afirmación que adopta además la forma retórica de la interrogación. Y ese aullido —machadiano— de perro sin amo es un «inútil plañir, sin eco, en vaho», porque, en definitiva, «nadie te oirá. Solo. Estás solo». Y hasta la simbólica «Mujer con alcuza», —el absurdo devenir del hombre en un absurdo viaje sin destino—, va inclinándose entre las sombras del crepúsculo «como un signo de interrogación». Imagen de denotación iconográfica, desde luego, pero que en el contexto general de la poesía de Dámaso Alonso alcanza la categoría de símbolo existencial interrogativo.

Y junto a la Duda —interrogación, no respuesta, soledad, angustia, la Nada como posible destino—, el Amor. Las dos claves del título último ya destacadas como clave temática de la obra total, aunque el poeta de 86 años que escribe sobre su «*Vida y obra*» destaca en ellas el primero de los componentes. Porque es indudable que *Hombre y Dios,* por ejemplo, inclina la balanza del lado de la esperanza. Es, recordémoslo de nuevo, coetáneo a *Gozos de la vista,* pero dentro de la perspectiva del ansia de eternidad, como los dos polos poéticos señalados por su autor, que indica la complementariedad de los dos libros. Ahora bien, en «Vida y obra» destacará únicamente sus poemas más desesperanzados: los tercetos del soneto «Hombre y Dios» o el «Segundo comentario», que transcribe, y donde se alza inexorable un verso categórico: «donde Dios refulgía, sólo habrá un gran vacío».

De igual manera al aludir a *Gozos de la vista,* se destaca el poema «Invisible presencia», que termina: «oh mi Dios, o mi enorme, mi dulce Incógnita».

Y añade un comentario revelador: «Las dos Incógnitas, la Nuestra y la Otra. Imaginamos, sospechamos, que la Otra ha debido de ser la que nos ha formado, la que nos dio maravillas como la Vista y la Luz. Ah sí, gracias, la Nuestra se dirige a la Otra, suspirando, llorando, porque sea verdad su existencia». Poema de 1954 y comentario a él de 1983 que son clave interpretativa de la *Duda y amor sobre el Ser Supremo*, expresión máxima de la dualidad de la poesía damasiana ante el misterio de Dios.

Porque del lado del Amor, están el deseo de fe que parte de la sensación de una presencia *invisible y terrible*, la de Dios, que busca el hombre «En la sombra», poema de *Hijos de la ira*, que Flys interpreta en cercanía al *querer creer* unamuniano. Deseo de fe y un ansia de Dios que, del lado de la búsqueda en esperanza, aspira a la «Embriaguez» mística: el poeta de *Hombre y Dios* que, embriagado de vida, «busca un lago / final: embriagarnos en Dios un día». El alma era lo mismo que una ramita verde, nos dirá en *Hijos de la ira*, arrastrada, desarraigada, arrebatada como un torrente hacia el amor de Dios, aunque éste sea, en definitiva, «incógnita aventura». O lanza un frenético grito de amor —«De profundis»— desde el montón de estiércol de la podredumbre humana, aspirando a la aniquilación en la esencia divina:

> que se me aniquilen hasta las últimas briznas de mi ser
> para que un día sea mantillo de tus huertas!

No voy a extenderme en las señaladas resonancias bíblicas de ese poema, ni en la ya señalada similitud con Machado y, sobre todo, con Unamuno. Pero hay que destacar que, en analogía con este último, será también clave del libro último, la concepción unamuniana del Dios de la conciencia personal que aparece análogamente en los textos damasianos, como en *Hombre y Dios* y «Segundo comentario» o «Soledad en Dios».

Indudablemente, el tono general y los resortes que han generado la poesía de Dámaso Alonso, no podemos buscarlos, pues, en el gozoso juego creativo de las vanguardias. Es poesía de un «tiempo de dolor», que brota, unamunianamente, del mismo dolor del existir. Y del existir, además, en un mundo coetáneo, histórico, de injusticia y horror. No es sólo la angustia del Ser. Es el mundo del poeta en un tiempo concreto: «... existe una terrible injusticia nacional e internacional; recuerdo la guerra española con muertos, amigos y parientes, a un lado y otro; después la guerra mundial. Y cada día el periódico leído es un espanto». Palabras publicadas en 1985, que enlazan directamente con los terribles poemas en *Hijos de la ira*: «Madrid es una ciudad de un millón de cadáveres (según las estadísticas)»... el célebre verso damasiano que brotó, en 1940, de una noticia publicada, que anunciaba que la población de Madrid había alcanzado el millón de habitantes. «La injusticia» —que no figura en la primera edición del libro— surgió igualmente de una noticia pública nacional, y todo el horror sentido ante el odio fratricida que domina la historia contemporánea se condensará en la terrible imagen de «El último Caín» —el hombre—, que, tras vender la sangre de su hermano, vaga en solitario por un mundo calcinado.

También la obra de Miguel Hernández (1910-1942) aparece ante el historiador de la literatura como un ejemplo de difícil integración. Sólo cronológicamente coincide con el grupo del 36, mientras que su trayectoria poética parece la síntesis acelerada de la transformación llevada a cabo en muchos más años por el grupo del 27. Y así, cuando Dámaso Alonso, como hemos visto, detecta un nuevo romanticismo y la *poesía impura* de un Neruda se abre paso barriendo *purezas* y neogongorismos, irrumpe atípicamente Miguel Hernández con una primera obra abiertamente gongorina y de purísima asepsia ideológica: *Perito en lunas* (1933). Es el primer libro que publica, tras su viaje a Madrid en 1931, fecha que marca rápidamente el abandono de una inicial y desfasada poesía regionalista-modernista. El neo-gongorismo aparece ante el joven poeta de Orihuela, autodidacta, como la vía de una poesía renovadora, cuya trayectoria comienza a perseguir a pasos de gigante. *Perito en lunas* configura, en realidad, toda una época en la poesía hernandiana, que aprende en la metáfora gongorina a transfundir la realidad a palabra poética, a saber manipular sabiamente el lenguaje, hasta convertirlo en un instrumento dúctil y riquísimo en sus manos. Ese lenguaje le permite, ya para siempre, elevar a categoría poética lo humilde, lo cotidiano, y hasta lo rastrero y zafio. Ese lenguaje se transforma en un arma de redención poética y hasta social, como ha apuntado Sánchez Vidal al analizar la trayectoria del poeta y su cosmovisión vital y literaria en la *Introducción* a las *Poesías completas,* de 1979. Es una etapa, la de *Perito en lunas,* en que Hernández camina teóricamente en defensa del hermetismo, que le lleva a la evidente oscuridad interpretativa de un primer libro, que ha precisado, como *Las Soledades,* de ediciones comentadas, necesarias para la comprensión del texto por un lector especializado. Pero pensemos en la propia declaración del poeta, en un texto coetáneo: «Guardad poetas, el secreto del poema: esfinge. Que sepan arrancárselo como una corteza», en la línea de postulados de Mallarmé. Poética frecuente en contacto con el 27, pero ya no tan frecuente muy pocos años después. Así, las exquisitas octavas reales de *Perito en lunas,* van dándonos fogonazos

de realidad enmascarada, no menos exquisitamente, en ingenio-
sidades, metáforas y cultísimas imágenes de extraordinaria belleza, como un brillante fuego de artificio verbal. Bien alejado del
dolorido sentir de su siguiente etapa, encauzada hacia la poesía
religiosa y amorosa.

Hacia 1934 comienza a componer los sonetos que conforma-
rán *El rayo que no cesa* que dará lugar a dos versiones previas, *El
silbo vulnerado* e *Imagen de tu huella,* dadas a conocer póstuma-
mente sobre copias mecanografiadas que se conservaron. Los
tres libros, que van desembocando uno en otro, presentan, lógicamente, un problema textual de variantes. Pero lo irrebatible es
la publicación por el propio Miguel Hernández de esa versión
definitiva, *El rayo que no cesa* (1936), uno de los más extraordinarios libros de amor de la poesía española contemporánea. Miguel Hernández ha conocido en 1932 a Josefina Manresa, la des-
tinataria de esos magistrales sonetos, luego su esposa y autora,
muchos años después, de un libro entrañable en su sencillez emo-
tiva: *Recuerdos de la viuda de Miguel Hernández* (1980).

Mientras Hernández, entre el 34 y el 36, está preparando su
gran obra, va simultaneando esa línea de poesía amorosa —las
citadas: *El silbo vulnerado* e *Imagen de la huella*— con una
poesía de tema religioso, a la que le impulsa su gran amigo Ramón Sijé. Son los años de redacción de su auto sacramental
Quién te ha visto y quién te ve y sombra de lo que eras, publicado
en *Cruz y Raya,* en 1934. Son, repito, los años de gestación de *El
rayo...,* de 1934 a 1935, pero en las que Miguel Hernández, de
nuevo, va quemando etapas. Porque en un principio sus poemas
erótico-religiosos, en la línea de San Juan o la Biblia, no se presentan como dos entidades irreductibles. Pero cuando ya en
1935 comienzan a asomar en su poesía los primeros signos de
poesía proletaria, todo indica que la rápida crisis de esos años va
a afectar seriamente a su obra. Así, subsistirán en *El rayo...* las
fuentes tradicionales de toda poesía erótico-mística. Pero junto a
ellos aparecen ya Neruda o el Aleixandre de *La destrucción o el
amor.* Una cosmovisión vitalista de símbolos telúricos y genesía-
cos comienza a desarrollarse a través de una serie de palabras
clave: tierra, vientre, árbol, toro, sangre... planeando sobre la
pena del poeta, que parece concentrarse en la elegía a la muerte
de Ramón Sijé —«Yo quiero ser llorando el hortelano..»—, una
de las más hermosas de la literatura española.

El rayo que no cesa —y la muerte de Ramón Sijé— es, además de todo lo expuesto, la definitiva ruptura poética con un

pasado inmediato. Porque un *viento* de tragedia, compromiso y popularismo, madura definitivamente desde 1936 la obra de Miguel Hernández. El exquisito poeta de la torre de márfil de las octavas de *Perito en lunas,* el sonetista entrañado, simbolista y lleno de resonancias culturalistas de *El rayo*... afirma al frente de su tercer libro: «Los poetas somos viento del pueblo: nacemos para pasar soplados a través de sus poros y conducir sus ojos y sus sentimientos hasta las cumbres más hermosas». Y *Viento del pueblo* (1937) llamará su tercer libro. Su aire popularista enlaza con su producción dramática coetánea, que sintetiza *El labrador de más aire,* aparecido, al igual que su *Teatro en la guerra,* ese mismo año de 1937. A lo largo de la guerra civil escribe *El hombre acecha,* que se imprimió en Valencia en 1939, pero no llegó a ser encuadernado y difundido. (Se imprimió, sobre una copia manuscrita en las *Obras Completas,* de 1960, y tras el hallazgo de uno de aquellos ejemplares impresos y destruidos, en las *Poesías completas* de 1979, o en ediciones facsimilares posteriores). En el mismo año de 1939 inicia la redacción del *Cancionero y romancero de ausencias* que continúa ya en la cárcel y, asimismo, publicado póstumo. La nueva voz de Miguel Hernández va contraponiendo los poemas popularistas con una poesía de arte, culta, con intencionada alterancia: «Sentado sobre los muertos», «El niño yuntero», o, «Aceituneros», no empañan la demorada construcción cultista de su «Elegía primera (A Federico García Lorca, poeta)», en la línea de las dedicadas a Sijé, a Garcilaso o a Bécquer. O la «Canción del esposo soldado» nos hace retroceder, en muchos de sus versos, al tono de los sonetos de *El rayo que no cesa.* La misma dualidad continúa en sus últimos libros. En *El hombre acecha,* por ejemplo, el gran símbolo hernandiano del *toro,* se carga de pasión española para pasar a significar a España misma —«Llamo al toro de España»—, en rotundos alejandrinos, mientras que el *Cancionero y romancero de ausencias* se repliega hacia el metro corto y la estrofa popular, para dentro de ellas, marcar otra de las cimas de la poesía de Miguel Hernández: las entrañables «Nanas de la cebolla», que el poeta envió a su esposa desde la cárcel en una carta de septiembre de 1939, y que es el último poema que escribió en su manuscrito. Se trata, probablemente, de la más hermosa composición de corte tradicional de la lírica española del XX.

Pero retrocedamos unos cuantos años, hasta 1935, fecha en la que Luis Rosales (1910) publica su primer libro *Abril* y que es, casi siempre, la elegida como punto inicial del grupo del 36. Una simple ojeada al apartado 2 del presente volumen, nos lleva hacia una fecha anterior. Realmente, ya desde el 29 los integrantes del citado grupo están publicando: *Brocal*, de Carmen Conde surge en el 29; *Borradores*, de Idelfonso-Manuel Gil, el 31; *Tertulia con campanas*, de Gaos, el 32, *Perito en lunas*, el 33 y en 1934, los primeros títulos de Bleiberg, Adriano del Valle, y Arturo Serrano-Plaja, con nuevos libros de Carmen Conde, Gil y Gaos. Pero *Abril* presenta, indudablemente, unas características inconfundibles de *iniciación* sintomática de la nueva estética, y, por supuesto, de la propia trayectoria del granadino Luis Rosales.

Abril se inscribe, desde un título, en un *renacimiento* pleno —la «primavera del hombre»—, que se funde con una deliberada *imitatio* de textos renacentistas, que los lemas que acompañan a los poemas van acusando: Herrera, Villamediana —en su etapa petrarquista—, San Juan de la Cruz, Garcilaso, Fray Luis... van *prestando* sus citas a la personal voz del poeta, que alterna estos nombres amados con los de García Lorca o Vivanco. Un paisaje interior y exterior primaveral, cargado de connotaciones de un extasiado maravillarse ante la vida y el mundo nacientes, en donde el amor, el sentimiento, pide a veces al lenguaje religioso los términos en que comunicarse: «Oraciones de abril», «Acción de gracias por estar a su lado», «Consagración de la tierra», «Anunciación y bienaventuranza... En «Oda del ansia» el poeta declara que «la fe es una visión temblorosa y alada» y, realmente, todo el libro tiene ese temblor estremecido del canto gozoso ante la belleza del universo y la intuida presencia de Dios en él. Pero hay algo más. Porque el volumen se abre con una significativa dedicatoria «A mis padres y hermanos». Y hablo de significación porque es el primer síntoma de la obra de Rosales —y, creo que de Panero, Vivanco o Gil— de esa «cadena del existir» que, caminando por la memoria, llevará al poeta a fijar en palabra todo aquello que hay que rescatar del olvido. Pocos años después, en la prosa poética de *El contenido del corazón* —escrito hacia 1940, pero publicado en 1969—, el poeta expresará ese intento de perduración: «El presente vital es un saldo, pero el saldo es, justamente, todo lo que tenemos. Así pues, debes poner en orden los trastos viejos y pesar la pavesa vital antes de que el viento se la lleve». Porque, tal vez, ese «inventario de raíces» es el único que puede devolver «la visión del veleta sobre el valle de Otivar, y los libros que deberíamos haber escrito y la inocencia que no tuvimos y el tronco familiar».

Ese «tronco familiar» y esas aludidas «raíces», de los que hay que hacer «inventario», parecen anunciarse en esa primera dedicatoria de Rosales. Pero es un signo evidente en su segunda publicación, *Retablo sacro del Nacimiento del Señor,* en 1940. Es, por supuesto, un cancionero de Navidad, a la manera de aquellos «versos divinos» de un Lope que, en su versión trágica de Semana Santa, había resucitado Gerardo Diego en su *Viacrucis,* de 1931. Pero lo que me interesa destacar del volumen de Rosales es que, paralelamente a su temática religiosa —ya de por sí un hecho significativo— se desarrolla en él ese «inventario de raíces» que, coetáneamente, está intentando. En el *Retablo* Luis Rosales acomete la recuperación de una infancia que no quiere que caiga en el olvido. Pensemos en un dato casi simbólico de su próximo libro, *La casa encendida,* en donde nos habla de un Belén empaquetado, sin uso, sin función, en la casa vacía y sin sentido de su propia alma:

Sí, ahora quisiera yo saber
para qué sirven el gabinete nómada y el hogar que jamás se ha
[encendido
y el Belén de Granada
el Belén que fue niño cuando nosotros todavía nos dormíamos
[cantando.

A *recuperar* ese Belén de su niñez granadina está dedicado al *Retablo* navideño de Luis Rosales, que parte del de su infancia y que irá aumentando sus poemas todos los años: «... algo más tarde, en el año de mil novecientos cuarenta, escribí de un tirón este libro, le escribí recordándolo, viéndolo, moviendo con las manos sus figuras, y por esto le he llamado *Retablo.* Desde entonces, todos los años he cumplido esta cita conmigo mismo y con los míos y he escrito villancicos como si los cantara; he escrito villancicos quizás con el deseo de que todo lo que era mío no se acabara de una vez».

Este intento de *recuperación* preside la totalidad de *La casa encendida,* aparecido en 1949. Desde su soneto-prólogo o «Zaguán», Luis Rosales afirma su fe en la memoria, como vencedora del olvido, única muerte posible. Porque el título de ese poema inicial ya encierra la clave interpretativa del largo poema que es *La casa encendida:* «Recordando un temblor en el bosque de los muertos». Tras los puntos suspensivos y los condicionales que cierran dicho soneto, el poema total se abre, como la puerta de la casa de Altamirano, 34, que es el punto referencial de la alegoría sostenida de la obra. Una casa real, un paisaje concreto, que se eleva a símbolo existencial, a través de unas «galerías del alma» machadianas, que llevan al poeta a *encender* su interior a través de esa «palabra del alma» que es «la memoria». En la primera parte del poema —«Ciego por voluntad y por destino»—, el poeta nos habla de la oscuridad, la soledad, el frío y la «ceguera» de su *casa* vacía, mientras cae la nieve en paisajes interiores. Pero la memoria se hace «transparente» y entra en la segunda parte: «Desde el umbral de un sueño me llamaron». Comienza a resonar un verso-clave: «la palabra del alma es la memoria». (Luego pasará a titular una parte de *Rimas,* su siguiente libro). Y dentro de su casa real y del mundo onírico de esas *estancias interiores,* se enciende una luz para hablar con Juan Panero —el amigo poeta, muerto— hasta lograr la recuperación de su primera juventud. Porque, en definitiva, «la muerte no interrumpe nada». La tercera parte del poema —«La luz del corazón llevo por guía»— interrumpe esta rememoración para, en el centro mismo del poema, como un eje de armonía renacentista, cantar en rutas surrealistas el descubrimiento iluminado del amor. La cuarta parte —«Cuando a escuchar el alma me retiro»— es el retroceso a la casa granadina, a los padres, los hermanos, la vieja criada... Emotivamente, ya todo su existir vital puebla y llena de luz y color la *estancia vacía* de su alma. (*Estancia vacía,* será el título de una obra de su amigo Leopoldo Panero). Y en esa posesión vital, el tiempo retrocede hacia un presente continuo —«Siempre mañana y nunca mañanamos»—, en la brevísima y última parte del poema. Las cinco partes se han colocado bajo la sombra de Villamediana, Machado, Salinas y Lope, que han puesto, con versos propios, los títulos de esas partes. Largo y densísimo poema, en donde la intertextualidad es continuada y se configura en una estructura cerrada y circular de meditadísima composición.

Rosales volverá más tarde sobre este libro —que «es una de las cumbres más altas de nuestra poesía contemporánea», como afirma Lapesa (1977)— para publicar en 1967 una versión ampliada. Pero el tono poético no cambia, partiendo de esa afirmación inicial que configura todo el volumen: «Quizá ser hombre es lo más inmediato...»

Si *La casa encendida* es, en muchos de sus versos, un retornar a vivencias anteriores —*recordar* y *memoria* son, tal vez, sus palabras clave— también retornará Rosales, incesante, a sus libros de primera juventud. Y *Abril* se continuará en un *Segundo*

Abril, en 1972, recogiendo poemas de 1935 a 1939, o irá ampliando su *Retablo del Nacimiento del Señor*, como hemos visto.

Análogo sentido de libro abierto tienen sus *Rimas* (1951), que recogía en su primera edición poemas de 1937 a 1951, para irse incrementando hasta la actualidad. Son «poesías de más reducidas dimensiones y de tono más íntimo», nos advierte Vivanco (1912), que confirma que muchas de ellas han permanecido largo tiempo inéditas o se han ido publicando en revistas. En *Rimas* el poeta vuelve a acogerse a la memoria, y su primera parte —«Juntos los dos en mi memoria sola», verso de Leopoldo Panero— se abre con una «Autobiografía», para ir desgranando en los poemas vivencias antiguas, que es, en el poeta, ir entrando en sí mismo, a través de un intimismo de resonancias unamunianas. O, aferrado a una cálida cotidianidad, transmutar en poesía las actuales sensaciones de su vivir cotidiano, firmando «En Cercedilla hoy uno de septiembre», en recuerdo de su «resurrección» en Santander.

Este elemento de autobiografismo cotidiano que late en muchas de las *Rimas* aparece en la prosa lírica de *El contenido del corazón*. Pero un autobiografismo desde dentro, en donde el poeta hace el «balance» de su vivir desde el presente y en el pasado: «El contenido del corazón no es propiamente una elegía, sino un balance comercial, o si se quiere una liquidación. Pero hay que hacer este balance como si fuera el último, para que todo tenga en él su estatura definitiva».

En ese balance de su intimidad poseída, el poeta, por las mismas fechas, se abre machadianamente a la forma de la lírica popular en sus *Canciones* de 1968-1972. Es una nueva e incidental forma poética pero que, en muchas ocasiones, se subordina a idéntico contenido existencial:

> En la canción de la vida
> no hay borrón y cuenta nueva:
> si escuchas la música,
> recuerdas la letra.

Pero al mismo tiempo aparece ya en *Canciones* un tono nuevo donde el dolor no se cubre sólo de nostalgia, de emoción entrañada, sino de violencia y desgarro. Por ejemplo, la muerte de Gerardo, el hermano —en otra de las secciones del libro— tan bellamente evocado en tantas otras ocasiones, cubre ahora, en «El viaje», de «luto la memoria» —la memoria encendida con que comenzó—, y la tierra se descompone en gusanos, y la boca se llena de podredumbre, una podredumbre que «no se acaba nunca», que «no se entierra nunca»,

> mientras lo más hermoso y lo más puro,
> lo destinado para vivir,
> moría.

El siguiente título de Rosales se cubre de estas connotaciones de violencia desgarrada: *Cómo el corte hace sangre* (1974), para abrirse después a ese intento de poesía del conocimiento, a través del amor, que es *Diario de una resurrección* (1979), un largo monólogo dirigido a la amada —entre realidad y sueño, como en *La casa encendida*—, en donde el poeta aspira a renacer en un presente gozoso, donde ya la memoria, la infancia, la muerte se diluyen en un ahora, y en donde todo lo que vive «es transeúnte», todo «carece de importancia», porque lo único «justo y necesario» es sentirse en ese «vacío» defensivo que es «vivir la alegría» de esa resurrección, en donde la amada es el corazón que el poeta se olvidó «de cerrar».

Tras esa nueva fe de vida que parecía haber declinado en la poesía de Rosales, en sus siguientes libros, con *Un puñado de pájaros* y, sobre todo, en *La carta entera,* de 1980, el poeta vuelve a su habitable interior, a la recuperación de la «llama de la vida», pero abierto a una colectividad, en una nueva y personal poesía del conocimiento. Así, en *La almadraba* (como una primera entrega o capítulo de *La carta entera*), Rosales acomete un nuevo camino literario: un poema, convencionalmente biográfico o referencial, de evidente hilo narrativo, con abundantes diálogos de tono coloquial y en donde su intimismo habitual —en la búsqueda de la identidad perdida— se mezcla con el tumulto, la «bulla», de una acción externa, para volver a encontrarse a sí mismo en un nuevo renacer amoroso, recuperador de todas las memorias pasadas. Y en consecuencia, el libro comienza con una cita de Pessoa —«Soy uno más entre los millones de hombres que nadie sabe quiénes son»—, para terminar con una afirmación que parece responder, esperanzada, a la angustia unamuniana del yo diluido en la memoria:

> La vida al recordar se hace tan corta.
> Cabe en unas palabras.
> Nos amamos. Hemos vivido juntos. Me llamo Luis Rosales.
> Soy poeta y he nacido en Granada.

La carta entera es indudablemente y, por ahora, la más compleja obra de Luis Rosales. Obra en cuatro partes, de las cuales aún no ha publicado más que tres: *La almadraba,* ya citada, *Un rostro en cada ola,* en 1982 y *Oigo el silencio universal del miedo,* en 1984. Resta por escribir o por publicar, *Nueva York después de muerto,* como homenaje y evocación a Lorca, el gran amigo. Pero es aún, aparte de lo incompleto, una obra en marcha. Quiero decir que la estructura final de la tetralogía aún es una incógnita ya que Rosales añade poemas a las entregas poeticas ya publicadas, proyectando la continuación de poemas de *Un rostro en cada ola* en la siguiente entrega, cuando la obra se configure definitivamente. De cualquier modo, lo publicado es más que suficiente para poder afirmar que se trata de la obra más importante de Rosales, junto a *La casa encendida.* Y que poemas como el titulado «Nadie sabe hasta dónde puede llevarle la obediencia» podría servir para analizar, desde él, *todo* Luis Rosales: memoria, infancia, dolor, cotidianidad transcendida, atrevimiento verbal, hilo narrativo y abolición del tiempo. Que ya no es un río, sino un mar que en cada ola, eternamente, nos vuelve a proyectar una vivencia, una vida perennemente evocada en su *presentividad:* «Siempre mañana y nunca mañanamos». Por eso, ante el recuerdo vivido del dolor y la humillación de un injusto castigo de infancia, en que el niño es obligado a vestirse de colegiala, puede elevar simbólicamente cada prenda a los dolores de toda una vida:

Sí, señor, así fue,
            aún me dura la humillación,
el uniforme era tan largo en mi cuerpo de niño como si me
      vistiera con la guerra civil,
y cuando todo estuvo terminado me puse en la cabeza un
sombrero de niña y aquel sombrero era la muerte de mis padres.

Análogamente al Rosales de *Abril,* Luis Felipe Vivanco (1907-1975) comienza también, en 1936, con unos garcilasianos *Cantos de primavera,* para pasar en *Tiempo de dolor* (1940) —con poemas escritos desde 1937— a un tono de intimidad religiosa, de exaltación casi mística ante el paisaje y el amor. A través de las páginas de su *Diario* (1983), escrito entre 1946 y 1975, y del que sólo conocemos una parte, sabemos de las lecturas juveniles dedicadas a San Juan, que evoca desde la madurez como si se tratase de un sueño personal y utópico. Pero un sueño que se convierte en *raíz:* «Yo arraigo en los místicos. San Juan y Santa Teresa y también Fray Luis». Vivanco es el poeta del 36 que *vive* como ninguno una naturaleza transcendentalizada, trascendida, una realidad atravesada de espiritualidad. De tal manera que *paisaje* y *alma* se convierten en palabras clave de su idiolecto. Tanto, que escribe: «Mi poética de siempre: la realidad es el ensueño y el paisaje es el alma. Y mi vida (en Dios) es la mañana, la luz de esta mañana sobre el campo, sobre un monte ondulado con chaparros». Ya años antes, en *Tiempo de dolor,* había escrito su «Examen del año», en un tono semejante de paisaje trascendente:

Yo levanto mis ojos al cielo de la noche, transparente de estrellas.
¡Oh noche perfumada del campo, noche amiga de agosto...!
¡Oh noche trascendida como un jardín celeste, regado por los ángeles!

Esa *noche trascendida* siguió resonando en su alma hasta su muerte. La Naturaleza, las criaturas, el paisaje castellano... son una necesidad espiritual, un soporte indispensable, desde donde sentir la presencia divina. Lecturas y experiencias sumadas en una poética intimista: «Me quedo con mi luna de Segovia. Y con mi noche oscura de mi San Juan. Y con mi noche serena, pitagórica y platónica, de Fray Luis de León». Una «hondura castellana» que va desgranando en su prosa y en sus versos, dotando de una acendrada, unitaria armonía la totalidad de su obra que, tras *Tiempo de dolor,* se prolonga en *Continuación a la vida,* en 1949.

Posteriormente, Vivanco fue publicando diversas obras de esta su primera época. Así, *Memoria de la plata* (publicada en 1958) son textos anteriores a 1936, o los *Poemas en prosa,* de 1972, recogiendo composiciones de 1923-1932. La continuidad real de *Tiempo de dolor,* y su más importante obra posterior, se encuentra recogida en *Los caminos,* de 1974, que fue Premio de la Crítica en 1975, fecha de la muerte del poeta.

En este volumen Vivanco recogió dos libros ya publicados junto a dos inéditos: *Los caminos* (que daría nombre al conjunto), inédito, con poemas de 1945-1948; *Continuación a la vida,* publicado, como hemos visto, en 1949; *El descampado,* aparecido en 1957, y *Lugares vividos,* con textos de 1958 a 1965. Su totalidad abarca, pues, toda la lírica conocida del poeta, posterior a *Tiempo de dolor,* entre 1945 y 1965. Y podría sintetizarse su conjunto diciendo que *Los caminos* es un libro de amor. De amor a la novia, la esposa o la hija —la bellísima «Presentación a los pájaros», por ejemplo—, en su primera parte; amor a la vida cotidiana, en los paisajes y las horas y los libros de *Continuación a la vida;* amor en la honda poesía religiosa de *El descampado* y amor a su propia vida transcurrida en *Lugares vividos.* En conjunto no es tiempo de dolor, sino un tiempo de serenidad, con mucho de entrañada melancolía, de interiorización de paisajes y sentimientos, en que destaca la hondura, la «vibración interna a base de realidad de fuera» o «realidad de este mundo» que señala el propio Vivanco en las páginas de *El descampado,* cuando prolonga la totalidad de los poemas del libro, a los que califica «en gran parte» de «poesía religiosa». Ese sentido hondo de lo religioso —no litúrgico ni oficialmente sacro— se destaca, fundamentalmente en los diálogos con el Señor desde las cosas, el paisaje, las profundas sensaciones que le llegan desde la realidad del campo, desde «los trigos en éxtasis de Castilla la Vieja», lejos de los cuales el poeta se siente «descampado», «desterrado», aunque ante el olor a lluvia «de muy lejos», vuelva a sentir la divina presencia.

Sin embargo, el prólogo —ya aludido— con que se abre el volumen nos da un Vivanco último mucho más cercano al desencanto, de que, tal vez, sea muestra su poesía inédita —que desconozco— de tipo moral y satírico.

También la publicación tardía de la obra casi completa de Leopoldo Panero, nos permite seguir puntualmente la trayectoria de su obra. Efectivamente, la aparición de la *Poesía* de Panero, en edición póstuma, de 1963 con gran número de inéditos, y la posterior aparición de nuevos títulos, hasta culminar en la edición de su *Obra Completa,* en 1973, permiten seguir hoy día esa trayectoria poética con un rigor imposible de establecer desde el fragmentario conocimiento de sus textos existente hasta hace poco más de quince años. Porque la lectura de *Escrito a cada instante* (con poemas de 1938 a 1949 y publicada en 1949), puede ir ya precedida de sus iniciales y anteriores *Versos del Guadarrama,* con composiciones (en su redacción primera) de 1930 a 1932, y acompañada de *La estancia vacía,* de 1945, no publicada en libro. Y por supuesto, ser continuada en las *Epístolas para mis amigos y enemigos mejores* (1952-1953), los *Romances y canciones* o el bellísimo *Cándida puerta,* de 1960. Y es importante señalar esa evolución porque nos prueba que en el Panero inicial, junto a su transitoria etapa vanguardista (que culminaría en «Por el centro del día», publicada en 1935, en *Caballo verde para la poesía*), latía ya el poeta hondo del paisaje machadiano de los *Versos del Guadarrama,* con el recuerdo vital y la presencia divina:

> Tengo miedo. Levanto los ojos. Dios azota
> mi corazón. El vaho de la nieve se enfría
> lo mismo que un recuerdo. Sobre los montes flota
> la paz y el alma sueña su propia lejanía.

Tras *Versos del Guadarrama,* lo decisivo en la trayectoria vital y poética de Leopoldo Panero es la muerte de su hermano Juan, en 1937. Su poema, de 1938, «A tí Juan Panero, mi hermano», es, en el sentir del poeta, la iniciación y la síntesis de su obra posterior: «Pienso que son ellos, estos pobres y empañados eneasílabos, lacerados por la tristeza, regados por el alma, la clave, espiritual e íntima, de buena parte de mi obra posterior». De tal manera que sus palabras son «a modo de apretadas simientes estrujadas por el amor que fecundaría, o tal es al menos mi personal opinión, el resto de mi obra lírica», confiesa en «Unas palabras sobre mi poesía», que se reprodujeron en el número de homenaje *En memoria... de Cuadernos Hispanoamericanos* (1965). De finales de los 30, es también, el soneto «A mis hermanas» (publicado en *Escorial,* en 1941), en donde la vida es como el juego de la gallina ciega, en que, con los ojos vendados, vamos tocando, presintiendo, a los seres queridos que se fueron, mientras esperamos «siempre solos» a que Dios nos abra los ojos «para ver mientras jugamos». Pero en «Mas de repente tropiezo contigo», el juego a ciegas parece concluir: «Allí estaba la verdad, y yo la veía. / Allí estaba la noche y yo la veía...». Y el poeta abre la puerta de la muerte y ve una cuna que se balancea, entra en silencio, tropieza con otros bultos, que conoce, que le hacen sitio, que le esperan y se sienta con ellos para borrarse «dulcemente en lo oscuro».

Son los años (1943) en que comienza la redacción del largo poema *La estancia vacía,* como una «biografía» de su alma, en torno a la estancia abandonada del hogar familiar, para pasar a meditar sobre «la estancia toda del hombre en la tierra, y su nulidad y su vacío. Y tras esta nulidad y vacío de la estancia terrena aparece fatalmente la consoladora necesidad y presencia de Dios...».

Se han acuñado, pues, en estos años iniciales, las claves temáticas esenciales de la poesía de Panero: el tiempo unamuniano y

machadiano, en donde el pasar del hombre es confusión y soledad («los años son un bosque»); la pérdida y el reencuentro con
los seres amados, recreando en nosotros la cadena continua del
vivir humano; la inseguridad en la búsqueda de esas raíces, la
soledad y la proyección a Dios. Tras este hallazgo personal de su
esenciabilidad poética, Panero lo desarrolla ampliamente en su
libro capital, *Escrito a cada instante,* sobre los símbolos básicos
de *raíz,* que es la tierra (España, el paisaje trascendido, el alma y
Dios) y es la *sangre* (los seres que nos precedieron, la fe que nos
alienta), junto a *savia,* como amor-plenitud y amor-creación,
proyectado hacia el hijo, eslabón de la cadena.

El resto de su obra es la soberbia y exquisita confirmación de
esa cosmovisión. Que puede desarrollarse en la amplitud lírica de
un largo poema —«Cándida puerta»—, o encerrarse en la síntesis ágil y popularista de romances y canciones, como la exquisita
«Copla de la palabra lenta».

Junto a Rosales, Vivanco, Panero —grupo *Escorial*— parece
inexcusable colocar al cuarto de ese entrañable grupo de amigos
poetas, a Dionisio Ridruejo (1912-1975), con un inicial libro en
1935, *Plural* y un *Primer libro de amor,* en 1939 que, junto a
Poesía en armas (1940) y *Sonetos a la piedra* (1943), constituyen
el máximo exponente de un garcilasismo de dominio técnico, en
que el soneto alcanza unas cotas de exquisita perfección.

Esta primera etapa de su obra se complementaría con *Poesía
en armas,* que el poeta integrará en un volumen conjunto: *En
once años. Poesías completas de juventud, 1935-1945,* aparecido
en 1950. Años más tarde, al planear la organización de su obra
total vería escindido este conjunto en tres «troncos»: el «balbu-
ciente o de adolescencia» (*Plural* y sus continuaciones); el «formalista y de juventud» (*Primer libro de amor, Poesía en armas,
Sonetos a la piedra*), y el «existencial o de la primera madurez»
(desde la *Poesía en armas* subtitulada *Cuadernos de Rusia* hasta
Elegías). Sólo restaría una última etapa, «de segunda madurez»,
bajo el signo de lo imaginativo, integrada por *Los primeros días,*
con poemas de 1947-1949 (publicados en 1959) y las últimas
obras aparecidas: *Cuaderno catalán* (1965), *Casi en prosa* (1972)
y *En breve* (1975), que el propio autor definió como «figuraciones, aforismos, memorias, notas de pasaje y estancia y un poco
de humor».

En realidad, la publicación de su segunda antología poética,
Hasta la fecha, en 1961, marcaba un poco el relativo abandono
de Ridruejo por la poesía, dedicado a una amplia labor de ensa-

yista político, que comienza, precisamente, hacia esa fecha, con la publicación, en 1962, en Buenos Aires, de *Escrito en España,* testimonio de una decepción política que comenzó muchos años antes.

Sin la compacta unión casi sin fisuras, que presentan los nombres de Rosales, Panero, Vivanco y Ridruejo, el grupo del 36 habrá de completarse con otros nombres igualmente insoslayables. Como teórico y definidor del grupo, y muy semejante en presupuestos estéticos y vitales —que él mismo ha destacado— con los autores citados, aparece muy tempranamente el zaragozano Idelfonso-Manuel Gil (1912), que publica su primer libro, *Borradores* (1931) cuando tiene tan sólo diecinueve años y —como advierte, casi humorísticamente, José Manuel Blecua (1951)— «acaba de llegar de una provincia que ignora aún los nombres de Guillén, Salinas, Lorca o Aleixandre, aunque ya se sabe algo de Antonio Machado y Juan Ramón». Se trata, por supuesto, de un inicial ensayo poético que sólo muy ligeramente deja entrever la perfección poética posterior. Pero tres años más tarde, el joven universitario aragonés —ya centrado en la vida literaria y fundador con Guillén, de la revista *Literatura*— publica su segundo volumen, *La voz cálida* (1934), que sufre un afianzamiento temático en lo existencial. Once años después, con la profunda carga vital de unos años de profundas convulsiones históricas, surge de su pluma uno de los libros clave de la postguerra: *Poemas de dolor antiguo* (1945), que aparece como la rotunda afirmación de su dolor de hombre. Recordemos que cinco años antes Vivanco había afirmado que era un *tiempo de dolor;* que el año anterior Dámaso Alonso afirmaba, en ecos de San Pablo, que somos *hijos de la ira,* o que dos años después Alejandro Gaos cantaba la existencia de *Vientos de la angustia.* En ese contexto, y en esa consciencia, también afirmará el poeta aragonés en su reciedumbre poética de humanísima hondura:

> Mi verso es así el grito
> que en la más honda entraña me ha brotado.
> Más que en frío granito,
> quiero el nombre grabado
> al pie de un verso en sangre sustentado.

Homenaje a Goya (1946) —volverá sobre el tema en 1972—, *El corazón en los labios* (1947) y, de nuevo, otro libro esencial: *El tiempo recobrado* (1951), que puede hermanarse con *La casa encendida* o *Escrito a cada instante,* mediante esa común salvación del hombre a través de la memoria y en la transcendentalización de lo cotidiano. La cadena humana que canta Panero se encuentra también, como signo generacional, en el magnífico «Canto a los hombres cuyos padres murieron jóvenes» de Idelfonso-Manuel Gil:

> Ser hijo es esa lenta y difícil tarea
> que empieza a ser cumplida cuando se ha sido padre.

Armonía y clasicismo, equilibrio formal y un cierto estoicismo son las notas relevantes de este libro, surgido de la meditada serenidad de la madurez del poeta, que continuará, en parte, en esa línea de contención melancólica y de hondura intimista: *El incurable* (1957), que intenta comunicar «la verdad del hombre, sabida y olvidada, / elemental y hermosa como la luz y el río»; *Los días del hombre* (1968) o *De persona a persona* (1971), llenos de esencial autobiografismo y en donde la melancolía va adoptando tonos elegíacos que culminan en los *Poemas del tiempo y del poema* (1973), de unamunianas consideraciones temporales, de apretadísima contención conceptual, en una forma escueta, densa, sobria, sobre los temas recurrentes del recuerdo y el pasar humano. Y sobre todo, en la *Elegía total,* de 1976, con sus cinco «Discursos» y sus cinco «Lamentaciones», de bíblica denuncia sobre la violencia, el odio, y el caos a través de los cuales el «gran reloj de la historia», ya casi sin cuerda, nos aproxima a un mundo de destrucción y apocalipsis. El «dolor antiguo» del poeta se ha convertido, paralelo al vivir de su época, en una cósmica sensación de silencio y aniquilación. Pero, también, su vivir personal ha ido decantándose, en honda serenidad. «Plenitud vivida» se titula la segunda parte de su, por ahora, último libro poético —*Poemaciones,* de 1982— y esa «plenitud» parece contraponerse al «Afán doliente» de su primera parte. Pero el poeta canta, en definitiva, el «Hondo milagro de mirar el mundo» —penúltimo poema— y mientras constata la melancólica finitud de la vida, afirma su fe de vida:

> Todo está aquí a la vez que se está yendo
> Más yo no estoy cantando despedidas:
> canto la plenitud con que se ofrece
> tanto goce a mis ojos.

Y otros nombres: Germán Bleiberg (1915), que tras sus garcilasistas *Sonetos amorosos,* de 1936, su tercer libro, se convierte en el poeta hondísimo, casi bíblico, de *Más allá de las ruinas* (1947), pero que, tras dos libros más en la década de los cuarenta, abandona casi totalmente la poesía. El ya citado Alejandro Gaos (1907-1958), Enrique Azcoaga (1912-1985), con amplísima obra que llega hasta 1983, junto a numerosos libros inéditos. Sus dos títulos de la postguerra, *La piedra solitaria* (1942) y *El canto cotidiano* (1943) representan, sin duda, lo mejor y más significativo de su obra y del período. Adriano del Valle (1898-1957), que desde su aún vanguardista *Primavera portátil* (1934) caminará hacia un tradicional barroquismo de temática frecuentemente religiosa. José Antonio Muñoz Rojas (1909), que comienza en 1929 con *Versos de retorno*, o un expresivo *Abril del alma,* en 1943, pero que a lo largo de varias décadas ha ido publicando, despacio y cuidadosamente, varios libros más, hasta la última entrega, *Ardiente jinete,* que recoge poemas amorosos inéditos de 1931 —*Este amor*—, más una selección, en la misma temática, del resto de su obra hasta 1954. El vallisoletano Francisco Pino (1910), con un volumen experimental *Máquina delicada,* escrito entre 1929 y 1934, pero que no vería la luz hasta 1981, y una vasta y exigente obra que cubre todas las etapas de la poesía española, hasta la década de los 80, en que aparecerán *Cuaderno salvaje* (1983) o *Así que* de 1987. O Juan Ruiz Peña (1915), con un inicial *Canto de los dos* (1940), un libro esencial en la renovación de la poesía andaluza de los 60, .*Andaluz solo,* de 1962, y una sensible aportación aún en el 83: *Arco Iris.* Pero aún debo destacar de este espléndido grupo dos nombres insoslayables: Gabriel Celaya y Carmen Conde que, como Panero, Rosales, Vivanco o Gil cubren, en España, toda una época, desde un plano de altísima poesía.

La obra poética de Carmen Conde (1907) recorre una larguísima trayectoria cronológica y vital. Comienza en los juveniles *Brocal* y *Júbilos (Poemas de niños, rosas, animales, máquinas y vientos*), en 1929 y 1934, poemas en prosa, prologado el segundo por Gabriela Mistral, libros de «anunciación», en donde el símbolo del Arcángel —presente en toda su obra— se abre ante una vida que espera el Amor y la Plenitud. Ese *Arcángel,* que dará título a un texto —inédito muchos años—, de 1939, y que se revela en la noche y acompaña a la joven poeta hacia «el hallazgo lúcido de las cosas». Ese sentido de *revelación* y *transfiguración* ante la vida, jamás abandonará ya la cosmovisión poética de Carmen Conde, que se sitúa frente a lo creado en un continuo maravillarse enamorado. Pero, la aparición de *Júbilos* va signada ya por el dolor. Gabriela Mistral, en su prólogo, escribió de la joven poeta: «¡Qué bien se mueve una mujer en su reino!» y señala que junto a ese libro inspirado en los niños, su autora lleva uno en su seno. Pero el libro ya se publica con una desoladora dedicatoria: «A María del Mar, que se fue a bordo de su nombre». En *Derramen su sangre las sombras,* libro de 1984, que recoge antiguas composiciones, podemos leer las que escribió a raíz de esa «primera tragedia» de su existencia que hizo que ésta «se transformara radicalmente»: «María del Mar y de la muerte se llamó la niña...» y el *mar* será para siempre en su obra, una pasión de vida. Pero en la plenitud de esa vida tiene cabida el dolor continuado: el dolor muy próximo de la guerra civil, la injusticia, la soledad... Sin embargo, Carmen Conde había concertado una *Cita con la vida* —título de 1976— y jamás faltó a ella. Su libro siguiente *Ansia de la gracia* (1945), se constituye como uno de los ejemplos de poesía limpia y valientemente erótica —«Amor», «Ofrecimiento», «Posesión», «Primer amor»...—, en donde la pasión, el cuerpo estremecido, como en Quevedo, son vencedores de todo aniquilamiento:

¿Ceniza tú algún día? ¿Ceniza esta locura
que estrenas con la vida recién brotada al mundo?
¡Tú no te acabas nunca, tú no te apagas nunca!
Aquí tenéis la lumbre, la que lo coge todo
para quemar el cielo subiéndole la tierra.

Hay ya, desde los primeros libros de Carmen Conde —*Sea la luz,* de 1947— deslumbramiento y posesión, un eterno renacer de la vida, desde el dolor o el éxtasis, una sublimación de lo sexual, un signo de vida imperecedera en todo lo creado —el hombre, el mar, el viento..—, que va configurando una cosmovisión amorosa del universo, y que se traduce, ya, en su sensualismo trascendente, de muy hondas raíces vitalistas y místicas a la vez, en donde los símbolos del agua y del fuego se suceden en toda la gama de sus campos semánticos. Trascendentalismo que llega en ocasiones a la manifestación directa del deseo, del *ansia* de unión con la divinidad, en el «Extasis» que proclama en *Mi fin en el viento,* en 1947:

¡Arder, arder, arder, oh mi único ardor!
[...]
¡Oh mi alma,
desligada de este pozo de mi cuerpo!
[...]

¡Ardiente a Ti; ardernos, oh mi amor hallado
dentro del gran fuego que es mi cuenco frío!

Esta primera y decisiva etapa culmina en un libro extraordinario: *Mujer sin Edén,* en 1947, «inmensa lamentación entre
desesperanzas y ruegos. La mujer ante una llamarada de fe y
dolor, en la historia de amor, suplicios, hijos y sangre. El poema
más intenso, de la vida e intuición teológica, hecha verso a la vez
varonil y esencialmente femenino. No recuerdo otro poema de
mujer, sobre la *mujer eterna,* tan esencial, tan impresionante, tan
bella y variadamente logrado en su unidad», escribió Valbuena
(1983). El Amor como creación, el dolor de la maternidad
—«Llanto por Abel»—, el sufrimiento del destino de la mujer en
la tierra, desterrada, *sin Edén...* los símbolos del Angel, el mar, la
tierra... todo converge en estos bíblicos poemas, cargados de tristeza y de vida, punto crucial de una trayectoria poética que sigue
hasta la actualidad.

Tras *Mujer sin Edén,* aparecen *Iluminada tierra* (1951), *Vivientes de los siglos* (1954), *Los monólogos de la hija* (1959) o *En
un mundo de fugitivos* (1960), para arribar a otro libro definitivo
en su producción: *Derribado Arcángel,* de 1960, de nuevo con un
título de resonancias bíblicas. El amor, como un derribado arcángel de suprema belleza, como un «ángel vencido» de irresisti-
ble atracción —no «vencido», que «derribado no es vencido...
¡Oh derribado mío, amoroso y posible asaltante que conten-
go!»— va motivando una historia amorosa de sutilísimos y casi
desvanecidos resortes narrativos, de ferviente dinamismo, como
un fuego que sólo el amor enciende y nunca apaga:

> Tanta desventura, tanta lúcida lucha
> de aplacar, derramada, esta sed irredenta,
> va royendo el deseo, va royendo el desvío...;
> porque amor, en la sima, no es amor: es un llanto;
> y al amor, con amor, sólo amor le contenta.

El júbilo del deseo, la plenitud o el llanto, la huida ante «el
ángel de la tentación», la victoria posible, el apartamiento... van
motivando unos poemas profundamente confesionales, intimis-
tas, profundos en su autoanálisis amoroso, como una *autobiografía* interior —mística *a lo profano,* como hubo erotismo *a lo
divino—,* que se acompasa con esa otra «Autobiografía», como
el único poema de contenido referencial de todo el libro, y que
sirve de contrapunto real a este poemario de un alma que, como

en la cita teresiana que abre el libro «si entiende, no sabe lo que entiende». De nuevo, la criatura humana *sin Edén, arcángel derribado,* desterrada del paraíso, a solas con su soledad, con su palabra poética poseída y en el reino interior de sus sueños:

> Mío, sólo mío; para que yo duerma
> y sueñe con mareas de criaturas,
> cuya olor desvanece.
> ¡Yo sola en mi reino imposible,
> dentro y fuera, mío!

Seguirá su voz solitaria, inalterable, en otros libros de poemas, de análogo vitalismo: *En la tierra de nadie* (1962), *Su voz le doy a la noche* (1962), *Jaguar puro inmarchito* (1963), *A este lado de la eternidad* (1970)... Un vitalismo que no cercena ni la muerte. En 1968 muere el esposo y compañero, Antonio Oliver. Carmen Conde compone poco después los poemas de «Digo palabras porque la muerte es muda», transidos de melancólicos recuerdos, buscando al compañero desaparecido en los detalles inalterables de la vida cotidiana... pero esos poemas siguen siendo un diálogo resistente al olvido —«No; olvidar, nunca. Padecer»—, en una continuidad de vida: «Pervivirme. Permanecérteme». No es una casualidad que el libro que los contiene —*Corrosión* (1975)— pese a todo, comience con un poema titulado «Canto a la vida». O que, significativamente, se llame *Cita con la vida* su libro siguiente. Porque *El tiempo es un río lentísimo de fuego* nos dirá en un libro de 1978 —el año de su ingreso en la Real Academia Española, como primer miembro femenino de la misma—. Y *fuego* es palabra clave en la lírica de Carmen Conde. *Tiempo,* el eterno problema existencial, pero un tiempo —«Edades»— que va nutriéndose de vida:

> De troncos y de ramas ha ido el fuego
> codicioso alimentándose.

De ahí, de ese vitalismo, creo que surge el ataque de Carmen Conde contra todo lo destructivo de la vida —esos «sonidos negros» que dan título, en reminiscencia lorquiana, a la primera parte del libro— que configura un aspecto de su obra total. Pero la autora vuelve siempre a su tema decisivo de indagar en el hombre y la vida. Y es ahora San Juan —el supremo explorador del alma humana— quien le presta el título para su libro de poemas: *La noche oscura del cuerpo* —que no el alma— aparecido en 1980, en la suprema y más alta madurez del poeta y, creo, que uno de los más importantes de su producción.

En esa búsqueda de la razón de la vida, por caminos intencionados de literales reminiscencias de la tradición mística, en esa búsqueda, repito, que constituye el libro, «Se empieza por el presentimiento» (primera de sus partes), en una bella y honda reviviscencia de la adolescencia, como en un tiempo detenido para hacer posible el regreso, en intencionada conexión con *Brocal:*

> Inmóvil permanecerá el río
> mientras me miro en sus aguas
> ¡Oh, qué joven y esbelta, qué pura
> a tus ojos regreso!

Pero ese *río de fuego* que es el tiempo tiene que seguir su marcha —«Ir, ir, ir; siempre ir!»—, porque «Cuando llegamos donde vamos yendo / seremos el comienzo de todos y de todo». Y el simbólico Río que preside la parte segunda —«Generaciones o madres de pueblos»— puede ser, referencialmente, el Tajo toledano, pero es el Tiempo diluido marcando la Historia. Una Historia que puede acabar, esperanzadoramente, en resurrección porque

> Si aquella misma voz ordena,
> la piedra obedecerá sumisa
> para que el hombre vuelva a brotar.

Para terminar el libro —III apartado— en los demás poemas que dan título al volumen, bajo un epígrafe de San Juan —«Para venir a lo que no sabes has de ir por donde no sabes»—, como las preguntas, acaso sin respuesta, que lanza la criatura *sin Edén, derribado arcángel,* ante un mundo abierto a su ávida mirada sedienta de conocimiento:

> El mundo de la mañana se encendía
> ante la criatura que aprendiendo iba
> por húmeda tierra a caminar.

La última producción de Carmen Conde, en la década de los 80 se divide casi a partes iguales entre la creación nueva y la *recuperación* de antiguos textos, inéditos muchos de ellos, que se incorporan ahora a nuevos títulos: poemas no publicados en el *Cancionero de la enamorada,* del 1971, que ahora pasan a *Desde nunca,* 1982, por ejemplo. O los poemas de la última sección de la Antología *Memoria puesta en olvido* (1987). Hay, evidentemente, un retorno hacia antiguos recuerdos y sensaciones. Así en *Del obligado dolor* (1984) recoge poemas de muchas fechas, unidos por su tono, junto a otros de redacción actual que *reviven* momentos dolorosos del pasado. Ese pasado que ha surgido en la prosa de tres libros de memorias: *Por el camino viendo sus orillas* (1986), de inexcusable lectura para una comprensión total de la obra poética de una autora, en quien biografía y experiencia vital son componentes básicos de la génesis de muchos poemas. Pero no todo es rememoración. Un libro absolutamente nuevo, *Cráter* (1985) —con magnífico prólogo de Manuel Alvar—, nos sitúa en presencia de la poeta de los ochenta, y nos revela con cuánto vigor se afronta la plasmación de unos mitos mediterráneos —de nuevo, el mar—, el desarrollo en prosa, de una narración —«Las Moiras»—, cargada de simbolismo y un nuevo «Cántico al amor», vencedor de todos los años transcurridos, desde el *júbilo* de la adolescencia.

No presenta la obra de Gabriel Celaya (1911) la armonía unitiva de la de Carmen Conde. Es, por el contrario, una trayectoria marcada por una constante evolución que se traducirá en la delimitación de unas etapas, que él mismo ha señalado. Representante genuino de lo que se ha denominado «exilio interior» —bastantes de los autores citados podrían incluirse en él—, Celaya llega a la literatura desde el surrealismo de los años 30, cuando firmaba sus poemas con su nombre auténtico, Rafael Múgica. Así, el propio autor en una entrevista de 1979, ha señalado los cuatro momentos en que puede considerarse evolutivamente clasificada su abundantísima labor literaria (más de cincuenta libros, fundamentalmente de poesía, hasta 1980). Declara el propio Celaya: «Resulta que las etapas de mi poesía están muy definidas. Podría decir: surrealismo, existencialismo, poesía social y poesía personal, en la que estoy en este momento». Su iniciación, en cercanía al surrealismo, arranca de *Marea de silencio* (Zarauz, 1935), y de otros textos publicados con posterioridad, pero pertenecientes a esta etapa anterior al 36: *La soledad cerrada* (seguido de *Vuelo perdido,* ambos de 1934-1935), que verá la luz en 1947, o *Deriva,* aparecido en 1950, que recoge *La música y la sangre,* de 1934 y *Protopoesía,* de análoga fecha, aunque se prolongue unos años su redacción.

Pero con los libros auténticamente escritos en la década de los cuarenta, Celaya penetra en un clima existencialista en total armonía con su momento poético de integrante el 36, en un casi neorromanticismo: *Objetos poéticos, Movimientos elementales* (1947), *Tranquilamente hablando* (1947), *Se parece al amor* (1949) o *Las cosas como son* (1949), firmados por Juan de Leceta, son la expresión de una exaltación vital, de una entrega al existir, con todas sus debilidades, sus miserias, pero también su hermosura, a una vida que no intenta comprenderse, y que se expresa sin veladuras hipócritas, y en una forma poética que camina hacia lo intencionadamente prosaico:

> No quisiera hacer versos;
> quisiera solamente contar lo que me pasa.

Con *Las cartas boca arriba* (1951), Celaya se adentra en la poesía social de esa década, para convertirse en el máximo pontífice de la escuela. Hasta tal punto que será esta faceta de su obra —que se une a su reconocida vinculación a una ideología marxista— la que va a configurar casi totalmente su imagen poética. A la destrucción de esa imagen —falsa por lo unitaria— tienden, precisamente, los últimos estudios críticos.

Pero durante largo tiempo, Celaya parecía ser, únicamente, el autor de *Las cartas boca arriba, Lo demás es silencio* (1952), *Cantos íberos* (1955) *Las resistencias del diamante* (1957). Son, desde luego, libros de poesía civil, casi, en muchos casos, de poesía político-social, que responde —aunque sólo en parte— al programa socio-estético dado por su autor en 1952: «La poesía es un instrumento, entre otros, para transformar el mundo». Con todo ello, Celaya se sitúa a la vanguardia de la poesía social de los años cincuenta, Las once cartas —«boca arriba»— de su libro de 1951, parten de una angustia vivida, desde una derrota personal y colectiva, pero propugnan una acción «prometeica», anidada en «la promesa, / quizás tan sólo un niño»:

> Te escribo desde un puerto,
> desde una cosa rota,
> desde un país sin dientes, ni párpados, ni llanto.
> Te escribo con sus muertos, te escribo por los vivos,
> por todos los que aguantan y aún luchan duramente.
> Poca alegría queda ya en esta España nuestra.
> Mas ya ves, esperamos.

El texto pertenece al poema *A.P.N.*, es decir, Pablo Neruda, y es igualmente significativo e importante para analizar su teoría poética en esta etapa, su carta a *Juan de Leceta,* su heterónimo representante de su momento poético anterior (Años después publicará, en 1961, *Los poemas de Juan de Leceta*).

Cantos íberos es su libro más apasionadamente combativo, que bajo un lema machadiano propugnará una acción poética por encima de todo perfeccionamiento formal. España es, en sus versos, «un combate sin fin», una «entraña a gritos», es «rabia» interior... Se canta una «España en marcha» o *en pie,* poniendo «Manos a la obra», «Todos a una», sobre los grandes mitos, a veces, de una tradicionalidad, como en el tendencioso «A Sancho Panza» que, a fuerza de identificar Sancho-pueblo, se convierte, paradójicamente, en una absurda negación de todo esencial quijotismo.

Pero junto a esta poesía de denuncia, de violencia cívico-política, sigue latiendo en Celaya un tono neorromántico, que aparecerá, paralelamente, en los versos de amor de un hermoso libro: *De claro en claro* (1956), que se compone de

> Versos equilibrados en la punta
> más hiriente y más fina de la aguja.

Estamos ya cerca, indudablemente, de esa «poesía personal» de que nos habla el propio Celaya. Será, sin embargo, hacia 1960 cuando el poeta inicia su última transformación: *Mazorcas* (1962), *La linterna sorda* (1964), *Los espejos transparentes* (1968) y, sobre todo, *Lírica de cámara* (1969), *Función de Uno, Equis Ene* (1973) y *Buenos días, Buenas noches* (1976). Sus últimos libros van abriéndose a nuevas formas poéticas experimentales, a la vez que acusan un tono desesperanzado, desengañado, que ya no encuentra siquiera —*de claro en claro*— la salvación por el amor. Si en la etapa existencialista el poeta pretendía indagar en la identidad humana, en su integración en el cosmos —aún afirmando su radical absurdo existencial—, el desencanto de ahora le lleva a la negación de toda esperanza: la humanidad no camina —bajo ninguna ideología, porque ya no se siente ligado a ninguna— hacia ningún perfeccionismo salvador. El hombre —puro resorte físico— no puede remediar nada porque «nada significa nada». Y en una explosión de nihilismo, Celaya, el combativo poeta que pensó «transformar el mundo», nos dice en los últimos párrafos de sus *Memorias inmemoriables* (1980), como la síntesis, en prosa, de sus últimos poemas: «si Dios murió, también ha muerto el proyecto ascendente de la evolución con que los humanistas pretendieron sustituirle... La acción no conduce a nada. El porvenir no existe. El combate es ridículo. La sociedad falsa. ¡Qué carnaval! Riamos, liberados. Barrámoslo todo a carcajadas... Y una inmensa carcajada —la risa-bomba— parece entonces amenazar nuestra vida con la destrucción total». Un apocalipsis que afecta más al hombre que al cosmos. Y, por supuesto —recordemos, por contraste, a I.-M. Gil—, sin Biblia y sin elegía.

Celaya volverá sobre esta última etapa suya en el prólogo que antecede a sus *Penúltimos poemas* (1982), donde, colocándose intencionadamente bajo la sombra de Nietzsche, nos habla de una «poesía órfica» como una «conciencia cósmica» que «quiere decir conciencia abierta a todo lo que es sin más ni más»... «y en último término, la comprensión de que el sí mismo no es el yo, sino un más allá de la conciencia individual». Esa «poesía órfica» tendrá literalmente su plasmación en *Cantos y Mitos* (1984), en sus dos partes: «El secreto de Orfeo» y «La fábula de Ulises». Vuelta al mito —como Carmen Conde en *Cráter* por muy distintos caminos—, y al absurdo del devenir incosciente y sin sentido de lo creado en «El mundo abierto», de nuevo bajo la sombra de Nietzsche.

Si en España las voces, tan hermanadas, de Rosales, Vivanco, Panero y Ridruejo —con *Escorial* al fondo— resonaban desde 1940 como una forma de renovación, a la que se unían otras voces poéticas, no muy distantes en las realizaciones literarias, otra parte de los jóvenes poetas de los años 35 al 40 marcharon fuera de España, como un gran número de los maestros del 27 —y anteriores—, a cuyas tareas literarias frecuentemente se vincularon. Por ejemplo, recordemos cómo *España peregrina* reúne los nombres de León Felipe y Larrea (dos momentos literarios y cronológicos diversos), pero cómo, a partir del número seis se incorpora a ella el de Juan Rejano. O cómo *Romance,* en Méjico (1940), reunirá los nombres de Moreno Villa y León Felipe, con los de Jarnés, Bergamín, Cernuda, etc... y, de nuevo, Juan Rejano. *Litoryal,* en su breve trayectoria mejicana, era dirigido por Francisco Giner de los Ríos, junto a Prados, Altolaguirre y Moreno Villa.

Son los jóvenes poetas que, como Rosales, Bleiberg, Celaya, etcétera, han comenzado a escribir en torno a los años treinta y que han comenzado ya, casi todos ellos, más allá —o de vuelta ya— del deshumanizado vanguardismo de la poesía pura. Surgen así, en la nómina del 36, los nombres en el exilio de Juan

Rejano, Francisco Giner, Arturo Serrano Plaja, Manuel Andújar o Juan Gil-Albert, actualísimo poeta hoy, en la España de los ochenta.

Juan Rejano, nacido en Puente Genil en 1903 y muerto en Méjico en 1976, sólo había publicado poemas en periódicos cordobeses con anterioridad a su salida de España en 1939. En Málaga quedaba un libro inédito, *Los remansos apasionados,* escrito hacia 1927-1930, pero será en Méjico donde desarrolle una amplia y fructífera labor literaria, que comienza con *Fidelidad del sueño* (1943), y sigue en *El Genil y los olivos* (1944) de tono popularista y machadiano, *Víspera heroica* (1947)... hasta sus, probablemente, obras maestras y últimas: *Libro de los homenajes* (1961) —con algún entronque de tipo temático con la poesía social de la península—, recogiendo poemas escritos desde 1941; *El jazmín y la llama* (1966), inspirado en la pérdida, en accidente, de la mujer amada y compañera, y *La tarde,* publicado póstumo, en 1976, de melancolía y honda tristeza.

La obra total de Rejano aparece como un coherente bloque de significados, con independencia de la forma de su escritura, entre clasicismo, neopopularismo, a veces, y neorromanticismo. Pero estas divergencias formales y esos significados si, aparentemente, se distancian, forman en realidad un entrelazado nudo de interferencias. Y en ese coherente bloque serán dos temas, el amor y España sus dos motivaciones máximas. Así, por ejemplo, cuando en *El jazmín y la llama,* escribe a la amada «cercado / de oscuros olivares y viñedos», irremediablemente añade: «que ya no son los de mi tierra». La nostalgia de la patria se alza tan poderosa en los versos de Rejano que, más que ninguna otra, su poesía ha podido denominarse «del exilio». Y por ello, significativamente, cuando Aurora Albornoz escribe su *Poesía de la España peregrina,* dedica su trabajo «A Juan Rejano, en México, su última tierra». Porque desde *Fidelidad del sueño* hasta *La Tarde,* laten en los versos del poeta cordobés el desarraigo, la añoranza y, poco a poco, el desaliento del hombre que camina hacia la muerte lejos de su tierra. Y que *la tarde* de su vida la siente como «la morada del hombre que aún busca su morada». El poeta había escrito —ya lo vimos— de Antonio Machado: «Dicen que al morir le hallaron / a España dentro del pecho». Pueden, realmente, esos versos servir como epitafio del propio Rejano.

Con anterioridad a Rejano, sí publicó en España sus primeros libros Arturo Serrano Plaja (1909-1979), colaborador asiduo de *Gaceta Literaria, Octubre* o *Caballo Verde para la poesia,* dentro de la estética de «poesía impura» que preconizaba Neruda. Da a conocer dos libros de poemas, *Sombra indecisa* (1934) y *Destierro infinito* (1936), mientras comienza la redacción de su libro de mayor compromiso político, *El hombre y el trabajo*, publicado por Ediciones *Hora de España*, en 1938, en plena guerra civil. El mismo tono de poesía social inspira su primera obra publicada fuera de España, *Versos de guerra y paz* (1945). Años después, en 1958, aparece la edición castellana de *Galope de la suerte* (1945-1956) (aparecido antes en francés), en donde el marxismo de *El hombre y el trabajo*, con su canto a «los oficios» proletarios se ha convertido en un «grito desesperado», en donde «el ser humano está visto como un ser-para-la-muerte; limitado, en su libertad, por la muerte final», y si el destino del hombre es ese galope hacia su final, también la visión del destino de España es trágicamente negativa. Negativismo que se remansa en el único libro publicado en España, *La mano de Dios pasa por este perro* (Madrid, «Adonais», 1965) hasta la aparición de la antología *Los álamos oscuros,* 1982, en un humanísimo encuentro con un Cristo no menos humano. La impronta de la guerra civil es, pues, la tónica dominante en estas promociones de poetas exiliados, al menos en sus primeros libros. Así, varios de ellos darán un giro espectacular a su poesía, cuando ésta había surgido dentro de una posición vanguardista. Por ejemplo, Quiroga Pla (1903-1955), la abandonará casi radicalmente con *Morir al día* (1946) o *La realidad reflejada* (1955). O el caso curioso de José Herrera Petere (1910-1977), que partía del surrealismo en sus poemas anteriores al 36, para abandonar todo *ismo* en *Guerra viva* (1938), en un cambio radical de signo poético, y volver, sin embargo, a un poesía experimentalista en sus últimas obras publicadas, en ediciones bilingües hispanofrancesas: *Arbre sans terre* (1960), y sobre todo, *Cenizas* (1975), su última obra. En otros casos, libros anteriores a la contienda se publican ya fuera de España, como *La rama viva* (1940), de Francisco Giner de los Ríos (1917), que continuará su obra poética con *Pasión primera* y *Romancerillo de la fe* (1941), *Los laureles de Oaxaca. Jornada hecha* (1948), los *Poemas mexicanos* (1958) y *Elegías y poemas españoles* (1966). O el recuperado Manuel Andújar (1913), en España desde 1967, con una amplísima e importante labor de novelista, ensayista y dramturgo en el exilio, pero que publica ya en España gran parte de su obra poética. Ésta comenzó en Méjico, en 1961, con *La propia imagen,* seguida de *Campana y cadena,* ya en España, en 1965. Interés extraordinario dentro de la poesía del exilio, cobrará su tercer volumen, *Fechas de un retorno* (1979), en donde la conceptualista e intelectiva poesía de Andújar busca el conocimiento de su *propia imagen en el regreso*. Barroquismo conceptualista, indagación en el ser —si su narrativa lo es en el plano de la Historia— en su último libro *Sentires y querencias* (1984) hay «Tributos» a Juan Ramón Jiménez y una apasionada carta poética a León Felipe —«resonancia de dolientes españoles verdaderos»— que se abren en un conjunto de poemas de entrañado intimismo.

Tampién Juan Gil-Albert (1906) es una presencia *recuperada*. En este orden yo diría que hasta constituir un caso realmente anómalo: la *actualidad* de un poeta que volvió de América en 1947, a recluirse casi, en un absoluto «exilio interior», y que pasó a un primer plano de la poesía española contemporánea a partir de 1972. Y hablo de actualidad, porque si Serrano Plaja enlazaba con la poesía social española de los años cincuenta, el mundo poético de Gil-Albert se une, en cierto modo, a la última corriente, mítica y culturalista, de los más jóvenes poetas actuales. Uno de ellos, Luis Antonio de Villena, ha definido así el quehacer poético de este poeta «recuperado» en el *Preliminar* de *El retrato oval* (1977) «... es el retomar las constantes de la cultura mediterránea greco-árabes e integrarlas en un mundo personal lleno de animismo y de deificaciones naturales. Porque lo que canta la poesía de Juan Gil-Albert es el goce y el éxtasis de la vida, nunca su caída o su derrota. Y ello lo hace integrando experiencia y cultura... y cuidando la intensidad exaltada de la palabra». Y poco antes nos habla de su «visión del mundo sellada por la cultura mediterránea y la ética mitificadora del paganismo». Clasicismo, mito, sentido ético (con Ovidio y Horacio al fondo), en su doble vertiente de *himno* y *elegía,* memorias viscontianas, indagación lúcida pero apasionada en temas considerados como decadentes a juicio de la moral burguesa.

Ahora bien, esa coincidencia con los poetas denominados *venecianos* no es, en modo alguno, una moda de actualización, sino una presencia constante en la trayectoria poética de Gil-Albert. Su primer libro de poemas, de 1936, *Misteriosa presencia,* era ya un conjunto de sonetos perfeccionistas, en ecos de Mallarmé y el manierismo español del XVII. Y tras una esporádica vinculación a la poesía testimonial y *engagée* con *Candente horror,* publicado en Valencia en 1936, Gil-Albert, al editar en Buenos Aires, en 1944, su poesía del exilio, se desentiende de esa corriente de testimonio histórico, para sumirse en el mundo de la elegancia clásico-mediterránea. *Las ilusiones con el poema de El Convaleciente* no son poemas «de desterrado», escribe A. Albornoz (1977), sino «una búsqueda de sí mismo» donde «el mito —con mucha frecuencia— o la naturaleza, el presente próximo o el pasado lejano, un objeto real, una página escrita por un artista, un perfume, una voz recordada..., pueden ser motivo inicial de un poema lleno de imaginación y hondura». Si acaso, la visión de la naturaleza, tan profundamente sentida, se remitirá a los luminosos paisajes de su Levante natal.

Allí se refugiaría Gil-Albert a su regreso a España para, en soledad literaria, ir, de cuando en cuando, publicando unos libros que pasan casi totalmente inadvertidos: *El existir medita su corriente* (1949), *Concertar es amor* (1951), *Poesía (Carmina manu trementi ducere)* (1961) o *La trama inextricable* (1968), en los que se acrecienta ese su sentido ético característico, con sus invectivas (tan clásicas, tan de raigambre clásico-renacentista) contra los poderes envilecedores del hombre, como son el dinero, la tiranía o la mediocridad... Pero la aparición en 1972 de su antología *Fuentes de la constancia,* le lanzó a la actualidad tan repentinamente que, en ocho años, Gil-Albert publica (textos antiguos y de nueva creación) más de quince obras. Son libros de poemas que confirman su línea peculiar: *La meta-física* (1974), *A los presocráticos* (1976), *Homenajes e Impromptus* (1976), tan sereno, meditativo, tan empapado de paisaje levantino, partiendo, renacentistamente, de inspiraciones de lecturas...

En este último volumen, Gil-Albert declaraba que se trataba de su poesía última. Sin embargo, aún agruparía nuevos poemas en *El ocioso y las profesiones* (1979), dedicadas «A Hesiodo, viejo amigo», como deuda de ese intento de cosmogonía que nos ofrece en el volumen el poeta mediterráneo. Cosmogonía que se complementa con un poemario de 1951 —*La siesta*—, que permaneció inédito hasta su inclusión en el tomo 3 de la *Obra Poética Completa* de su autor (1981). Fuera de ella, aún surgirá, también en 1981, *Variaciones sobre un tema inextinguible* en la línea de reencuentro con la tierra de *La siesta,* y de su misma cronología.

4.2. *Poetas de postguerra*

Ya aludí en el apartado 2 a la confluencia de grupos que confluyen en la década de los 40, bajo los *normativos* existencialismo y testimonio del período. Pero, también, cómo en esa norma no faltaban los grupos disidentes. Añadiremos que no falta ni la ironía ni el sarcasmo lanzados sobre esa norma, en la década siguiente. Recordemos, como ejemplo de lo primero el soneto de Carlos Edmundo de Ory «Satán al aparato», de 1959, parodiando tantos sonetos de llamada a la divinidad, y como ejemplo de sarcasmo, el poema «Los celestiales», de José Agustín Goytisolo, al frente de su libro *Salmos al viento,* de 1958. Y sin embargo, ese poema de Goytisolo evidencia algo más: su ataque se dirige casi únicamente contra *garcilasistas* y *existencialistas,* reservando su aceptación para la naciente poesía social en la que él —1958— se encuentra, de momento, instalado. No se alude a ningún otro grupo ni tendencia. Tendremos que llegar, como hemos visto, a la década de los setenta, para que esos grupos anti-normativos de los cuarenta encuentren su cauce crítico, sus seguidores y sus fervientes admiradores entre las jóvenes promociones renovadoras. Porque, aparentemente, 1940-1952 basculaba entre *Garcilaso* y *Espadaña,* como un frente de clasicismo formalista, acusado de evasivo, y la poesía de compromiso con el Hombre que abocaría a lo social. Veamos, con la particular reserva de que nunca esas tendencias o escuelas ya señaladas fueron compartimentos cerrados, a sus protagonistas.

4.2.1. Clasicismo formalista y algo más

Por supuesto, la tendencia se centra en el nombre de José García Nieto (1914), con sus iniciales *Víspera de ti* (1940), *Poesía* (1944) o *Versos de un huésped de Luisa Esteban* (1945).

Esta primera etapa de aliento clasicista y temática amorosa, de armonía con el paisaje, cede —sin perder su perfeccionismo— hacia 1950. Ya en *Del campo y soledad* (1946) se insinuaba un cambio: «Escoge García Nieto como lema general comprensivo de su nueva obra un verso de la tercera *Egloga* garcilasiana —"Tratar del campo y soledad que amaste"—, pero desde los dos primeros poemas religiosos iniciales el lector percibe un cambio de tonalidad», que conduce al neorromanticismo coetáneo, iniciando así una trayectoria poética que va «desde la armonía al drama del hombre» (Asís, 1977).

Tregua (1951) se instaura ya, definitivamente, en esa nueva hondura reflexiva. Del libro dijo Gerardo Diego que «ya no engaña más que a los tontos con su aparente superficialidad», en una entusiasta reseña *(Correo literario,* número 48), reveladora de esa nueva manera del quehacer poético del autor cuya «tensa» trayectoria analiza el maestro del 27: «José García Nieto trabajaba, pulía sus versos con alma, iba poco a poco conquistando su más profunda y clara intimidad y tan sólo respondía a las furibundas catapultas de sus adversarios con la ballesta o el arco de la ironía y de la caricatura benigna e ingeniosísima. Y ahora aparece el libro *Tregua*». Pero también señala Gerardo Diego cómo la «técnica milagrosamente fácil, peligrosamente fácil» —donde «el ritmo, sobre todo, se le entregaba con una dulzura placentera, con una sumisión absoluta»— entrañaba en peligro de superficialidad, que García Nieto soslaya limpiamente, sin abandonar la maestría formal, en esa *tregua* que surge tras «auscultar su propio corazón».

Pero no hay, desde luego, ruptura. Así, cuando en *Del campo y soledad* agradezca a Dios su última posesión —«Nada quiero, Señor, nada te pido, / tengo esta pobre voz que Tú me has dado»—, en *Tregua* renovará ese agradecimiento de poeta:

> Gracias, Señor, porque estás
> todavía en mi palabra;
> porque debajo de todos
> mis puentes pasan tus aguas.

Después de *Tregua* surgirán los espléndidos sonetos religiosos de la primera parte de *La red* (1955), junto a la «Carta a José Luis Prado», desde un presente en que «hace frío y hambre» y en donde el poeta es consciente de su soledad y desnudez de hombre:

> Sé que golpeo contra un muro de hambre,
> y tengo sed, y es de noche hasta no sé cuándo.

La voz poética va acrecentando la hondura de su sentimiento, el entorno humanizado, hasta el espléndido ejemplo de *Memorias y compromisos* (1966), respuesta a esa presunta poesía de evasión, que sólo respondía, como dirá el poeta, a una intencionada vocación de amor, en unos versos durísimos que García de la Concha considera o califica de «justificación»:

> Yo sé lo que es el miedo, y el hambre y el hambre
> de mi madre y el miedo de mi madre;
> yo sé lo que es temer la muerte, porque la muerte
> era cualquier cosa, cualquier equivocación o una
> [sospecha...

Yo sé lo que es enfermar en una celda, y defecar
entre ratas que luego pasaban junto a tu cabeza por la noche.
[...]
Yo sé lo que es amor; de lo demás no sé.
[...]
¿No oís cuánto he callado?

Si se trata de una justificación era, desde luego, innecesaria.
Pero evidentemente, todo eso que calló —porque *no era amor*—
va transcendiendo después su poesía *(Geografía es amor,* titulará
un volumen de 1961). Así, en *Hablando solo* (1968) incluye la
sección «Los sonetos del hombre que vuelve la cabeza», como
una transposición a la angustia del hombre del siglo XX, en un
lejano y petrarquista «Cuando me paro a contemplar mi estado»
—Garcilaso, Lope, Quevedo...—, en que el poeta contempla la
tarea realizada y —como en ecos del desengaño barroco— la
contempla derrumbada:

> Cuando la obra estuvo casi hecha: un recuerdo
> de música, de sueño, de defensa, de miedo,
> se vino abajo todo lo que se alzó conmigo.
> Cuando se miró el hombre para ver dónde estaba,
> vio tendida hacia el viento su mano de mendigo,
> y en ella una moneda que ya nadie tomaba.

Un camino humano transitado de duda, de posible oscuridad, pero siempre iluminado por una luz que se vislumbra a
través de «Una rendija todavía», en *Taller de arte menor y Cincuenta sonetos,* de 1971:

> La luz —quiero decir, la claridad... bien poca—
> no abandona a sus enconados súbditos
> los hombres.

La *claridad,* la *armonía,* un mundo de *objetos amados,* van
iluminando la ruta del existir del poeta, hasta esa «Hora undéci-
ma» —*Los tres poemas mayores,* 1971— que, ante el silencio de
Dios, puede sonar «en la nada». El poeta, «ciego» y «sordo»,
«anda, tropieza, vacilante, / por la plaza vacía», llamando a un
Dios que se esconde dentro de su «amor a las cosas». Pero en el
misterio y la búsqueda subsiste aquella claridad entrevista por
«una rendija todavía», que se transmuta en esperanza:

Avanzo, muerto
de impaciencia de estar en ti, temblando,
de Ti, muerto de Dios, muerto de miedo.
Yo soy el hombre, el hombre, tu esperanza,
el barro que dejaste en el misterio.

Recordemos, de nuevo, cómo, en 1952, ya escribió Gerardo Diego que la poesía de García Nieto «ya no engaña más que a los tontos en su aparente superficialidad». En la actualidad de esa falsa superficialidad ya no queda ni la apariencia. Subsiste la maestría formal, pero ver en la poesía de García Nieto sólo la *fermosa cobertura* que definió Santillana, más, que de tontos sería de una intencionada ceguera crítica. Porque lo que creo evidente es que en esa entrañada poesía de amor de García Nieto —a la amada, al paisaje, a las cosas, al hombre y a Dios— hay que sumar su amor a la palabra, barro como el hombre que la crea y que por ella es creado, y en donde el acto creador de la poesía se identifica con un momento de posesión amorosa. Dentro de ese amor a la palabra, hay que incluir su *Nuevo elogio de la lengua española,* su discurso de ingreso en la R.A.E., el primero en verso desde el siglo XIX que, como libro poético, se imprimía en 1984, junto a *Piedra y cielo de Roma.*

4.2.2.   Intimismo y angustia existencial

Son muchos los nombres —importantes— y el espacio, breve. Recordemos el de Rafael Montesinos (1920) y su sensible voz andalucista, nostálgica, neopopular, que cubre un dilatado espacio de tiempo, desde *Resurrección* (1942) o *Canciones para una niña tonta* (1946). Un tono evocativo y casi elegíaco presidirá gran parte de su lírica posterior, en libros de título revelador: *El libro de las cosas perdidas* (1946), *Las incredulidades* (1948), —en busca de una adolescencia—, *Los años irrecuperables* (1952) *Cuadernos de las últimas nostalgias* (1954)..., hasta la hondura, abiertamente trascendente de *El tiempo en nuestros brazos* (1967) y sus últimos libros: *Último cuerpo de campanas* (1980) y *De la niebla y sus nombres* (1985), con un subtítulo que podría servirnos aún más, para definir el quehacer poético y la temática general de su autor: *Poemas íntimos y otros versos andaluces.* De poesía entrañada se podría tal vez calificar —como la de Montesinos— la voz de otro poeta del Sur, Luis López

Anglada (Ceuta, 1919), que comienza dentro de una temática amorosa, en ecos renacentistas y barrocos *Indicios de la rosa* (1945)—, y un volcarse hacia el canto de las tierras de España: *Impaciencias* (1947), que se continuará en *Contemplación de España* (1961) o *Castilla amanecía como nueva* (1974). Y junto a esa voz españolísima y la andaluza del sevillano Montesinos —«Oh mi pobre Andalucía / la Baja...»—, otra voz del Sur y otra forma de melancolía en la obra del malagueño José Luis Cano (1912). Porque desde sus *Sonetos a la Bahía* (1942), cálidos, luminosos, su trayectoria poética ha caminado hacia la meditación sobre la fugacidad de las cosas. En *Otoño en Málaga y otros poemas* (1960), ya exclama meláncolicamente: «Sí, perdí mi bahía, donde el tiempo / no parecía existir sino soñando...» Un *carpe diem*, en donde la vida se siente como un pasar inexorable: *Luz del tiempo,* de 1962, dedicado a la memoria de Emilio Prados. Cuando recoge el autor sus *Poesías completas,* en 1984, añadirá en ellas sus últimos poemas. Su título *«Coda crepuscular»,* que apunta a una concreta cronología, nos serviría también para clasificar una gran parte de su obra.

También en una nostalgia casi becqueriana podría situarse la obra de la granadina Elena Martín Vivaldi (1917), desde sus *Pri meros Poemas,* en 1942, que recoge su lírica, tan intimista, en *Tiempo a la orilla,* en 1985, tras un dilatado quehacer poético alejado de escuelas, capillas literarias y modas pasajeras. O alejándonos de Andalucía, reseñar la obra de Concha Zardoya (1914), que irrumpe en 1945 —*Pájaros del nuevo mundo*— y ha desarrollado su obra, sin retrocesos hasta integrarse en los 80 con una actual e incesante producción poética. Pero hasta llegar a su último título, *Gradira y un extraño héroe* (1987) hemos pasado antes por obras de tan profundo enraizamiento como *Hondo sur,* en 1965.

Una mayor densidad trágica, un adentramiento en el drama del existir, aparece en la truncada obra de José Luis Hidalgo (1919-1947), de hondísimo impacto en la poesía de la postguerra con la aparición de su libro, ya póstumo, *Los muertos.* Drama del existir y meditación sobre la vida, son también las líneas esenciales de Vicente Gaos (1919-1980). Publicó en 1944 *Arcángel de mi noche,* de profundo existencialismo, que parte del desarraigo: «Qué negación de Dios. Qué rima oscura / cuando llegó la noche poderosa». Pero la publicación de sus *Poesías Completas,* en 1982, permite analizar mejor su trayectoria al insertar en ellas sus primeras *Poesías (1937-1939).* Porque era evidente, desde los espléndidos «sonetos apasionados» —ése es su subtítulo— de *Arcángel de mi noche,* la atormentada presencia de Unamuno, pero esas iniciales composiciones revelan la presencia de otro magisterio no menos presente: el Fray Luis anhelante de cósmica serenidad y de luz no conseguida, pero vislumbrada. Unamuno y Fray Luis —y no hay discrepancia alguna, por supuesto, en esa doble presencia—, marcando la línea rebelde y religiosa de *Sobre la tierra* (1945) y *Luz del silencio* (1947). Nueve años después, *Profecía del recuerdo* (1956) intensifica lo meditativo, la serenidad —como si Fray Luis hubiera inclinado la balanza a su favor—, si bien la agónica preocupación unamuniana volverá intensamente en las páginas atormentadas por la nada, de honda preocupación religiosa, de *Concierto en mí y en vosotros* (1965). La nada y la muerte —sobre todo esta última— cuya cercanía sobrecoge en *La última Thule* (1980), esa última región del hombre en la que se encontraba ya Gaos cuando, póstumo, salió su libro a la luz. Libro que acaba en un extraordinario poema «De senectute», casi quevedesco —el Quevedo asceta lector de Job—, donde la melancolía de un estoico declinar parece también que no hallan nada sus ojos «que no fuese recuerdo de la muerte»:

...Contémplate sentado entre los cipreses, setos en flor y carcomidas
[estatuas,
el pájaro en la rama, la paloma en la piedra. Mira, toca en el mármol
tu muerte ayer, tu diaria ceniza. Advierte la fuente,
el agua que corre... Y quédate solo
con la ilusoria renta de tus manos, luces borradas, palabras caídas.

La búsqueda de Dios —y su silencio— desde la angustia de vivir, que late en muchas páginas de Gaos es decididamente, una indagación, la expresión de una dialéctica existencial en la poesía de Carlos Bousoño (1923), que parte, en sus primeros libros, *Subida al amor* (1943) de una esperanzada vivencia sustentada en la fe: «Tal volumen inicial —escribe en unas *Reflexiones sobre mi poesía,* de 1984— es de tema religioso, pues en aquella época yo era muy verdaderamente creyente. Luego mi fe hizo crisis, y toda mi poesía es consecuencia de esa crisis». Enclavado inicialmente, pues, en un existencialismo cristiano, ya *Primavera de la muerte* (1946), inicia un caminar hacia una poesía que se debate entre dos extremos de antagonismo existencial: *vida* (= primavera) y *muerte.* Dualidad y doble perspectiva, porque, contemplada la vida desde la muerte, la nada (= noche), cubre esa primavera y así aparece *Noche del sentido,* en 1957. Con *Invasión de la realidad* (1962) termina, realmente, esta primera etapa de la poesía de Bousoño, que se presenta como una de las más coherentes evoluciones internas de la lírica contemporánea. Porque, alejado de toda vinculación generacional a una poesía social pronto coetáneo, Bousoño afronta en su cosmovisión poética la angustia del ser para la muerte, que comienza por la vía salvadora de la fe —*Subida al amor*— y, como se ha indicado, para debatirse después, desde *Primavera de la muerte,* en esa antagónica oposición ser-nada que el poeta analiza lúcidamente en unas páginas de *Autocrítica* (1985): «hice de la angustia mi casa, y desde esa mansión cenagosa, clamé. Sin esperanza de Dios que me sustentara, el mundo se me apareció como "la nada siendo" ... Muerte o nada sería el mundo, pero en tanto que es, que está ahí para nuestros ojos enamorados, para nuestro oído, para nuestro corazón y nuestra inteligencia, tiene gran valor, un máximo valor. Es un cálido manantial, una suprema fuente de posibilidad, una luz, una primavera. Una primavera, claro está, patética. Admirable y angustiosa, delicada y terrible. Entre esos dos polos (valor y desvalor, ser y nada, muerte y primavera) discurre toda mi poesía, hecha de opuestos que no se excluyen». La búsqueda de algo inmanente que dé coherencia a esa antítesis que es el vivir del hombre es lo que confiere a la poesía de Bousoño ese carácter religioso —como búsqueda y anhelo desde la incredulidad— que una parte de la crítica le ha asignado. Pero en la tensión y la antítesis de aquellos «opuestos» no excluyentes seguirá radicando —sin hallazgo en la búsqueda— la esencialidad de su poesía, que irá comunicándose a través de unos símbolos cada vez más dentro del irracionalismo poético —que partieron de la inicial concepción simbólica *primavera de la muerte = vida*— que cubrirá calificativamente toda su producción.

Ahora bien, en esa señalada primera etapa, los dos elementos de la antítesis parecen dominar, por separado, el significado totalizador de cada volumen. El mismo poeta, analizando en prosa su obra poética —una vez más recordemos a San Juan—, expone la antítesis *nada siendo* bipolarmente proyectada a dos volúmenes: «El mundo en cuanto nada o muerte *(Noche del sentido)*» y «El mundo en cuanto siente, en cuanto primavera *(Invasión de la realidad)*».

Pero sus dos últimos volúmenes, *Oda en la ceniza* (1967) y *Las monedas contra la losa* (1973), la oposición —que persiste—

se fusiona en el mismo volumen. Así, desde la *ceniza* se tiende la mano para levantarse, casi milagrosamente, desde la *nada:*

..dame la mano hacia la inmensa flor que gira en la felicidad,
dame la mano hacia la felicidad dolorosa que embriaga,
dame la mano y no me dejes caer
como tú mismo,
como yo mismo,
en el hueco atroz de las sombras

Y el hombre —«aciago resplandor insumiso, noche / florecida. Oh miseria / inmortal»— sigue poseyendo la «pequeña / rosa encendida siempre».

Pero además, esos dos libros de su segunda etapa marcan en la trayectoria del poeta una transformación estilística, en el hallazgo de un estilo que refleje también, en sí mismo, el deslumbramiento maravilloso ante el mundo y su primavera que representó *Invasión de la realidad.*

El poeta se deja invadir por la belleza irracional del verso, como se dejó invadir por la luz del mundo. Formalmente, abandona el estrofismo anterior, se deleita, casi sensualmente, libremente, en un lenguaje decididamente irracionalista, que discurre entre el símbolo surreal y la metáfora.

En otros autores del período, la poesía cobra un tono aún más decididamente religioso. Obviamente, el ejemplo más claro lo constituyen los poemas de dos jesuitas profundamente admirados por Valbuena (1983): Juan Bautista Bertrán (1911) y Jorge Blajot (1921). Junto a ellos citemos a Julio Maruri (1920) o la lírica de José María Valverde (1925), dentro de esta poesía de marcado signo existencial que en él se abrirá sin perder esa línea, hacia lo social. Ya en su primer título, *Hombre de Dios* (1945), subtitulado *«Salmos, Elegías y Oraciones»,* Valverde parece abrirse, desorientado, hacia ese mundo poético de resonancias religiosas, mientras retrocede la memoria en busca de la niñez cercana. *Hombre de Dios* y el posterior *La espera* (1949), son dos obras casi de adolescencia, elegíacas del tiempo cercano y abiertas al asombro de un mundo que le rodea y comienza a hacerse ingrato. Así el propio autor —al escribir la introducción a su propia *Antología* (1948) — nos dirá que *Hombre de Dios* «era el clamor solitario del muchacho al que se le había derrumbado el armazón en que se sustentaba su alma de niño, gritando, vehemente y exigente, hacia un Dios que la lenta experiencia de la vida le enseñaría que no se había de buscar así, impacientemente, como garantía, refugio y aclaración total para uno mismo». *La espera,* era la serenidad de ese grito, «aceptando la realidad de la vida como muda revelación divina». Un espíritu de ecos teresianos, que busca a Dios en las cosas y en el mismo vivir, aparecerá ya en su primer libro de madurez, *Versos de Domingo* (1954), con su divinización, de lo vulgar y su apertura a lo colectivo, saliendo del yo interiorizado de la adolescencia. *Voces y acompañamiento para San Mateo* (1959) y *La conquista de este mundo* (1960) acentúan esta línea de transcendentalismo de lo cotidiano. Pero aún saldría el poeta más abiertamente hacia el entorno social en *Años inciertos* (1971), en donde la religiosidad de Valverde se transmuta en una abierta y cristiana solidaridad social, que se continuará en *Ser de palabra* (1976), culminación de una biográfica aptitud de entrega a sus propias convicciones, que le alejará, temporalmente, de su cátedra universitaria.

Si Valverde es un síntoma claro del paso del yo existencial al nosotros colectivo de una parte de los poetas de los 40; en otros poetas ese paso deviene abiertamente un caminar hacia la poesía testimonial.

4.2.3. Del existencialismo al testimonio

Si analizamos algunos de los poemas de Blas de Otero (1916) publicados en *Ángel fieramente humano* (1950), podríamos estudiar lo que desde el primer poema del libro —«Lo eterno»—, Otero llamó «una generación desarraigada», que no parece tener «más destino que / apuntalar las ruinas». Ha partido el poeta, como Bousoño, de una esperanza en Dios que le «está preparando una morada / donde yo, nada más, me baste a mí». Estamos en los sanjuanistas poemas de *Cántico espiritual* (1942), luego repudiado por el poeta, que romperá cientos de poemas antes de editar el que consideró su primer libro. Pero en 1950, Blas de Otero, entra de lleno en la poesía de búsqueda, de llamada, de agonístico temblor existencial. Los sonetos *Hombre* —«luchando, cuerpo a cuerpo, con la muerte...»—, *Poderoso silencio,* cantan y gritan el silencio, el vacío de Dios:

> Oh, cállate, Señor, calla tu boca
> cerrada, no me digas tu palabra
> de silencio
> [...]

> ¡Poderoso silencio con quien lucho
> a voz en grito!

Y lo hacen, por supuesto, con una maestría, con una tan alta voz poética que —en consideración ajena a toda temática— se sitúan en una de las cumbres de la lírica contemporánea. Analizar «La tierra» es, por ejemplo, analizar un auténtico prodigio literario en donde la simbología, las apelaciones culturalistas enmascaradas, la gradación temática, el ritmo, la sabiduría de las imágenes, funciona en subordinación al acento trágico de su último endecasílabo, síntesis de la soledad del Hombre en el universo, arrojado al vacío, sin rumbo y sin guía, que llama en su auxilio a un ausente —¿inexistente?— conductor de su destino.

Pero también en *Ángel fieramente humano* pasa ya Blas de Otero de su *yo* angustiado a un *humanismo* redentor. En el «Canto primero» declara: «Definitivamente, cantaré para el hombre». Y no se puede esperar que Otro —«¿quién? cualquiera, otro»— sea el que nos ayude «a ser». Somos «sólo humanos». Y «sólo está el hombre», para concluir con una asumida determinación:

> ¡Oh, sed, salid al día!
> No sigáis siendo bestias disfrazadas
> de ansia de Dios. Con ser hombres os basta.

En *Redoble de conciencia* (1951), ese *humanismo,* insinúa ya un camino nuevo de redención: la solidaridad con el hombre, el nosotros —vosotros—, de la poesía posterior del poeta.

Esa solidaridad salvadora llenará toda su producción posterior, centrada en el hombre de aquí y de ahora, que son todos los hombres pero también el propio Blas de Otero, porque «un hombre recorre su historia y la de su patria y las halló similares», escribió en 1974, al frente de *Verso y prosa.* Cuando publica *Ancia,* en 1958 —con algunos poemas de fecha anterior—, lo hace bajo un verso inicial: «Y el verso se hizo hombre».

A partir de ese momento, Blas de Otero se instaura en la vertiente más estética —y más auténtica— de la poesía social coetánea. Son los años de *Pido la paz y la palabra* (1955), *En castellano* (1959) y *Que trata de España* en 1964. Y he escrito de autenticidad, porque es lo que reclama el propio poeta: «Creo en la poesía social, a condición de que el poeta (el hombre) sienta esos temas con la misma sinceridad y la misma fuerza que los tradicionales». Sin renunciar a la palabra artística. Porque cuando en una encuesta deba contestar acerca de si la misión del arte es estética o social, contestará, integradoramente: «Su misión es social, internacional, a través, entre otras cosas, de la estética». Jamás renunciará a la perfección de la forma, sea en la rotunda maestría de sus sonetos, en la gracia de la canción popular, del cancionero tradicional o del verso libre al que tiende su último libro. Puede servirse de una *letra*, a la manera quevedesca, para adaptar a un contexto socio-histórico un mito españolísimo:

> Por más que el aspa le voltee
> y España le derrote
> y cornee,
> poderoso caballero
> es Don Quijote.

Puede glosar un cantar tradicional para expresar la misma poética y la misma intencionalidad que plasmó en un soneto de *Ancia:*

> Quiero escribir de día.
> De cara al hombre de la calle
> y qué
> terrible si no parase.
> [...]
> Quiero escribir de día.
> De los álamos tengo envidia
> de ver cómo los menea el aire.

O introducir en el poema cantares populares, con unas palabras de Augusto Ferrán como lema: «...he puesto unos cuantos cantares del pueblo..., para estar seguro al menos de que haya algo bueno en este libro», presidiendo toda la sección *Cantares* de *Que trata de España,* con martinetes, folías, soleares o insertando en sus versos los *tréboles* de la lírica tradicional:

> Jamás pensé que nos veríamos en Jaén, ¡ay Jesús cómo huele orillas del Guadalaviar!
> [...]
> Trébole, ¡ay amor! Cómo tiemblan
> tus muslos en la yerba.

El poder de la palabra es sustancial a Blas de Otero. En línea becqueriana, escribirá: «Mientras haya en el mundo una palabra cualquiera, habrá poesía» —y en ese esperanzador *Mientras* se formará todo un libro— si bien esa palabra sea radicalmente opuesta a todo sentido de retórico artificio, al menos teóricamente: «Escribo / hablando». Una poética que encierra, en su falsa superficialidad, un sentido funcional de la lengua poética, de su expresividad como habla —no lengua— que le hará escribir:

> Me gustan las palabras de la gente.
> Parece que se tocan, que se palpan.
> Los libros, no, las páginas se mueven
> como fantasmas.
> Pero mi gente dice cosas formidables,
> que hacen temblar a la gramática.

Y por ello, añadirá que escribe con ellas «hablando, escuchando, caminando». Pero, en el plano formal, ese popularismo intencionado no es sino otra fórmula de perfección artística, junto a su dominio de una poesía de arte, de tradición culta. Puestas ambas modalidades, por supuesto, al servicio de una temática comprometida, en la que surgen los libros de esta segunda etapa.

A partir de 1968, Blas de Otero, al tiempo que va reuniendo sus poemas en numerosas antologías —que se inician con *Esto no es un libro* (1963)— va preparando un último volumen *Hojas de Madrid con La Galerna,* que permanecerá aún inédito a su muerte, en 1979, pero cuyo contenido fue adelantado en esas antologías, ya citadas o aludidas: *Expresión y reunión* (1969), que incluía, además otro inédito, *Poesía e historia* (1969), y parte de *Historias fingidas,* prosas, que saldrían a la luz en 1971; *País 1955-1970* (1971); *Verso y prosa* (1974); *Todos mis sonetos* (1977) y *Poesía con nombres* (1977).

En esos poemas redactados en los últimos diez años de su vida, el poeta vuelve la vista hacia su pasado, mientras, desde un presente de soledad y muerte que sólo el amor dulcifica, se abre a poemas de hondura meditativa, mientras lanza su acusación, profundamente sarcástica, al *ahora* histórico de ese presente que contempla degradado, pero del que se despide serena y estoicamente, «con los ojos abiertos»:

> Dentro de poco moriré.
> Aquí está todo mi equipaje.
> Cuatro libros, dos lápices, un traje
> y un ayer hecho polvo que aventé.
> Esto fue todo. No me quejo.

Sé que he vivido intensamente
(Demasiado intensamente). Enfrente
está el futuro: es todo lo que os dejo.

Como en Blas de Otero, *testimonio*, en José Hierro (1922), jamás excluye detención en la palabra poética Y es en este punto, indudablemente, donde tendríamos que situar al autor de *Cuanto sé de mí*. Pero el análisis de su poema «Réquiem» en otro apartado de este libro, y en razón de la obligada brevedad del mismo, me permite remitir desde aquí a ese apartado, en donde, desde el poema elegido, he procurado dar una visión general de la obra del poeta.

También como un compromiso con el hombre y con el tiempo define la poesía Victoriano Crémer (1918). Tras un inicial y desconocido libro de 1928 —*Tendiendo el vuelo*, que él antes no ha recogido nunca ni en alusiones—, Crémer se inserta, desde su primera etapa reconocida, en esa poesía desarraigada del momento y que defiende desde las páginas de *Espadaña*, de la que es fundador. Son los años de *Tacto sonoro* (1944) a *La espada y la pared*, de 1949, que junto a los intermedios *Caminos de mi sangre* y *Las losas perdidas*, son la expresión de una denuncia atormentada, volcado hacia el desgarrón social de lo humano, casi como única temática. El paisaje se esfuma, porque sólo sirve de telón de fondo o de referencia simbólica del acontecer o del sufrir humanos. Y todo ello partiendo de una tan viva experiencia, que llegará a preguntarse el propio autor si poesía es igual a biografía.

Era natural que el existencialismo o tremendismo de esta poesía comprometida con el hombre y con su tiempo, adoptase no pocas fórmulas de la poesía social de los años 50. Son los años en su producción, de *Nuevos cantos de vida y esperanza* (1952), *Libro de Santiago* (1954), *Furia y paloma* (1956) o *Con la paz al hombro* (1959). Pero los cambios son pocos porque la poesía de Crémer responde a una concepción vital ya fijada —de ahí lo sintomático de su primera etapa— más que a realidades históricas cambiantes.

De ahí la identidad de tono en libros posteriores, hasta *Los cercos*, ya en 1976, o incluso, en *Última instancia* en 1984 —incluida en su *Poesía completa*—, donde el último poema redobla, como «ascua viva» una «voz de hombre» que clama desde la calle: «Todos somos / protagonistas de la Patria».

Pese a una primera vinculación a Valéry, Aleixandre o Cernuda, no es muy diferente la trayectoria de Eugenio de Nora (1923), desde su inicial *Amor prometido* (1946), que marcaba un camino antirretórico de expresión concisa, ceñida —apasionadamente, eso sí— al tema. Y éste se procura que jamás abandone la preocupación esencial por el hombre y sus razones vitales: «Donde haya vida al desnudo, pasión o entusiasmo, creación y lucha, allí hemos de estar los poetas, viviendo y cantando, en las mismas raíces temblorosas de la esperanza, que es la sustancia del hombre», según contesta a la encuesta de Ribes (1952).

Esa sensación de vida como esperanza es la que inunda los poemas coetáneos —1948-1951— de su libro *Siempre* (1953) e incluso, se transparenta en la temática social de *España, pasión de vida* (1954) en donde el poema, por ejemplo, «Un deber de alegría», termina en la radiante sensación de «cómo la aurora iza su bandera rociada».

Pero es interesante constatar que este último libro de Nora agrupaba poesías bastantes anteriores —muchas ya publicadas en revistas de la década de los 40— lo que le confiere el carácter, en cierto modo, de iniciador de la poesía de temática social y cívica posterior. Sin embargo, su tono, insisto, no acusa el desgarro y la voz claramente política y acusadora de otro libro de Nora que sí es, indiscutiblemente, el iniciador de la escuela, en su vertiente de denuncia política: *Pueblo cautivo,* aparecida, clandestinamente, en ediciones de la FUE a finales de 1946. Se publicó como obra de un *Poeta sin nombre,* por razones obvias, pero, curiosamente, ni siquiera en 1978, en que apareció en edición facsímil, su autor quiso asumir públicamente su paternidad.

Esta vinculación a la poesía social será la casi despedida de Nora quien sólo escribirá desde entonces unos pocos poemas que, con el título de *Angulares,* se integran en su edición de poesía, de 1975.

También del intimismo al testimonio camina la obra poética de Ángela Figuera, Leopoldo de Luis o Rafael Morales.

La primera, Ángela Figuera Aymerich (1902), llega tardíamente a la poesía, con dos libros, *Mujer de barro* (1948) y *Soria pura* (1949), expresión muy machadiana de un mundo cotidiano y femenino —la maternidad—, y de paisaje. Pero, *Las cosas como son,* de Celaya, gana a la escritora para la poesía social, como una toma de conciencia que se inicia en los años 50 con *Vencida por el ángel.* Figuran otros libros en la misma tónica de denuncia hiriente: *El grito inútil, Los días duros* o *Belleza cruel* en 1958 prologado por León Felipe. Cuando se inicia en España la decadencia de la poesía social pública Ángela Figuera su último libro, *Toco la tierra,* en 1962.

Por el contrario, la obra de Leopoldo de Luis (1918) es un presente continuo de la poesía española de los últimos cuarenta años desde sus iniciales *Sonetos de Ulises y Calipso* (1944) y *Alba del hijo,* en 1946. De Luis se sitúa ante la realidad como *Huésped de un tiempo sobrio* (1948), en un tiempo fugitivo, en donde, en ecos de Guillén, canta *Los imposibles pájaros* (1949), del ayer perdido. Varios títulos nuevos nos llevan hasta *Teatro real* (1957) sobre el juego simbólico de la vida, la realidad como representación, de viejo alegorismo calderoniano —hay un poema a «Segismundo»—. Pero en este *teatro de la realidad* asoman ya los oficios, el «rumor de los talleres» y una «patria oscura» como escenario de la representación para entrar, en *Juego Limpio* (1961) en una realidad social, en donde ese escenario español, es «mina oscura de metales / de llanto y sueño...».

El *«juego limpio»* de la poesía de Leopoldo de Luis sigue manteniéndose en sus nuevos títulos: *La luz a nuestro lado* (1964), *Correo español* (1966), *Con los cinco sentidos* (1970), *Reformatorio de adultos* (1975) o *Igual que guantes grises* (1979), *Una muchacha mueve la cortina* (1983) o *Del temor y de la miseria,* ya en 1985. Sigue cantando, como en *Los imposibles pájaros,* todo aquello que perdió y que, en réplica a Guillén, «nunca / volverá con las aves», y un mundo hacia el que se inclina con amor, porque, también en réplica a *Cántico,* aún «no sabíamos / que el mundo está mal hecho». Por ello, subsiste en todos sus versos el amor hacia los que sufren: «mientras exista un niño sin pan y sin sonrisa / yo renuncio a la luna», declarará en *La luz a nuestro lado.* Y el olor de unas rosas, colocadas en un «barro humilde», y el olor de la alegría que la injusticia anula:

> ¿Merecemos que sea así, la vida
> tan hermosa, y fragante que penetre
> por los sentidos su verdad sencilla
> tan misteriosa y generosamente?
> ¿Gana el hombre sus rosas, su alegría?
> [...]
> Vivir no es más difícil que un rosal
> lo que anula su aroma es la injusticia.

Los *Poemas del toro,* de Rafael Morales (1919), marcaron un momento personalísimo de la lírica de la postguerra, en 1943,

como un ejemplo —en la línea del primer Hernández— de neo-
barroquismo, que se continúa en la perfección de no pocos sonetos de *El corazón y la tierra* (1946), y sigue, en parte, en *Los
desterrados* (1947). Pero la desolación barroca ante la muerte
hallará una nueva voz en Morales a través de su libro posterior,
Canción sobre el asfalto (1954), exaltación poética de lo humilde
y cotidiano, en donde, en versos que siguen sonando a Lope, a
Quevedo, se cantan los oficios, las cosas olvidadas y despreciadas
—«Cántico doloroso al cubo de basura»—, como expresión de
un dolor del siglo XX, de suburbio y miseria cotidiana, como el
cerco condicionante de una realidad actual. Singularísima voz
neobarroca en el panorama de la poesía social de los 50 que se
proyecta al drama del hombre en el poema unitario de *La Máscara y los dientes* (1962), continuado en *La rueda y el viento*
(1975). El conjunto de poemas que constituye su último libro,
Prado de Serpientes —publicado en *Obra poética,* 1982—, toma
su título significativamente, de una cita de *La Celestina,* en que
así se define la vida y el desorden inarmónico e injusto del
mundo.

4.2.4. La oposición a la norma:
Postismo y corriente surreal

En el casi general panorama de *garcilasismo, existencialismo,
rehumanización* y *apertura a lo social* de finales de la década de
los cuarenta, la aparición del *postismo* —como ya vimos en la
Introducción— supuso un intento de renovación, de oposición al
sistema poético establecido. Esa clara oposición ha sido destaca-
da por la crítica más reciente. Así, Carnero (1976) destacará, por
ejemplo, dos textos de Carlos-Edmundo de Ory (1923), que son
una evidente sátira desenfadada del intimismo y trascendentalismo de la poesía humanizada, el primero —*A la esposa*— y a
la problemática religiosa existencial el segundo:

>   Sin ti soy triste cosa y triste cosa,
>   sin ti me lleno de humo, y me extravío,
>   sin ti me armo un lío y me armo un lío,
>   [...]
>   . . . .
>   y tú me has dado el queso de la luna
>   y tú me has dado eso, eso, eso.

O el soneto ya aludido de 1956, que recuerda las sátiras de Lope contra Góngora, y en donde Ory ataca esa nueva *herejía* literaria, que de honda dialéctica religiosa se había constituido en tópico reiterado:

> Soy Sa... ¿SA QUE?... tan, tan, ¿TAN QUE? ¡No lo atajo!
> —Digo que soy Satán. ¡Su voz se aleja!
> Repita, se lo ruego, ¿quién es? —MERDE.

Pero la poesía de Ory no era sólo una réplica a lo establecido. Era también el ejemplo de cómo, minoritariamente, se buscaban nuevas fórmulas y caminos para una poesía que comenzaba a estancarse en lo imitativo y que, a mediados de los cincuenta encontraría —por otras vías— nuevos modos de renovación.

Así, *postismo* y el movimiento casi contestatario que lo sustentaba —los nombres de Ory, del pintor Eduardo Chicharro y del italiano Silvano Sernesi— se movían bajo los nombres de Artaud, Breton, Kafka, Ernst o Tzara, como un nuevo *dadaísmo*. Pero en las lecturas del Ory juvenil se barajaban también los nombres de Rilke, Chejov, Maeterlinck, Amiel y Oscar Wilde... Simbolismo, decadentismo, vanguardismo, que se confunden en unos *versos de pronto* que llegan entre frecuentes delirios surrealistas.

Pero el *postismo* era sobre todo una investigación sobre el lenguaje, en que éste se aliaba con experiencias pictóricas y musicales. Mencionemos, por ejemplo, la relación de los óleos de Eduardo Chicharro con la obra de Max Ernst, que ha anotado Rafael de Cózar en su *Introducción* a *Metanoia,* de Ory, o los futuros *collages-textos,* de los que parece ser un intuitivo comienzo la ilustración con recortes de prensa y *collages,* de un cuento, *Elisa,* de 1940. En la confluencia del signo icónico con el lingüístico y el musical, el *postismo* y su creador se incorporaban, como veremos con Cirlot, a un vanguardismo europeo, que en España se truncó con la poesía *comprometida* —y apegada por tanto a una realidad social y concreta— hacia la que derivó el vanguardismo inicial del 27.

El segundo paso de ese vanguardismo lo dará Ory en 1951, al publicar, con el pintor Darío Suro, *Nuestro tiempo: poesía. Nuestro tiempo: pintura* (Madrid, 1951), en donde se defiende la palabra poética desligada de todo elemento referencial, aislada de toda realidad, para concebirse como manifestación de la realidad interior del hombre. Lo que Ory define como el «introrrealismo íntegro», con sus vagas relaciones con el vitalismo nietzscheano y algunas filosofías orientales. El lenguaje deberá ser, por tanto, la expresión de un «sueño visionario» y por ello, «reiterativo, musical, cabalístico y lúdico», como señala Cózar.

Un mundo de experimentación poética que Ory desarrollará en su *Atelier de poésie ouverte* —APO—, en Amiens, a partir de 1968 . Unos grupos de trabajo permanentes, con un máximo de 21 miembros, bajo la norma de la libertad de imaginación y de expresión, con un sentido de captación *autónoma* de la realidad, y en donde el signo icónico se une al signo lingüistico, con la consiguiente creación de extraordinarios *collages-textos,* y en donde partiendo de la palabra, se traduce en experimentalismo visual la imagen onírica que aquélla produce. Y todo ello, naturalmente, dentro de un esencial irracionalismo.

Paralelamente a esas etapas, la importante obra poética de Ory va publicándose en revistas —*Cuadernos Hispanoamericanos, Papeles de Son Armadans...*— y pocas veces en libro. Entre éstos, surgen en su bibliografía *Sonetos* (Madrid, 1963), *Poemas* (1969), *Música del lobo* (1970), y las ediciones antológicas de Félix Grande de *Poesía 1945-1969* (1970), Jaime Pont de *Poesía abierta* y *Metanoia,* ya citada, de 1978.

Pero coetáneamente a estas antologías, Ory seguía su camino personal. En *Lee sin temor* (1976), recogió los poemas escritos entre 1970 y 1971, agrupados en cuatro títulos: *Agni, Lee sin temor, Los poemas de Karl Borromäus* y *Silencio.* Maravilloso juego lúdico, en ocasiones, artificios verbales —fonética, metalenguaje...— cargados de sentido... Cercanía, en ocasiones, a la poesía *permutatoria* que veremos en Cirlot, los poemas de «Karl Borromäus» —es decir, Carlos Borromeo, el propio Ory—, como los *Agni* iniciales —«Signos de *Agni Yoga»—,* se acercan, en ocasiones, a los *Aerolitos* o aforismos poéticos que Ory publicó en versión francesa en 1962, y que aparecen en España en 1985. *Energeia* (1978) con inéditos de 1944 a 1977, *La flauta prohibida* (1979), *Miserable ternura. Cabaña,* en 1981 y *Nabla,* en 1982, siguen en la misma línea poética, en que el artificio verbal, el hallazgo, el experimento, funcionan siempre dentro de una sensibilidad poética insoslayable.

Menor trascendencia supuso la aportación poética a estos movimientos de Gabino-Alejandro Carriedo (1923-1981), colaborador con Ory, desde 1947, en las tareas del *postismo,* a cuya época corresponden sus libros *La Piña Sespera* (1948) y *La flor del humo* (1949), que permanecerán inéditos hasta que aparecen en una completa y actualizada antología: *Nuevo compuesto descompuesto viejo (Poesía 1948-1979)* (1980), que como otro síntoma del aludido interés reactualizador, va antecedida del prólogo de otro de los «novísimos» de la actual poesía, Antonio Martínez Sarrión.

Carriedo había comenzado su trayectoria poética dentro de la poesía arraigada y presocial que preconizaban los espadañistas, con *Poema de la condenación de Castilla* (1946), que reaparecerá en *Política agraria* en 1963. Pero en contacto con Chicharro y Ory, se integrará en el juego verbal del *postismo*, hasta conseguir dos obras magistrales en su línea: *Los animales vivos*, escrito hacia 1951 y publicado en 1965, y *Del mal el menos*, en 1952. Las «Recomendaciones para domesticar a un avestruz» o «Las hormigas», del primero, o el «Pequeño tratado del mundo» en el segundo, por ejemplo, son exquisitas muestras de ingenio desenfadado, de ironía, no exenta de amargura, desplegando una imaginación que juega con la palabra, con efectos chispeantes de transgresiones verbales y, sobre todo, de insólitas asociaciones semánticas y fonéticas, que recuerdan, a veces, los hallazgos de las *greguerías* ramonianas, como esa salamandra que «regala con su cola dibujos a los árboles / donde se ocultan los dípteros felices».

Seguirán *Las alas cortadas* (1959), *El corazón en un puño* (1961) y *Política agraria* (1963) insertas en la corriente de poesía social, ajena a todo vanguardismo lúdico —el humor es sólo ataque— para volver en su último libro a un nuevo tipo de vanguardismo, al insertarse, renovadoramente, *Los lados del cubo* (1973) en la poesía *constructivista*, en su integración con las artes plásticas, característica de la vanguardia luso-brasileña capitaneada por Jõao Cabral de Melo.

En relación con Ory y Carriedo aparecen dos nombres, vinculados inicialmente con estos brotes de postsurrealismo: Gloria Fuertes (1918) y Ángel Crespo (1926), ambos con un libro primero en 1950. El segundo, amigo de Carriedo, fundará con él *Poesía de España*, en 1959 y la primera dedicará su poema «Delirio» —de ese primer volumen, *Isla ignorada*— a Ory, el gran amigo, con quien comparte parcialmente una poética, en cierto modo por lo que ésta tenía de rebelde y transgresora: «Fui surrealista, sin haber leído a ningún surrealista; después, aposta, "postista" —la única mujer que pertenecía al efímero grupo de Carlos Edmundo de Ory, Chicharro y Sernesi»—, confesó en el *Prólogo* a sus *Obras Incompletas*. Dentro de este curioso comienzo, en un surrealismo que no conoce —surrealista *sin saberlo*—, Gloria Fuertes se define como una autora autodidacta, para quien la forma es sólo problema de comunicación, esa «comunión-comunicación» con el lector que ella define como la meta de todo su quehacer poético. Comunicación y profundo autobiografismo, que culmina en *Historia de Gloria (amor, humor y desamor)* (1980) que sigue estando atravesado de vetas surrealistas, como girones de niebla, como esa obsesión de la Muerte, que se presentará como una imagen onírica que se convierte en real:

> La Muerte estaba allí sentada al borde
> [...]
> ....
> La Muerte estaba sola como siempre,
> haciéndose un chaleco de ganchillo
> [...]
> ....
> y se puso a tejer como una loca.

Ya aludí en la *Introducción* a cómo Ángel Crespo, desde las páginas de la revista *Deucalión,* mantuvo, en pleno realismo crítico, una posición surrealista. Apareció en Ciudad Real, en 1951 (continuó hasta finales del 53), fundada por Crespo, y en sus primeros números se encuentran en ella, como en un equipo, los nombres de Carriedo, Chicharro, Labordeta..., es decir, los surrealistas independientes, más los llegados del *postismo,* y a los que se suman Fernández Molina, Leyva, o Manuel Pinillos. En sus páginas aparecerán, por ejemplo, las traducciones de Eluard, de Gabriel Celaya. Pero *Deucalión* había sido ya anticipado por la madrileña revista *El Pájaro de Paja,* cofundada por Muelas, Carriedo y Crespo, que había reunido junto a *postistas* y surrealistas declarados —Cirlot, Labordeta...— a los nuevos de la corriente: Gloria Fuertes, Fernando Quiñones, Marrodán... que sólo muy parcialmente después seguirán en esa línea.

Situado, por tanto, en el centro de la corriente surrealista de finales de los cuarenta, Ángel Crespo publica su primer volumen, *Una lengua emerge,* en 1950, que supone la iniciación de una continua, ininterrumpida labor, hasta 1980, y que, en la recopilación de 1971, *En medio del camino,* el propio Crespo ha ordenado en cinco *Libros,* con una visión orgánica y clara de su casi producción total hasta esa fecha. Un arte, de símbolos y dioses antiguos, de clara luz y líneas de armonía constructora, que cierra su círculo perfecto en el volumen *Con el tiempo, contra el tiempo* (1980), cuando, enlazando con sus primeros poemas, escribe «Para un arte poética», en donde se afirma la *otra* realidad, en el espíritu y la palabra, del universo literario:

> Lo evidente no hay que escribirlo.
> La poesía es un camino de ida, pero sin vuelta. Los que
> vuelvan regresan de otra parte.

Y en la misma línea inalterable escribirá en el último poema de *El ave en su aire* (1985), que titula «El texto»: «El discurso racional sólo es capaz de mostrar la naturaleza de la razón, no la de la intuición, ni la de cualquier otra cosa. Sólo el discurso poético es capaz de mostrar la naturaleza de las cosas —que es inefable— porque la poesía también lo es».

Varias veces he mencionado en estas páginas el nombre del aragonés Miguel Labordeta (1921-1969), el inclasificable, independiente autor de una poesía que, más allá de cualquier grupo y escuela, no es, en definitiva, sino «la autobiografía espiritual, atroz y tierna a la vez, de un alma solitaria», como tan acertadamente la califica Senabre en el *Prólogo* a sus *Obras Completas* (1972).

Comienza a escribir hacia 1939-1940, dentro de un surrealismo moderado y dentro ya de una soledad y angustia que parecen emanar a la vez de las circunstancias y de su propia condición humana. Así en estos primeros poemas —que ha rescatado la edición de su *Obra Completa,* en 1983— podemos leer:

> Tengo 26 años.
> No sé quién soy.
> [...]
> Tengo 26 años.
> Llueve y es Otoño.
> Escucho el desgarro del Mundo
> atronando por las emisoras
> (con una nube de agudas bayonetas que desgarran
> mi corazón humano).

A esta primera etapa pertenecen *Crecimiento* (1945) y *Sumergido crecimiento* (1945), no editados hasta la mencionada edición de 1983, y en la órbita de *Sumido 25* (1948), su primer libro publicado. Desde este primer título, el universo lírico de

Labordeta aparece como algo desusado en su forma y en su fondo, en el panorama literario de su momento. No se trata de señalar fuentes pero, como afinidades espirituales, recordemos los nombres de Buñuel y Picasso, exploradores también del interior del hombre o de la realidad del mundo a través de la visión del subconsciente. Esa visión, en Labordeta, se comunica mediante el irracionalismo lingüístico, por supuesto, y a través de símbolos y alegorías de su propio código, en donde el símbolo se materializa alegóricamente en realidades de apariencia concreta —el metro o suburbano, el *profesor Mister Brown*...— o se evade hacia el puro concepto de entidades inexistentes: los *Dragones Azules* o la inventada galaxia Berlingtonia, que el poeta sabe inexistente o imposible como todo amor.

Sus nombres —como las palabras-clave *espejo, hombre, raíz, mamá, subsuelo*...— van configurando su mundo poético y vivencial centrado en el hombre Miguel Labordeta, a través de cuyo absurdo, distendido y amargo interior —«Porque soy amargo hombre», en *Violento idílico* (1949)— se quiere expresar el absurdo de ese universo incomprensible que rompe toda armonía y que explica Mister Brown:

> En un Universo esférico y finito
> tetradimensional absurdo
> enjambre de estrellas se agrupan
> en velocidades-islas de luz.

Un mundo de destrucción y caos —hombre y universo— que Labordeta intenta explicarse a sí mismo, en esa obra que es un intento comunicativo y comprensivo de su propia identidad de hombre. El Hombre dividido en *Angel* y *Saturno* que aparece en su drama *Oficina de horizonte* (1955), totalmente alegórico, como el *auto existencial* —no sacramental— del hombre moderno. O el poeta desdoblado en los heterónimos de *Sumido 25* (1948) —anotemos que *Los soliloquios* (1969) finaliza con una cita de Pessoa—, que se comunican entre sí, como ese Nerón Jiménez que «contesta al mensaje de amor de Valdemar Gris», y de los que Labordeta, lo mismo que de sí mismo, levanta el acta de defunción:

> Os lo anuncio con sentimiento:
> Julián Martínez
> existente de tercera
> acaba de fallecer.

«Me habéis dejado solo con mis sueños», escribirá en «Desolativo», para afirmar después que ni aun esos sueños le explican ya su identidad. Su mundo poético es un mundo en soledad. Una soledad que «no tiene nombre», que es como una *crucifixión* y en donde, a veces, resuena el eco romántico, en anhelo de luz y de amor, de su *«Plegaria del joven dormido»,* como directa y acuciante llamada de favor y ayuda dirigida a las «lejanas y gigantes hermanas estrellas».

Pero la soledad de Labordeta es una soledad *provocada.* Quiero decir que *su* mundo es el reflejo de una oposición al mundo de los *otros:* los injustos, ciegos burgueses, crueles, mediocres, vulgares, cerebrales, cobardes, evasivos y fríos creadores de una sociedad deshumanizada, donde la *guerra* —nueva y primordial palabra-clave del léxico labordetiano— es el símbolo de toda destrucción. Su voz, en *Transeúnte central* (1950), sobre todo —nacida de una «Vocación de protesta», como titula el segundo poema incluido— comienza a hacerse acusación y condena mucho más directas. En ese mismo año de 1950, publicará su artículo sobre «Poesía revolucionaria», en las páginas de *Espadaña:* «... la poesía de los hombres que hemos nacido entre declaraciones de guerra, campos de concentración, técnicas maravillosas, gorilismo deportivo y que, por añadidura, presentimos sobre nuestras espaldas otra nueva guerra de perspectivas catastróficas...». En consecuencia, el estilo se apega más a lo referencial, en un tono que continúa en *Epilírica* —con poemas de 1950-1952, aunque publicado en 1961—, con su «Severa comunicación de un ciudadano del mundo», y en donde «Un hombre de treinta años pide la palabra»: «en nombre de mi generación yo os acuso».

De 1952 hasta 1969, en que aparecen *Los soliloquios,* Labordeta permanece, aparentemente, en silencio. Publica dos antologías, *Memorándum* (1959) y *Punto y aparte* (1967). *Los soliloquios,* última obra publicada —y última que se contiene en las *Obras Completas* de 1972—, se continuarán en la reconstrucción de un libro póstumo, *Autopía* y el rescate de los nuevos textos contenidos en *La escasa merienda de los tigres y otros poemas,* en 1975. Los tres textos contienen piezas maestras de una poesía experimental que bordea, incluso, el automatismo, y en donde se utilizan toda una serie de innovaciones técnicas, algunas de lejanos ecos ultraístas: ausencia de puntuación, disposición vertical de palabras y versos o disposición gráfica anómala de ambos, con ausencia total de módulos estróficos, ruptura del significante léxico y, muy característico, el sangrado progresivo de los versos. Pero todo ello, como ha analizado Senabre, no es ni fortuito ni gratuito. Se trata, en realidad, del signo comunicativo, que alcanza a lo visual —recordemos *Bomba,* de Gregory Corso— del mundo inequívocamente labordetiano. Un mundo, definitivamente en

des
truc
ción.

Otro *disidente* de los cuarenta-cincuenta, que trabajó en solitario, que sólo publicó casi minoritariamente y revalorizado, admirado y analizado en la década de los setenta, es el catalán Juan-Eduardo Cirlot (1916-1973). Creo que fue solamente Ángel Valbuena (1983), desde las ediciones de su obra de 1960 y, sobre todo, 1968, quien introdujo un amplio comentario a su poesía en un panorama poético de la actualidad. El poeta y crítico catalán comienza la publicación de sus minoritarios libros en 1943 —*Seis sonetos y un poema de amor celeste*—, que continúa, en 1945, con dos títulos que son ya un ejemplo de madurez: *En la llama* y *La muerte de Gerión.* Ya *Lilith,* en 1949 ofrece una compleja forma, en que los materiales fónicos y sintagmáticos del poema, se varían, permutan, y transforman, en un juego intelectual de técnica prodigiosa que Cirlot llamó poesía *permutatoria* y que en *El Palacio de Plata,* de 1955 ha llegado ya a su perfección. Analogía y paralelismos fónicos, transformaciones sobre textos conocidos, que el gran conocedor de los símbolos y culturas orientales que fue Cirlot, hace derivar del letrismo cabalístico de Abufalía, o que el crítico musical que también fue, relaciona con la música dodecafónica. Naturalmente, en este mundo de relaciones culturales, no se pueden dejar de mencionar sus estudios sobre los pintores Tàpies, Cuixart, y el informalismo.

En 1966 inicia el ciclo de *Bronwyn,* donde el renovador formalismo se aúna ya indeleblemente con un mundo culturalista de mitos y símbolos célticos y mediterráneos, expresados a través de un personal surrealismo a quien no le basta lo onírico. Porque a él se une la formulación experimental a través de la palabra y ésta, a su vez, enraizada en un fabuloso mundo culturalista. Los títulos son numerosísimos. Tras la iniciación de *Bronwyn,* los *Poemas de Cartago* (1969) o *Perséfone* (1972), junto a *Hamlet* (1969) o la intensa continuación del ciclo de Bronwyn, en sucesivos títulos: *Bronwny, x, Bronwyn, y, Bronwyn, z* y *Bronwyn, permutaciones,* en 1970, *La «quête» de Bronwyn,* al año siguiente y *De 44 sonetos de amor,* también en 1971, como una elegía inacabada:

> Busco también el río,
> el río donde fue mi desvarío,
> donde mi desvarío fue mi fe.

Desvarío y fe como una poética implícita de amor a la palabra que hace perdurar —símbolo eterno— los sueños inencontrables del hombre, en unos humeantes signos, como «armadura ardiente de palabras»:

> Y tras hablar así
> dejando que su cuerpo se perdiera
> por una galería inolvidable,
> Hamlet abrió la imagen de la niebla
> y se deshizo en lívido temblor,
> como su cabellera rubia y gris,
> mientras su traje negro sollozaba
> lleno de signos humeantes.
> Mas su armadura ardiente de palabras
> continuaba escribiendo y continúa.

Surrealismo, simbolismo, culturalismo, experimentación... Todo ello bien alejado de los presupuestos teóricos de la moda dominante. También, por caminos sin embargo muy diferentes, anduvo de espaldas a esa norma un grupo de poetas andaluces.

4.2.5. La oposición a la norma: el grupo *Cántico*

En 1974, Pablo García Baena —fundador de *Cántico,* junto a Bernier, Molina, Mario López y Julio Aumente— declaraba en Málaga al final de una conferencia: «Pero un día *Cántico* volvió a sonar. La poesía había vuelto a sus cauces; los jóvenes poetas sentían una curiosidad ilimitada por *Cántico* y sus nombres. Y en Cataluña, los poetas de *Infame Turba,* los "venecianos, los de la generación del Sándalo", tratarán de apropiarse exquisiteces e innovaciones propias, ya llevadas adelante por *Cántico,* por la escuela cordobesa hacía veinte años».

«¡Qué más daba! La poesía brillante y cegadora, como una antorcha, va de una mano en otra dando su inextinguible llamarada total para todos.» El mismo año en que se imprimía esta declaración —*Poesía. Reunión de Málaga*— salía a la luz la antología y estudio del grupo de uno de esos «jóvenes poetas», Guillermo Carnero (1976), sosteniendo análoga tesis: «el valor de *Cántico* está en haber servido de eslabón, a diferencia de un contexto literario que con los años ha caído en la más absoluta obsolencia, entre las realizaciones de la gran poesía de la anteguerra y los intentos de renovación y puesta al día que tienen lugar desde el principio de la séptima década en la literatura castellana». Y añade, al aludir al rechazo, por parte de *Cántico,* de la normativa poética de los cuarenta y, posteriormente, del realismo social: «... con la publicación a principios de la década de los sesenta de libros como *Las brasas,* de Francisco Brines; *Da nuces pueris,* de Gabriel Ferrater; *Compañeros de viaje,* de Jaime Gil de Biedma; *Diecinueve figuras de mi guerra civil,* de Carlos Barral, o *Invasión de la realidad,* de Carlos Bousoño, pueden darse por caducas las actitudes contra las que *Cántico* batalló».

Efectivamente, *Cántico* ha sido un *eslabón* y, probablemente, una *fuente* importante y directa, aun sin necesidad de aplicar a este término connotaciones reivindicativas. Porque suponía, por ejemplo, un culturalismo mítico-simbólico en que se reunían 27 y Modernismo, de absoluta actualidad desde 1965. Y, frente a la realista y denotativa expresión de lo social —que pareció identificar finalidad ética y facilidad comunicativa con expresión poética— opuso su barroquismo lingüístico, su enorme riqueza verbal, al servicio de un intimismo que, aunque partiendo de lo vivido y cotidiano, elevaba la vivencia a un mundo mítico de profundas resonancias artísticas. Creo que es conveniente recordar el fermento prerrafaelista del Modernismo, cuando constatamos la presencia fundadora en *Cántico* de los pintores Miguel del Moral y Ginés Liébana, con las purísimas líneas, tan sensibles, de sus bellísimos ángeles adolescentes. Porque, recordemos también, que *ángel* será palabra y personaje-clave —símbolo, metáfora, iconografía....— de todo el movimiento. Añadamos a ello —la tan añorada fusión de las artes— que el grupo se formó, como tal, hacia 1941, en torno a la tertulia musical de Carlos López de Rozas, profesor del Conservatorio cordobés. Un mundo de vida y arte fundidos que García Baena evoca, en torno al inicial magisterio de Juan Bernier: «Pero antes de *Cántico* estaba la taberna de Pedro Ruiz cercana a la Puerta Nueva, donde Juan nos reunía como a colegiales asombrados para leernos algunas páginas de su "diario" o de su novela, que sigue inédita 30 años después, *El rapto de Gardenia;* estaba la casa de don Carlos con sus tardes musicales y el primer deslumbramiento ante Juan Sebastián Bach, y estaba el apagado gregoriano de los carmelitas descalzos de San Cayetano en la *Salve* de los sábados, los dibujos de Liébana y el violín de Manolo Bustos en la *Chacona* y la sonrisa, casi de Leonardo, de Gabriel García-Gil y la bodega de Pepe Diéguez en el Realejo, olorosa de salmos y maderas. Y en la honda noche del Campo de la Verdad, la voz de Pepe Lora levantaba como un espectro la copa de lágrimas del cante entre el pálido Moriles derramado y la última oda claudeliana de Ricardo Molina».

De esta visión de un mundo de cultura que se transforma en vivencia cotidiana, en pagana y sensualista degustación de la belleza, en exaltación hedonista de la existencia, que no rehúye —tal vez sólo por bella— la emoción religiosa a lo Claudel, surge el primer libro de poemas de Juan Bernier, nacido en 1911, el de más edad del grupo. Esa primera entrega poética consta solamente de seis poemas que, bajo el título de *Aquí en la tierra,* publica *Cántico,* en su número extraordinario de 1948. Once años después aparece *Una voz cualquiera* (1959) y tras otros dieciséis años termina su *Poesía en seis tiempos,* para entrar, actualísimamente —tras ese silencio—, en la década de los ochenta: *En el pozo del yo* (1982) y *Los muertos* (1986), fieles a sus principios, en su vitalismo barroco.

Desde su comienzo, la poesía de Bernier se adentra en su *tierra del Sur,* como símbolo de *mediterraneidad,* que va «desde las torres de Córdoba a la azul espuma de Cnosos». Un sur que surge de los «naranjales de Tarsis», de «higueras espesas», «moreras» y «vides salvajes», o de «las rotas cariátides del Olimpo». Que discurre por «los huertos del Hedjaz, / donde el agua es como una muchacha a quien cuida un amante», por los «jardines de Granada», «los parques de Sevilla»

y más allá, en la tentación desnuda del seno azul y lechoso de Nápoles, en el que las sirenas y las estatuas yacen sepultadas bajo el abrazo verde de las algas.

Un mundo de sol, mar y desiertos, de sangre que hierve, de luz cegadora, donde los seres, los «seres del Sur», son «como estatuas de húmeda arcilla dorada», como semidioses prendidos en el «Deseo pagano» de una Edad muy antigua:

¡Oh siglos volved!
Volved, pues os esperan los dioses...

Ese mundo es hacia el que el poeta *mira amorosamente,* en la figura de una muchacha, porque el mirar lo bello es como «una orgía de indefinible tacto». Y donde, en perfecta coherencia de hedonismo, la muerte es algo en lo que no se cree, desde la plenitud de la vida.

La rica tradición cultural en que Bernier se mueve no es, por supuesto, culturalismo objetivado. Es su propio *yo* en el que indaga el poeta al mirar y beber en su entorno, en ese *rumor oculto* que signa también la poesía de Pablo García Baena (1923). Los dieciséis poemas de *Rumor oculto* (1946) son la iniciación de un poeta joven cantor de la adolescencia, donde el *rumor oculto* de la sangre que despierta y de la voluptuosidad del mundo que le rodea es el «demonio» o «ángel» que hace sentir en su alma «un roce de blandas plumas blancas», mientras la tentación se torna aún más hermosa al mezclar la deseada blancura del Apolo sepultado, con la belleza sensual —hipérbole sacroprofana y místico erotismo modernista— con el insinuado San Sebastián voluptuoso de un barroquismo sensual:

Quisiera ser la rota columna decadente,
aquel ángel mancebo perfecto entre sus bucles...

El tema de la adolescencia llenará el *collige, virgo, rosas* de *Mientras cantan los pájaros* (1948) en que, de nuevo, y con mayor madurez poética, se funden la naturaleza y el yo, uniendo otra vez —«Llanto de la hija de Jephte»— un hedonismo clásico a una expresión de intencionadas resonancias religiosas, en unas muy concretas reminiscencias bíblicas, como esa bucólica fuente fría donde se «bañan los pastores», pero que surge no bajo el haya virgiliana sino «a la sombra de los cedros», como las fontanas frías y claras de San Juan de la Cruz. En *Antiguo muchacho* (1950), esa fusión de paganismo y reminiscencias eróticoreligiosas se condensa en la delectación casi voluptuosa de su «Himno a los santos niños Acisclo y Victoria», martirizados mientras «Córdoba estaba roja de pecados ardientes». O en el barroquismo de «El Corpus», cuya descripción es un relampagueo de sensaciones, en donde un rumor de campana es «anhelante como un seno desnudo después de haber corrido». El exotismo, la sugerencia poética de nombres de profundas reminiscencias culturales van desfilando, como una enumeración de mundos ante *aquel muchacho* que los iba evocando — soñando— mientras repasa las hojas de un atlas, «bajo la dulce lámpara», en un tiempo en que aún ignoraba —paraíso de la infancia— que su destino era «esperar en la puerta mientras otros pasaban. / Esperar con un brillo de sonrisa en los labios / y la apagada lámpara en la mano».

Seguirán *Junio* (1957), *Óleo* (1958), *Almoneda* (1971), los libros de una madurez, ya con la «apagada lámpara en la mano» del desengaño y la insatisfacción, que, insistente, obsesiva, se desarrolla en *Antes que el tiempo acabe,* de 1974. Y en 1982 —en la edición de *Poesía completa,* prologada por L. A. de Villena— la promesa de un nuevo título: *Tres voces del verano,* parcialmente dado a conocer en 1980. Pero que, por la muestra editada, pudiera servir de *modelo* de la estética de los *novísimos.*

Las dos citas con que Ricardo Molina (1917-1968) abría su segunda entrega poética, *Elegías de Sandua,* en 1948, eran ya una declaración de su poética: «Por el arroyo claro va la hermosura eterna (Jorge Guillén)» y «Hablo de cosas que existen, Dios me libre de inventar cosas cuando estoy cantando (Pablo Neruda)». Porque su canto poético será, efectivamente, un cantar a la belleza *eterna* de las *cosas efímeras* que *existen.* Con un vitalismo tan total que —a diferencia del Bernier de *Aquí en la tierra*— no se rechaza ni la muerte, porque la muerte es parte integrante del ciclo de la vida.

Ese vitalismo aparece ya en los cantos al Amor y a la Naturaleza de su primera obra, *El río de los ángeles* (1945), con un insinuado panteísmo que no excluye la religiosidad en sus aspectos más ortodoxos. Y no se excluye, porque en el vitalismo de Molina no se excluye nada que sea bello. Porque el vivir y el amor justifican la desaparición, la decadencia o la muerte. De ahí el melancólico pero sereno clasicismo de sus *Elegías de Sandua,* destinadas a cantar los momentos de goce y de éxtasis de un amor, sublimado y carnal, de adolescencia. Amor y goce que justifican el vivir mismo y que se constituyen en su conjunto en uno de los más hermosos y sinceros libros de amor de la poesía contemporánea.

Los jóvenes amantes —«Qué gentil animal irradiaba su dicha / en nuestros cuerpos jóvenes, desnudos, sin secreto»— se funden con la naturaleza como en una primavera detenida, mientras «la vida era un rosal al viento». El viento del pasar fugitivo, como tantos y tantos poetas nos han dicho, destroza los pétalos de esa rosa de Ausonio, pero en Molina, el recuerdo de ese momento floreciente sigue siendo como un valle indestructible:

> ¿Qué importa que los años nos hayan separado,
> qué importa si el recuerdo es lo mismo que un valle
> por el cual caminamos cantando, sonriendo
> y cogiendo sus flores de perfume inefable?
> [...]
> Oh, dime que me amaste cuando sobre la tierra
> ardiente y amarilla teníamos quince años.

Sobre Sandua, sobre el valle y la casa abandonada, cae la melancolía del tiempo, pero conserva los «fantasmas» del goce y el amor. El alma del poeta «es ese triste arcángel / que gira en la veleta al impulso del viento», y su vida es «una casa que ya no habita nadie». Pero siguen inmutables los árboles, el césped —«y aquí te amé sobre este mismo césped»—, el patio que «oye el suspiro de otros días». Sólo perdura el recuerdo del intenso amor de dos adolescentes amándose en el despertar de «aquella primavera» —*su* primavera—, tan breve, tan intensa, tan bella, tan efímera, pero tan presente:

> oh amor, oh amargo amor, amor perdido,
> siempre amor, siempre amargo y ya perdido,
> oh amor amargo como el olor de las palmeras,
> oh amor perdido que amo todavía.

Ante esa dulce certeza del *amo todavía* no importa que la vida sea una «cosa superflua». No importa que «se viva en vano», porque nada importa si «la vida se agita en canto en torno nuestro», en un mundo donde todo es «completamente bello». Pero la exaltación vitalista de esa belleza efímera, justificada en su propia belleza, es también sensación de perennidad. Porque hoy, como anunció el propio poeta, sólo subsisten sus versos. Pero cuando, en la Elegía XIII, piensa en su propia muerte, sabe que otras voces, otros amantes nuevos, le harán revivir en su dicha renovada:

> Y aunque sea primavera y yo haya muerto entonces
> al beso de la lluvia despertarán las flores;
> el Amor pasará suspirando en su flauta
> por los bosques sombríos y las claras montañas,

y al agitarle el viento los cabellos de oro
temblará la doncella, y yo estaré a su lado
aspirando el perfume de su melancolía,
y el cielo se pondrá más profundo y más grave,
y yo seré una sombra dulce y apasionada
que cruzará en silencio los verdes arrayanes.

Vendrán después en su bibliografía *Tres poemas* (1948), el
extraordinario *Corimbo* (1949), la nostálgica *Elegía de Medina
Azahara* (1957) como un melancólico *Ubi sunt* —«Lo que nadie
recuerda ¿ha muerto?»—, *La casa* (1966), o *A la luz de cada día*
(1967) con el «Nocturno romántico» —«oh dulce y vano
amor»— de su eterna despedida:

> Y yo me iré cuando la Aurora ciña
> con cinturón rosado a las doncellas,
> [...]
> Me iré, me iré cuando el mundo, amor mío,
> sea como un navío empavesado,
> cuando el pájaro vierta en dulce pío
> verdor de primavera sobre el prado.

Pero aún hay más. Cuando el poeta *se fue,* dejó preparados
para la imprenta dos nuevos libros: *Psalmos* y *Homenajes.* Han
sido publicados en 1982, en su *Obra Poética Completa* y el primero es, de nuevo, un ejemplo increíble de ese nadar contra
corriente de la lírica de Ricardo Molina. Se trata de 44 poemas
de tema religioso, extraordinarios, de un desusado aliento bíblico
y místico, pero cuyo sensualismo y hasta carnalidad paganizante,
en ocasiones, le convierte en el mas claro ejemplo de ese vitalismo erótico-místico con que *Cántico* rompía todos los esquemas.
Pensemos en el largo *Psalmo XLIV (Ganímedes),* en que el
poeta, arrebatado por la divinidad como Ganímedes por Júpiter,
se siente elevado hasta Dios —unión mística—, pero a través de
su fusión con un mito pagano de amor homosexual: el Amado y
la Amada —Dios y el Alma— del *Cantar de los Cantares* y el
Cántico Espiritual sanjuanista, son, ahora, en bellísima transformación, en un poema delirante de amor, el propio Júpiter *rap-
tando* —rapto y éxtasis— al bellísimo efebo que fue su copero y
su amante.

A los nombres de Bernier, García Baena y Molina, van aso-
ciados los de Mario López (1918) y Julio Aumente (el más joven
del grupo, nacido en 1924). El primero será el poeta descriptivo

de la belleza de lo creado, desde su inicial *Garganta y corazón del sur* (1951), hasta *Universo de pueblo,* en 1960, sus dos primeros libros, como unas geórgicas —más que bucólicas— virgilianas de un poeta empapado de Naturaleza. Serenidad descriptiva que en Julio Aumente —*Paisaje con campanas* (1948)— se une a la melancolía de *El aire que no vuelve* (1955) y *Los silencios* (1958). Y tras ello, el silencio. Para *reaparecer,* cuando los aires literarios al uso se acompasan con su estética. E, incluso, animados en esta reaparición por jóvenes poetas. Así, Mario López publica *Museo simbólico,* en 1982 y Aumente vuelve con *La Antesala* —poemas de 1981 y 82— en un volumen prologado por Villena, con unos textos que parecen de la nueva escuela, y son la conservación de una estética ya proclamada treinta y tantos años atrás, y que ha seguido manteniendo en esos años de silencio, como evidencia *Por la pendiente oscura* (1982), publicando poemas anteriores al 65.

Y un nombre más. El extraordinario ejemplo de Manuel Álvarez Ortega (1923), el director de *Aglae,* que vivió muy de cerca el movimiento de *Cántico* —aun sin integrarse en él—, y que como uno más de los poetas cordobeses de este momento de nuestra historia literaria, une su nombre, con un poema, al *Homenaje a Ricardo Molina de los pintores de «Cántico» y de los poetas de Córdoba,* en 1978, y autor de numerosos libros de poesía de un autor que también, como Bernier, *escribe en el Sur.* Y de quien otro de los «novísimos» poetas actuales, Marcos Ricardo Barnatán, ha destacado la fidelidad gongorina, su conocimiento y utilización del surrealismo europeo, su metaforismo y potencia imaginativa o un irracionalismo fabuloso, como elementos todos ellos, obviamente, enfrentados con la normativa poética contra la que *Cántico* luchó. Batalla en la que hay que situar en la vanguardia a este cordobés traductor de la poesía belga y francesa contemporáneas, de Saint-John Perse o de Patrice de la Tour du Pin.

Amor, muerte y tiempo dominan temática, obsesivamente, su producción. El poeta va «por las calles de Córdoba», por las «calles enlutadas de Córdoba» buscando *La huella de las cosas* (1948), como en ese *Carpe Diem* que dará nombre a un libro de 1972. O se pierde por los caminos de ese *Exilio* (1955) que asume, en ocasiones, la interiorizada presencia de un exilio interior, desde el cual el poeta ha intuido países extraños que se levantan de las aguas del mar y apoyan la cabeza en su hombro: «Alguna vez yo he visto un país extraño». En el onírico «Encuentro con el tiempo» o con el «Oscuro río de la muerte» —poemas de *Tiempo en el Sur* (1955)—, como una fatal «evidencia», Álvarez Ortega va escribiendo desde el «Umbral del sueño» machadiano, en diálogo con *el huésped que le habita,* una poesía cargada de símbolos —espejo, piedra, luna, mar...— que inalterable, densa y oscuramente va enfrentándose con la «orilla próxima» del misterio humano:

Por los hilos del tiempo, memoria que declina, sangra el rostro inviolado.
Ángel de ausencia sobre la cal inerte de las piedras.

Clamor de todo espacio (1951), *Noche final y principio* (1951), *Desierto Sur* (1956), *Invención de la muerte* (1964), *Génesis* (1967), *Fiel infiel* (1977), *Escrito en el Sur* (1979)... hasta el denso y exquisito *Lilia Culpa,* de 1984.

Y enlazando, como Álvarez Ortega, el grupo *Cántico* con las promociones de poetas andaluces de los cincuenta y sesenta, la tempranísima aparición del malagueño Alfonso Canales (1923). Tampoco perteneció, de hecho, al grupo *Cántico,* pero un título inicial, *Cinco sonetos de color y uno negro* (1943) ya entronca con una poética clasicista y neo-barroca que le separará a lo largo de las décadas siguientes de la usual poesía del realismo social, como puente entre el culturalismo sensorialista del grupo cordobés y las nuevas promociones del *mester andalusí* de los sesenta.

Inteligencia y vitalismo. Resortes fundamentales de una obra que, temáticamente, incide en las grandes líneas poéticas de la tradición occidental: la vida y la muerte, el recuerdo y el tiempo, el amor, el espíritu del hombre... Y aludo a esa tradición porque Canales bebe fructíferamente en un clasicismo, vivo y renovado, en donde se conjugan unas reminiscencias grecolatinas —de profunda raigambre mediterránea— con una opulencia sensorial, también en la mejor tradición andaluza, unido todo ello a un mundo vivido en propias sensaciones y recuerdos. Así, por ejemplo, en el poema alegórico *El Puerto* —sobre la tradicional unión simbólica de viaje marítimo=vida, que establecieron desde la Antigüedad los comentaristas de Homero— esos ecos de la épica clásica resuenan hasta en los calcos textuales virgilianos de esa nave que es «maltratado pino». Pero inmediatamente, el alegórico puerto del que parte la nave del vivir es «aquella torre blanca y aquel castillo encima / del verde monte...,» que remite, sin nombrarlos, a la Farola y al castillo de Gibralfaro malagueños. O, por el contrario, puede partir de un recuerdo vivido —la casa y finca familiar de su infancia— y convertirlo en una cornu-copia barroca, exultante de olores y luz en donde la enumeración de flores y frutos, en imágenes de cultural sensorialismo, nos proyecta a las églogas de un Soto de Rojas o al *Paraíso cerrado* de su carmen granadino. Esa dualidad, fusionada, de emoción, sensibilidad, experiencia vivida y lúcida inteligencia y cultura, parece testimoniarla el propio Canales cuando declara: «La poe-sía, a mi modo de ver, es una obra de inteligencia, que no se dirige a la inteligencia, sino al corazón».

Tras el perfeccionismo formal de su segundo libro —*Sobre las horas* (1950)—, será con *El Candado* (1956) el título con que Canales —él mismo así lo declara— comience con pie firme su brillante trayectoria. Brillante y *anómala* en el panorama de la poesía española de los cincuenta, si pensamos que *El Candado* es una bellísima explosión barroca de luz y color, de emoción sub-jetiva, de rememoración intimista, en donde los elementos *histó-ricos*— «El saqueo» de la finca familiar y el trasfondo económi-co-social de la Málaga del 36— son sólo el punto de referencia de su tristeza infantil o de su melancólico recuerdo que le llega a través de sensaciones, como en una proustiana búsqueda del tiempo perdido, que ya se anunciaba en «Sobre las horas». El poeta sube «nuevamente» hasta la vieja casa familiar en busca de sus recuerdos, aventados en el tiempo. Pero, a través del olor de unas flores renovadas, logra recuperarlo para su presente: «Ya estás en mí, te tengo / conmigo, he conseguido apresarte, te ad-vierto / fluyendo de mis grietas en las cosas». Y tras la posesión presente llegará el «Entonces» de un ayer evocado, en donde el tiempo —«Otoño»— parecía un instante sumido en la eternidad. Todo es luz y sensualismo en esa evocación, en ese paraíso de sensaciones, donde la aparición del elemento humano, en los últimos poemas supone la ruptura brutal del paraíso, que se de-clara —ahora sí con alguna velada matización social— en «La tristeza de un niño» que descubre y asume el dolor y la nostalgia.

Tristeza, soledad —íntima y colectiva— van llenando sus li-bros siguientes. Aparece en Málaga el primer canto de *Port-Royal,* que se editará completo en 1968, y posteriormente, *Cues-tiones naturales* (1961), *Cuenta y razón* (1962), *Al otro lado del muro* (1964), mientras la leyenda hagiográfica de *Vida de Anto-nio* (1964) se abre hacia un libro capital en su trayectoria:.*Ami-nadab* (1965), que fue Premio Nacional de Literatura.

Sobre el nombre bíblico, pero en la acepción sanjuanista de «adversario del alma», Canales desarrolla una serie de hondos poemas —en forma de monólogo dirigido a Aminadab algunos— en donde se constata la presencia de lo demoníaco en la tristeza contemporánea, en el «Eclipse de Dios», en el afán de riquezas o en la oscuridad que domina la vida, en donde el hombre es el ser que nació del agua —«Todo brotó del agua»— para convertirse en «Un navío en la sombra».

Entre temas bíblicos, reminiscencias clásicas y penetración en sí mismo, la poesía de Canales fue así, en la década de los sesenta, convirtiéndose en una exploración del vivir. En *Gran Fuga* (1970) esa exploración parece afirmarse en una pasión de vida: la antigua «voz de las sirenas» aún sigue sonando y, en recuerdo juanramoniano, el poeta afirma el saberse vivo, porque sabe

> que están los pájaros cantando,
> y vivo todavía
> y algo nuevo se siente.

Vida y muerte en profunda simbiosis andalucista que aflorará, terrible y trágica, en su *Requiem andaluz*, de 1972, bajo dos citas de Estacio y Allen Ginsberg, que pueden servir como lema de la dicotomía del libro: dualista enfrentamiento del recuerdo de la madre joven, viva, y del presente de una agonía, cuyo realismo descriptivo no omite ninguno de los macabros signos barrocos de los cuadros de Valdés Leal. Y en donde, como un *leit-motiv,* un retrato perdido de la madre va asumiendo el carácter de «símbolo del tiempo irrescatable, que la muerte, implacable carcoma, va minando terca...», y símbolo, tal vez, de esa «España del sur» a que se alude en el unitario poema.

Tras *Épica menor* (1973), *El canto de la tierra* (1977), y el experimento y juego —mucho más que juego desde luego— de las prosas de *El año sabático* (1976), Canales entra de lleno en el símbolo y la alegoría con *El Puerto,* de 1979, y el cultismo, cada vez más vivencial de su última producción: *Glosa* (1982), *Ocasiones y réplicas* (1986)...

5. POETAS DE LOS CINCUENTA

Ya se ha señalado en apartados anteriores cómo la *Antología* de Ribes, en 1952, señalaba a través de las declaraciones de los poetas seleccionados, que parece haber triunfado la corriente poética que Hierro denominó *testimonial*. La llamada poesía social es la tónica dominante, y en esta década —hasta entrados los 60—, se publican los grandes libros representativos de la corriente. Recordemos *Las cartas boca arriba* o *Cantos íberos,* de Celaya, *Canción del asfalto,* de Morales, *España, pasión de vida,* de Nora, *Pido la paz y la palabra,* de Otero, *Cuanto sé de mí,* de Hierro, o el mismo *Clamor,* de Jorge Guillén.

Continúa, por supuesto, el intimismo existencial, prolongado en voces nuevas, como las de Alfonso Albalá, José Luis Prado Nogueira, María Elvira Lacaci, José Javier Aleixandre o en el personalísimo mundo poético de la malagueña María Victoria Atencia que desde *Tierra mojada,* en 1953, hasta sus volúmenes de la década de los ochenta —*Paulina o el libro de las aguas, Compás binario...*— ha ido constituyendo casi amorosamente una obra poética alejada de círculos literarios al uso, pero de creciente intensidad lírica.

Aunque, indudablemente, y en mucha mayor medida ese intimismo lírico, y la indagación en la problemática humana, se abre en este período al testimonio social.

5.1. *Testimonio, comunicación y realismo crítico*

Testigos de su época, en un juego de posibilidades que va del mensaje confesional, biográfico, a la más genuina poesía cívica, los poetas que sitúo en el presente apartado pueden aunarse por esa vinculación a una poesía de compromiso ideológico, entendida estéticamente como comunicación.

Como ejemplo de esa estética puede señalarse la significativa y mantenida trayectoria de los veintiséis libros de poesía de Ramón de Garciasol (1913), desde su inicial *Defensa del hombre,* en 1950, a ese revelador título último: *Diario de un trabajador,* de 1983. O los nombres no menos reveladores de Eladio Cabañero (1930), en su mantenida estética anticulturalista, o de Carlos Sahagún (1938), en su coherente adscripción a una poética de la solidaridad, que surge, casi en su adolescencia con *Hombre naciente,* en 1955, y continúa, a sus diecinueve años con *Profecías del agua,* Premio Adonais de 1957. Lo que, en un principio, Sahagún aportaba a la poesía española, era el testimonio, hecho de asombro ante la vida, pero cargado de profundo dolor ante la injusticia, el hambre, el odio o la crueldad de los hombres, de un niño que nace en plena contienda y que va abriéndose a la vida en medio del sufrimiento, en un tiempo en que «le llamaron posguerra al hambre», como dirá en un poema de *Como si hubiera muerto un niño,* de 1961. Ese testimonio individual de una infancia y adolescencia *marcadas* por unos sucesos históricos, por unas experiencias generacionales imborrables, se desarrolla en un simbólico intimismo en el primer libro, y se acompaña con la apelación a hechos y situaciones concretas, como el poema «El preso», que en la primera edición identificamos ya sin vacilar con Miguel Hernández, por la inserción en el texto del «Me llamó barro...» hernandiano.

Testimonio personal y colectivo seguirán siendo sus restantes libros. El aludido *Como si hubiera muerto un niño, Estar contigo,* de 1973, hasta el inalterable compromiso ideológico y perfección formal —matizadamente clásica—, de *Primer y último oficio,* Premio Nacional de Literatura de 1981.

Pero también a mediados de los cincuenta comienzan a oírse, dentro de la escuela, unas voces renovadoras, con la aparición de unos poetas que marcan un progresivo distanciamiento de las formas denotativas teóricamente defendidas por la escuela. Puede darse en ellos, desde luego, esa adscripción sin reservas que hemos visto en la comunicación *inmediata* de un Eladio Cabañero, o la intelectualización de la teoría de un Carlos Sahagún, fieles a sus orígenes poéticos. Pero más generalmente, el realismo de sus cultivadores deviene una postura *crítica* —no meramente testimonial—, que adopta con frecuencia las formas *oblicuas* de una ironía distanciadora, del sarcasmo, de la clave críptica, en ocasiones, en apelación a símbolos y alegorías. Recordemos, por ejemplo, la significativa trayectoria de un Carlos Álvarez, la ironía acerada de Ángel González o Goytisolo o la diferente perspectiva —desde dentro, no como testigo— de la poesía desmitificadora de Gil de Biedma.

La obra poética de Ángel González (1925) marca desde sus inicios ese *tono* diferenciador. Parte, por supuesto, de una intención de testimonio, de compromiso con la Historia. Pero desde la inicial aparición de *Áspero mundo* (1956), el autor sintió más ese compromiso como una identificación con el Hombre, que como una integración en la coetánea poesía social que él, irónicamente, bautizaría después como un *ismo* (= moda) político y poético. Porque ya en ese primer volumen su «intención clarificadora» se reducía a una «función testimonial más próxima al existencialismo que al social-ismo», como afirmará en la introducción a su antología *Poemas,* de 1980. Así, Ángel González distinguirá entre *poesía social* y *poesía crítica* que es para él la «expresión de una actitud moral, de un compromiso respecto a las cosas más graves que suceden en la Historia que, de alguna manera, estamos protagonizando». Pero esa poesía *crítica* no tiene por qué basarse en lo denotativo, en la comunicación directa. Por el contrario, González va a utilizar la comunicación oblicua e indirecta de la ironía, como modo, prodigioso a veces, de transmitir su denuncia. Y una ironía que utiliza fundamentalmente la metáfora. Su desaliento, su testimonio existencial generará una etapa de su producción. Pero creo que la madurez logradísima de su tono poético triunfa ya plenamente en *Grado elemental,* de 1962.

El libro se divide en dos apartados, «Lecciones de cosas» y «Fábulas de animales», en un tono irónicamente doctoral, docente, de viejo dómine —como ha analizado tan certeramente Alarcos (1969)—, y se constituye en la obra más unitaria de Angel González, dentro de su temática comprometida. El tono irónico de los incisos didáctico-explicativos de «Lecciones de cosas», el acre tono social de «Noticia», o político de «Perla de las Antillas», se remansan en el emotivo recuerdo a Machado de «Camposanto en Colliure», en que se superponen las figuras del exiliado de antaño y el emigrante de hoy. Pero donde la ironía llega a recuerdos estilísticos de máxima eficacia es en la parte segunda, «Fábulas de animales», generalmente mediante la manipulación lingüística de sintagmas archiconocidos, que adoptan, tras esa manipulación transformadora, una bisemia de irónicas connotaciones. Como un artefacto que expira «en olor a chatarra», en «Muerte de máquina» o ese «Prohombre» de quien se dice que «por sus ujieres lo conoceréis». Ironía que, a veces, roza muy de cerca lo dramático, como en los codos raídos de la americana gris del oficinista de «Nota necrológica», de los que se dice que son «el plumaje de plata de un arcángel».

El sarcasmo del poeta cede ante el poemario amoroso de *Palabra sobre palabra* (1965), título que luego pasaría a denominar su obra completa.

Pero en *Tratado de urbanismo* (1967), «se funden otra vez la Historia y mi historia, los recuerdos y las vivencias personales y la contemplación crítica del panorama social en que se produjeron». En la nueva obra se desarrolla un tema ya señalado en *Áspero mundo* —a través del poema «Capital de provincia»—, elevando un paisaje urbano, de edificios y de hombres, a símbolo de frustración, de dominio alienante de esa «Civilización de la opulencia» que se ataca en irónicas burlas sangrientas. La Naturaleza, muy utilizada, sirve de contrapunto sarcástico, como en este «Parque con zoológico», poblado de «cachorros / de cocodrilo y de contribuyente», como un remedo artificial, degradado, de un Paraíso en el que también moraban el hombre y los animales, antes de que «incurriese en pena de destierro / por indebida apropiación de fruta». Y en donde los protagonistas de esa sociedad de consumo, bienpensantes, de orden, opulentos, pase. la fachada hipócrita de su mediocridad.

Pero en *Tratado de urbanismo* aparecía una segunda sección titulada «Intermedio de canciones, sonetos y otras músicas», que suponía una «cierta apertura hacia lo imaginativo, un acercamiento a temas intrascendentes»... en la búsqueda «de una expresión próxima a la canción». Esa intrascendentalidad es, casi siempre, sólo aparencial. Dentro del apartado, por ejemplo, aparece «La paloma» —sobre la conocida canción hispanoamericana— de fortísimas referencias políticas. Pero, con todo, el apartado abrió la senda de los últimos libros de Angel González, de lo que el propio autor considera la segunda etapa de su trayectoria: *Breves acotaciones para una biografía* (1971), *Procedimientos narrativos* (1972) y *Breve muestra de algunos procedimientos narrativos y de las actitudes sentimentales que habitualmente comportan* (1976). Los tres representan en algún momento, un desplazamiento hacia lo lúdico —el humor, el chiste, el calambur...—, como una antipoesía que, tal vez, y el propio autor lo apunta, no sea sino el resultado de un último desaliento: un «cierto rencor frente a las palabras inútiles», y que ha alcanzado, como culminación de esta última etapa, la síntesis recopilativa y densísima de sus *Prosemas o menos,* de 1984.

Cuando José Agustín Goytisolo (1928) reedita en 1980 uno de sus libros primeros —*Salmos al viento,* de 1958— manifiesta al frente de él, valorando los años y poemas de sus comienzos: «No intenté convertirme en moralista, ni fui tan estúpido como para pensar que únicamente escribiendo se podía modificar el mundo. Me limité a fabular sobre lo que veía, con amargura que a veces quise ocultar detrás de un tono desenfadado y satírico, igual que aún hago ahora. Eso fue todo».

Se trata de una muy posterior y parcial negativa, tal vez por escepticismo, a la concepción de la poesía expuesta por Celaya en 1952, base ideológica de la poesía social: «... un instrumento, entre otros, para transformar el mundo». Pero esa posición *a posteriori* lleva implícita una vinculación inicial a la intención del autor de *Las cartas boca arriba*. En realidad, ese «me limité a fabular sobre lo que veía» entiendo que tiene no pocos puntos de contacto con el «No quisiera hacer versos: / quisiera solamente contar lo que me pasa», de *Tranquilamente hablando.* Aunque el *tono* poético sea muy distinto.

Así, tras la elegía dolorida, personal, rebosante de confusión, casi aturdimiento ante la muerte de la madre de *El retorno* (1955), Goytisolo se instalaba en *Salmos al viento* en una posición de crítica militante, de poesía fuertemente comprometida. Pero en donde la crítica directa, prosaísta, de los corifeos de la escuela se ha convertido en sus manos en un arma satírica, oblicua, de agudísimos y cortantes filos irónicos. Sus ataques a la burguesía y sus ritos —«Idilio y marcha nupcial», «Las visitas»...— alcanzan, por el contraste de su intencionada imitación de un estilo bíblico —«Apología del libre»—, un carácter esperpéntico.

El evidente tono biográfico y narrativo que caracteriza —bajo la forma de la sátira o la elegía— estos primeros libros de Goytisolo se evidencia en *Claridad* (1961) —autobiografía, viajes y política—, que formará con los dos primeros un volumen de significativo título, entre biografía y testimonio histórico: *Años decisivos,* de 1961. Y los tres libros, con su lirismo, su ironía y su amarga belleza, serán las bases de su producción posterior: *Algo sucede* (1968), *Bajo tolerancia* (1973) o *Del tiempo y del olvido* (1977).

Porque, tras una forma poética cada vez más precisa, más certera, más *gratificante* en y por sí misma, el libre inconformismo sigue alentando en su creación: «Gracias a la poesía, he podido dar rienda suelta a mi innata mala leche y, empleando la sátira o la ironía, decir cosas que de otro modo no me hubiesen dejado publicar jamás», escribirá en el prólogo de la reedición de sus *Salmos.* Aunque, junto a ese *mensaje* acusador, aliente, como suprema razón, la emoción, la tensión estimulante de la pura creación poética, sólo comparable, en la búsqueda del tono, la palabra, la expresión, «a las emociones del cazador furtivo, a las pintadas subversivas en la paredes nocturnas o al llamado amor pecaminoso, al buen amor», como anticipará al frente de su volumen de 1977.

Porque esa *caza* de la palabra poética parece la expresión metafórica de una realidad que iba cuajando en libro. Así el prólogo de *Los pasos del cazador* (1980) afronta el doble plano del significado de esa metáfora: esos pasos son bellísimos poemas cultos —sobre la forma de la canción tradicional— creados con el material acumulado en sus biográficas correrías de cazador auténtico. Pero son también el resultado de otro rastreo no menos apasionante: «la experimentación formal y la investigación idiomática». Tal vez esa preocupación lingüística y formal, ese intento de posesión de «un lenguaje propio», esa vinculación, en definitiva, a un problema de forma, es lo que da, más allá de su temática, una plena coherencia a la compilación *Taller de arquitectura* (1977). El libro es producto, en su aspecto referencial, de la vinculación de Goytisolo a la renovadora empresa urbanística, de igual título, del arquitecto Ricardo Bofill. Pero es también, indudablemente, una aproximación del signo lingüístico a la geometría de las formas plásticas, junto a su evidente mensaje social —incluso político, en su último poema— de la problemática del hombre en la civilización urbana.

Pero *Los pasos del cazador,* en su culturalista visión de un mundo natural anti-urbano, apuntaba temáticamente a dos pasiones básicas, psíquicamente enlazadas en la tradición: la caza y el amor. Y poemas de amor serán las siguientes entregas poéticas de Goytisolo: *Palabras para Julia y otras canciones* y la antología *A veces gran amor,* de 1981. Su *Final de un adiós* (1984), por el contrario, es como un *retorno* —recordemos su primer título— al pasado de su infancia y juventud, con el agridulce peso del recuerdo de un tiempo doloroso, que se supera para seguir caminando: hacia «una región / sin tiempo ni memoria / en la que todo esté por comenzar».

En el poema-dedicatoria de su primer libro, *Compañeros de viaje* (1959), Jaime Gil de Biedma, nacido en Barcelona en 1929, alude a unos amigos, compañeros de viaje generacional, con una conciencia de grupo poético y vital que después rechazaría: «y sobre todos ellos / a vosotros Carlos, Ángel, / Alfonso y Pepe, Gabriel y Gabriel, Pepe (Caballero) / y a mi sobrino Miguel, / José Agustín y Blas de Otero». Es decir, Carlos Barral, Ángel González, Costafreda y Valente, Celaya y Ferraté o Miguel Baraló y José Agustín Goytisolo.

Es toda una declaración de principio, porque en estos compañeros de viaje se encuentran tanto los *pontífices* del realismo social —Celaya— como los nombres de aquellos poetas que trascendieron este realismo hacia una posición crítica superadora de una poética denotativamente social, como Ángel González. Forjado en esa compañía, la trayectoria de Gil de Biedma es también, en parte, la trayectoria del grupo, desde *Compañeros de viaje* a los últimos textos de *Poemas póstumos* (1968), incorporados a *Las personas del verbo,* su compilación poética de 1975 reeditada en 1982. Es decir, el paso de lo social al *subjetivismo* de un distanciamiento de los temas, mediante el tránsito de lo social puro a la ironía crítica de una burguesía intelectual que ya no juega a proletaria, como remedio de una «mala conciencia» de clase:

>   a vosotros, pecadores
>   como yo, que me avergüenzo
>   de los palos que no me han dado,
>   señoritos de nacimiento,
>   por mala conciencia escritores
>   de poesía social,
>   dedico también un recuerdo,
>   y a la afición en general.

Pero Gil de Biedma se sabe inmerso en esas contradicciones burguesas. De ahí el empleo de la ironía, para testimoniar, no el nacimiento de una nueva clase —el proletariado— a cuya problemática se sabe ajeno, sino el declinar de otra —la burguesía— de la que, pese a todo, es parte integrante, por origen, y a cuya desmitificación se aplica, entre sarcástico y sentimental y lúcidamente viscontiano, en una amalgama que, en lo confesional, puede llegar al desgarrón de lo cínico o en la evocación de las aspiraciones de la burguesía catalana de la preguerra, plasmarse en ese magnífico poema de *Moralidades* (1966), significativamente titulado «Barcelona ja no és bona»: una espléndida estampa de la ciudad el año de la Exposición, en la figura de sus padres —«Oh mundo de mi infancia, cuya mitología / se asocia —bien lo veo— / con el capitalismo de empresa familiar»—, mientras, en su presente, el poeta entrega el futuro a las nuevas gentes que la pueblan, porque Montjuich es ya sólo «el despedazado anfiteatro / de las nostalgias de una burguesía». Pero esta poesía irónica y crítica es, también, una proyección hacia las nuevas generaciones, en la línea temática de su erotismo —«Pandémica y celeste», en *Moralidades*—, de su amargo desenfado expresivo de *enfant terrible* que ve perderse su juventud, en su devoción cernudiana y en la creencia, pese a todo, de la intensidad de la forma poética, tan vocacional, vitalmente sentida, «que acaba pareciéndose / al vicio solitario» y que se impone, hasta en la búsqueda de nuevas formas métricas incluso contraculturales.

Ese fenómeno evolutivo no es único, ni privativo de la poesía. Recordemos, por ejemplo las dos épocas de Juan Goytisolo, el novelista, y la búsqueda generalizada de nuevas formas de expresión en la narrativa de mensaje crítico-social tras *Tiempo de silencio*. Lo que desaparece es el concepto de lenguaje poético como algo equiparable a comunicación directa. Aunque subsista, íntegro, el compromiso. A este respecto, es sumamente revelador el ejemplo de Carlos Álvarez, a quien incluyo en el presente apartado conscientemente, saltándome el criterio de la fecha de su primer volumen.

Porque la obra poética de Carlos Álvarez (1933) no responde, en su iniciación, al lógico momento generacional de su autor, perteneciente, por la edad y formación, a la promoción de los cincuenta. Pero su militancia política intensa impidió la normal publicación de su obra hasta fecha más tardía, lo que sitúa su aparición a partir de 1963, en el extranjero, traducida o en castellano. Pero la poética testimonial, directa, comprometida que sustenta su poesía, parte por igual, en su iniciación, de un movimiento generacional, y en su perduración, probablemente, de unas especialísimas circunstancias biográficas. No es lógico pedir poéticas esteticistas ni el distanciamiento irónico de un realismo crítico, a unos poemas, como los *Versos del tiempo sombrío,* escritos en la cárcel de Carabanchel, mientras cinco compañeros de militancia política son ajusticiados «El ventisiete de septiembre» de 1975. Hasta la forma poética del libro, el soneto, deriva de esas *sombrías* circunstancias, porque los poemas han de ser compuestos de memoria y esa forma estrófica es la más adecuada para su retención memorística. Todo ello, repito, contribuye a la *continuidad* de una poesía de comunicación, compromiso y denuncia, en unos años en que los mensajes políticos parecen o arrinconados o transformados en formas poéticas distanciadoras.

Los primeros libros de Carlos Álvarez se publicaron en París: *Noticias del más acá* (1964) y, conjuntamente, *Escrito en las paredes* y *Papeles encontrados por un preso,* en 1967. A partir de 1969 comienza su difusión en España, en ediciones no completas, sorteando escollos administrativos: *Estos que ahora son poemas,* en 1969, recogía una amplia serie de poemas de los libros anteriores junto a numerosos inéditos. Estos inéditos, junto con nuevos poemas, se integrarán en *Tiempo de siega y otras yerbas* (1970) y tres años después aparecía un libro finalizado en 1970, *Eclipse de mar,* que supuso —dentro de una análoga temática de poesía cívica— el notable enriquecimiento de unos medios expresivos —en cercanía al símbolo, en ocasiones— que jamás se desdeñaron, como tales, en la poesía de Carlos Álvarez, que si se aleja de toda retórica hueca, cree sin embargo, firmemente, en el valor de la palabra como unión solidaria entre los hombres.

Me referí a propósito de *Eclipse de mar* a una cercanía al símbolo, incluso, hay que aludir, a la utilización de mitemas: «Dédalo», «Simbad»... Creo que el libro inaugura o anuncia una poesía oblicua que alcanza a realizar el consejo machadiano de la «doble luz» necesaria en el verso, para ser leído «de frente y al sesgo». Porque, paralelamente a los denotativos *Versos del tiempo sombrío,* neta poesía civil, Carlos Álvarez publicará, también en 1976, la versión completa de *Aullido de licántropo,* su libro más ambicioso. Verso y prosa alternados, en una compleja estructura, desde la creación de un narrador, Lawrence Talbot, el marginado hombre-lobo a cuyo proceso asistimos, *infolio a infolio,* al distanciamiento de los comentarios a ese proceso, la apelación a mitos contemporáneos, hasta la inclusión sarcástica de versos ajenos. Ajenos por autor y ajenos por su disonancia con el nuevo contexto en que se integran. Si el mensaje sigue siendo el compromiso solidario del poeta con los hombres marginados de su tiempo, la forma de ese mensaje ha alcanzado la suprema ambigüedad, la riquísima polisemia de un discurso en clave preñado de infinitas sugerencias. Y Carlos Álvarez, en su plena madurez de hombre y de poeta, ya no abandonará esta forma expresiva, este nuevo proceso comunicativo. Así, tras varios títulos de carácter recopilativo, con publicación de inéditos de épocas anteriores, Carlos Álvarez proseguirá la línea marcada por *Aullido de lincántropo* en *La campana y el martillo pagan el caballo blanco* (1977) y, sobre todo, *Cantos y cuentos oscuros,* de 1980, coherentemente enlazado de nuevo con el mito del hombre-lobo, del monstruo marginado, creado, *transformado* por la mentalidad burguesa. Los heterónimos machadianos —Juan de Mairena—, el desdoblamiento pictórico de Dorian Gray, la noche y el día de Drácula, el binomio Jekyll-Hyde... o Carlos Álvarez y su heterónimo Lawrence Talbot, en una serie de juegos de espejos fascinantes, como la suprema forma comunicativa de un proceso biográfico que comenzó por ser palabra directamente referencial, y que ha llegado en sus últimos títulos a un decantado culturalismo, en que se funden sensaciones y experiencias biográficas con mitos, de procedencia literaria y cultural: *Reflejos en el Iowa River* (1984) y *El testamento de Heiligenstadt* (1985), sobre el trasfondo de textos beethovenianos.

5.2. La poesía como vía de conocimiento

«Primero hablemos de Júpiter», proclamaba Enrique Badosa en 1958 —desde las páginas de *Papeles de Son Armadans*— afirmando su concepto de «La poesía como medio de conocimiento». Y categóricamente, Carlos Barral testificaba en 1953: «Poesía no es comunicación», desde la revista *Laye*. Años después, como veremos, Valente llevará la teoría «al punto cero», a la «indeterminación infinita» de la palabra, como única y posible indagación del universo; Claudio Rodríguez une *poema* y *proceso del conocer,* y un Francisco Brines usará de esos «vagos signos» que son las palabras como único —y precario— medio de distinguir verdad y apariencia en una absurda realidad. Son los representantes de una línea de la poesía del «medio siglo» que se abre renovadoramente a posiciones de cronología posterior. Pero que, indudablemente, las anticipan, con unas obras que van desde el *Don de la ebriedad,* de Claudio Rodríguez, de 1935, a *Las brasas,* de Brines, aparecido en 1960, como pórtico de las nuevas modalidades de la poesía española actual.

En el prólogo que antecede al primer libro de Enrique Badosa (1927), J. M. Foix clasificaba al autor de *Más allá del viento* (1956) entre los poetas que tratan «de conseguir a través del poema la belleza, la pureza y la verdad existenciales». Efectivamente, esa detención en el poema —como forma de conocimiento— junto a la cuidada y meditada estructura de sus libros, como medio en sí mismo de acercarse a un contenido existencial —no sólo de comunicarlo— creo que era ya algo evidente en esa primera entrega poética, que se abre y cierra en dos sonetos interrelacionados, que son una armónica afirmación de vida, como un pensamiento» que lanza sus flechas «más allá del viento».

Temas existenciales y eternos del destino del hombre, que se comunican a través de la utilización simbólica del paisaje —*viento* será la palabra clave en esta primera época—, pero que en la tradicionalidad de su temática buscarán también formas de expresión fuertemente tradicionales. Así, en su segundo libro, *Tiempo de esperar, tiempo de esperanza* (1959), Badosa afronta ya un aspecto que persistirá en toda su obra: la recuperación de formas métricas en desuso, como los alejandrinos del mester de clerecía del *Canto de las cinco estaciones.* Forma métrica después utilizada intencionadamente en la poesía satírica de *En román paladino* (1970), desde sus versos iniciales: «También quiero hacer versos / en román paladino / con el cual apenas nadie /

habla con su vecino», inaugurando la línea satírica de su poesía, continuada en *Dad este escrito a las llamas* (1976), con poemas entre 1971 y 1973, de directísimo y actual mensaje crítico.

Pero fuera de estos libros de intencionalidad ético-satírica, Badosa había publicado en 1968 —tras el homogéneo *Balada para la paz,* en 1963— un libro que entiendo que es clave en su poesía, como es *Arte poética,* con poemas escritos entre 1955 y 1966. En él aparece, por ejemplo, ya plenamente desarrollada una poesía de hondo sentido religioso, o el tema —que se inicia ahora— de inspiración paisajista de geografías no hispanas, como los tres bellos poemas titulados «Tres horas francesas», preludio de tres magníficos libros posteriores: *Historias de Venecia* (1971), *Mapa de Grecia,* de 1979 y *Cuadernos de barlovento,* en 1986. En esos iniciales poemas y en los libros citados, hay emoción ante el paisaje, una profunda mediterraneidad y vinculación a asumidos mundos culturales, pero como punto de arranque para una meditación ética de la existencia, que alcanza en las siete «Contemplaciones» de Venecia su más exacto sentido, porque de cada *contemplación* de la ciudad Badosa pasa en cada una a los eternos temas de la *historia* de un hombre, de un amor, a la crítica de la historia actual, a la denuncia de la injusticia y el desamor universales, o al vaticinio o *anticipación* de una salvación del hombre y el mundo que es, simbólicamente, la «Salvación de Venecia».

O Jaime Ferrán, Lorenzo Gomis, Alfonso Costafreda, Joaquín Buxó... otros nombres de poetas catalanes que, en los años cincuenta, caminaron por vías no plenamente sancionadas, en su abandono de una estética denotativa. A ellos hay que añadir, relevantemente, el de Carlos Barral (1928), empapado de culturalismo y vivencias mediterráneas, en una poética actualísima —y neobarroca— que busca en la palabra sus posibilidades *creadoras.*

Porque, es en 1953, al tiempo que comienza la implantación de la temática y poética de lo social —recordemos las fechas de los libros de Celaya, por ejemplo—, cuando Carlos Barral (1928) publica en la revista *Laye* ese artículo revelador de su poética de *disidente:* «Poesía no es comunicación». Y me interesa, entre otras afirmaciones, recalcar la modernidad de uno de sus juicios: una poesía que, para buscar lo comunicativo inmediato busca la expresión directa, anula ese máximo poder de la palabra poética que entraña la *colaboración* de un lector participante, *recreador* del texto recibido. Barral se instauraba así en una poética de la palabra como signo polisémico, que busca en esa polisemia, en la pluralidad significativa del símbolo y en la ambigüedad, ese poder evocativo, participativo, de una auténtica comunicación literaria más allá de lo denotativamente informativo. Y era ya, en 1953, una teoría y un ejemplo. Porque un año antes Barral había publicado *Las aguas reiteradas,* auténtico prodigio de metaforismo sensualista, en una casi explosión de hedonismo mediterráneo: «Todo el amor por estas fuentes libra / un dios delicuescente». Estos «Poemas previos», como luego los llamaría su autor, creo que testifican ya, desde un principio, la autocalificación de Barral, en 1968: «Me siento un escritor del bajo clasicismo latino». Es decir, armonía clasicista y mediterránea y un cierto aire de voluptuoso y contenido decadentismo, perfectamente dosificado por la inteligencia. Porque Barral, a quien se ha calificado de poeta cerebral, creo que es uno de los casos más evidentes de percepción sensorial, aunque lo percibido por los sentidos adquiera luego, en el poema, un decantado intelectualismo, de no pocas resonancias culturalistas.

Es, en *Las aguas reiteradas,* la visión de un mundo de luz sobre las olas, a través del cuerpo de la amada: «Luego eras luz y transparencia tenue / y volvían las sombras a tenderse / sobre este mar de piel acantilada». Son, poco después, en *Metropolitano* (1957) las extrañas «Correspondencias» que los sentidos proporcionan, como «ciertas sensaciones de la experiencia urbana», para montar sobre ellas un libro de estructura simbólica, sobre la bajada del hombre actual al túnel, la cueva, el *subterráneo,* como «Un lugar desafecto» que tanto puede ser, en su intencionada ambigüedad, la ciudad que se define en sus aspectos referenciales —pero que llega al símbolo de una «Ciudad mental»—, como el interior del hombre y hasta una culturalista reminiscencia órfica, en la bajada a los infiernos del hombre de hoy. Reminiscencia culturalista que parecen reforzar las citas de Tibulo, Eliot, Eluard y, especialmente, el epitafio griego de Licos de Naxos que perdió en el mar su nave y su alma.

Pueden ser las sensaciones aportadas por la memoria, en esas narrativas y aparentemente denotativas *19 figuras de mi historia civil* (1961), como un evocador diario de su infancia y adolescencia. Biografismo que, en prosa, se traduciría en dos libros excepcionales, por su valor de documento y por la singular belleza de su forma: *Años de penitencia* (1975) y *Los años sin excusa* (1978). Notas testimoniales, desde su recuerdo subjetivo, con una cierta ironía en que él mismo se incluye, pero también con la nostálgica evocación de un tiempo perdido: «He enterrado mi infancia», exclamará en los versos casi dolientes de «Hombre en la mar».

Usuras (1965), su cuarto libro, sólo alcanzará su forma definitiva —hasta ahora— en 1979. En él alcanza Barral su evidente lujo verbal, su barroquismo, de notas gongorinas incluso, cuando leemos «En la orilla» que las olas son «panales de espuma rebullente», o que «la mar mueve despacio / sus labios blancos de metal dormido». O, en exacta analogía con un barroquismo neomodernista, busca la correspondencia entre las artes, desde los títulos de resonancias musicales de su *fuga,* a los pictóricos de «Le peintre et son modele» o «La dame à la licorne», hasta la soberbia interpretación de «Infancia del punto de vista. Poema sobre tabla», inspirado indudablemente en Paolo Uccello, sobre cuya composición se extienden «las medidas / áureas de la divina proporción».

Lugares vividos —Montjuich, el Prado, Florencia, Keiruan, Palermo, Chapultepec...— y autores amados: Mallarmé, Leopardi, Petrarca, Arnaut Daniel, G. G. Belli..., a través de una palabra poética de recreadora bisemia, de intencionada ambigüedad semántica, de un poeta intelectual pero aún más profundamente sensitivo que, no por azar, había sido, en 1954, el entusiasta traductor de los *Sonetos a Orfeo,* de Rainer María Rilke, y que en *Lecciones de cosas. Veinte poemas para el nieto Malcolm* (1986) prosigue, en una desencantada visión del mundo, su juego apasionante con la palabra.

En fecha posterior, en cuanto a su formulación teórica —pero no en cuanto a su realización poética— el zamorano Claudio Rodríguez (1934) llegará, igualmente, a una defensa de la palabra poética, que él identifica plenamente con el proceso del conocer.

Así, en 1963, Claudio Rodríguez exponía su casi total disidencia con la cercana poesía social de la década de los cincuenta —coetánea a sus comienzos literarios—, destacando lo irrelevante de «lo que pudiéramos llamar obsesión del tema». El poeta, que había firmado su creencia en el «sentido moral del arte»... «como fundamental elemento integrador de la persona humana», se opone categóricamente a la idea de que un tema justo pueda ser un pasaporte de autenticidad poética», añadiendo: «Cuántos temas justos y cuántos poemas injustos». Por el contrario, en ese comienzo de los sesenta, Claudio Rodríguez proclamaba su concepto de la poesía como «un modo peculiar de conocen». Esta teoría del conocimiento brota de la «participación que el poeta establece entre las cosas y su experiencia poética de ellas, a través del lenguaje». Y por supuesto, esa participación sólo se da en el propio poema, porque «el proceso del conocimiento poético es el proceso mismo del poema que lo integra», en el cual interviene, por tanto, decisivamente, el factor lingüístico, ya que las palabras, la imagen, atraen o rechazan otras imágenes, otras palabras. Es, en consecuencia, un proceso *alógico,* aunque esta alogicidad no creo que pueda relacionarse con el automatismo surrealista.

La defensa de la palabra poética, la poesía como participación con el mundo y como un proceso de conocimiento del mismo, la evasión de lo social —en cuanto a los procedimientos formales que la escuela comportaba—, colocaban a Claudio Rodríguez en la iniciación de un nuevo frente de la poesía española que liquidaba definitivamente el concepto o cronología de poesía de posguerra.

Tal vez la disidencia de Claudio Rodríguez con respecto a la poesía al uso al comienzo de la década de los cincuenta, pudo derivar, en un principio, de su alejamiento de las corrientes poéticas coetáneas. Llegado a Madrid desde su Zamora natal, para estudiar Filosofía y Letras, ganó el premio Adonais de 1953, con un primer libro, *Don de la ebriedad,* escrito el año anterior, cuando el autor contaba dieciocho años de edad. Su libro no se parecía a ningún otro libro coétaneo. La razón podía estar, efectivamente, en que en esa época, el joven autor no había leído, según propia confesión, ningún autor español contemporáneo. Sólo había partido, como experiencia poética formal, de la poesía francesa del XIX y de los clásicos españoles. Pero esa explicación de fuentes, tan historicista y simple, no basta, desde luego. La razón última devenía, como destaca Bousoño al prologar en 1971 la obra de Claudio Rodríguez, «de la personalidad misma del autor, como sus siguientes libros *(Conjuros* y *Alianza y condena)* han venido a proclamar». Quienes conocimos al poeta en comunes años de amistad juvenil —como el mismo Bousoño—, sólo podemos asentir ante esa afirmación. Había y hay en Claudio Rodríguez una asumida lectura de San Juan, de la poesía española del XVI, o de Rimbaud, en otra esfera. Pero el simbolismo y alegoría de la mística o el surrealismo simbolista de Rimbaud —las dos únicas citas de *Don de la ebriedad* son de San Juan y del poeta francés—, tan destacados por la crítica, sólo sirvieron en un principio para que el poeta tradujese, comunicase, a través de unas fórmulas poéticas consagradas, la inefabilidad de su propia visión del mundo y de la poesía.

Don de la ebriedad es un largo poema en endecasílabos libres, «estremecido de amor a la luz, al aire, al campo libre y virgen», en palabras de José Luis Cano (1974). En él, Claudio Rodríguez funde su yo con el paisaje, en una *sacralidad* casi eucarística, de ecos no panteístas —porque Dios no es la Naturaleza—, pero sí de resonancias místicas en donde el poeta sí es la propia Naturaleza. Una fusión que adquiere la categoría de lo sagrado:

> Sobre la voz que va excavando un cauce
> qué sacrilegio este del cuerpo, este
> de no poder ser hostia para darse.

Cuando en *Conjuros* (1958) el poeta siente la llama —su llama— ascensional «A las estrellas», certificará: «Esto es sagrado. Cuanto miro y huelo es sagrado. ¡No toque nadie!». Cuando el quehacer de los hombres se le parezca como una «Cosecha eterna», volverá a repetir: «Sagrado es desde hoy el menor gesto». Y en el «Pinar amanecido» donde afirma su fe de amor y vida, lo hará en «la sagrada hora» de un amanecer que repugna, rechaza, la verdad de que «hay poco amor y mucho miedo siempre».

No es frecuente en *Don de la ebriedad* la referencia geográfica concreta —tan frecuente a partir de *Conjuros*—, pero el paisaje castellano, mesetario, es el fondo de todo el libro —de toda su obra—, traspasado de aquella «nueva claridad», que ha otorgado a las cosas la mirada del poeta. Porque las cosas son, desde luego, un resorte para la elevación, pero esa elevación es, fundamentalmente, amor, «que nunca ve en las cosas / la triste realidad de su apariencia», hasta producir una nueva visión del mundo que se traduce en éxtasis o *ebriedad:*

> Y a los campos, al mar, a las montañas,
> muy por encima de su clara forma
> los veo. ¿Qué me han hecho en la mirada?
> ¿Es que voy a morir? Decidme, ¿cómo
> veis a los hombres, a sus obras, almas
> inmortales? Sí, ebrio estoy, sin duda.

Esa *ebriedad* es un *don* que permite transformar en luz que «espera ser creada» un tiempo en sombra, anterior. Y todo, ante ese don, se transforma en sensaciones de *transparencia* y *verticalidad,* en donde las palabras-clave de *aire* y *luz* se fijan para siempre al universo lírico de Claudio Rodríguez, que establece con ellas su pacto indestructible: «Es la alianza: este aire / montaraz, con tensión de compañía», afirmará en su tercer libro *Alianza y condena* (1965). Y junto al aire, esa «luz tan mía, tan fiel siempre y tan poco / duradera, por la que sé que soy sencillo de reseña»... «Una luz que es mi vida / porque me da la vida» y que persiste, esperanzadora, desde el recuerdo a veces, más allá de toda destrucción.

La verticalidad casi sanjuanista de la poesía de Claudio Rodríguez alcanza notas de hondo castellanismo en sus imágenes luminosas y aéreas: las estrellas son dardos que lanza la noche «desde almenas celestes», mientras va su «ladera buscando más altura», porque «un día habrá que llegue hasta la nube», tras la prodigiosa fusión con simbólicas golondrinas: «Oh, más, más alto. ¿Dónde, dónde me escondo?», en donde se van fundiendo las notas reales de paisaje con toda una tradición literaria castellana, de almenas, alcores, aves en vuelo en diáfanas atmósferas, o altísimas estrellas.

Esa fusión con la Naturaleza de *Don de la ebriedad* se transforma en *Conjuros* (1958) en el símbolo totalizador que Bousoño ha denominado alegoría bisémica o realismo metafórico. Porque si la expresión alógica y la presencia de símbolos eran características del primer libro, en su segundo volumen ese simbolismo alcanza un significado *total,* al identificar *tierra=hombre*. De ahí que el fruto de la tierra —cosecha, vendimia...— pase a significar la vida humana en sus obras, en un plano de trascendentalismo espiritualizador, y el acontecer diario, hasta el costumbrismo en ocasiones, no sea sino la apariencia que encubre un mensaje poético de profunda intimidad. Así, *Conjuros* es la más hermosa simbolización del hombre a través de lo cotidiano de la poesía española contemporánea. «El canto de linos (Salida a la labranza)», «Con media azumbre de vino», «Cosecha eterna», «Primeros fríos»..., van trascendiendo su referente concreto a través de palabras, expresiones rezumantes de cotidianidad, hasta de casticismo, para instalarse en un plano de interpretación simbólica. Y el vuelo de un grajo por entre las cresterías de una iglesia, como un vulgar «Incidente en los Jerónimos», se transforma en el angustiado vuelo del transcurrir vital del poeta. O sobre el tópico religioso del lavar el *alma*, componer un poema extraordinario dedicado «A mi ropa tendida», proyectar la intimidad de su yo a la colectividad humana —española— y en «La contrata de mozos», que esperan al sol en la plaza mientras la sombra de la tarde se aproxima, aferrarse a la esperanza de la solidaridad humana.

Del *maravillarse,* embriagado de espacios iluminados —*Don de la ebriedad*— y de la trascendentalidad de *Conjuros,* Claudio Rodríguez pasó, con *Alianza y condena* (1965), a una búsqueda de la verdad, como un nuevo Félix lulliano que sustentase la primera etapa de una teoría del conocimiento en el éxtasis contemplativo. Aunque sea una verdad que se desarrolla en el «miedo» y el desencanto que ya se vislumbraban en bastantes poemas de *Conjuros.* Porque al éxtasis sucede el retornar al *bajo y vil sentido* que lloró Fray Luis a su retorno del *dulce olvido* de su vuelo ascensional. Un retorno, en Claudio Rodríguez, en el que resuena la añoranza de la «mirada sencilla» de antaño —el término no alcanzado del vuelo simbólico del pájaro en los Jerónimos—, porque ahora, la luz es «cruel de tan veraz, daña / la mirada, ya no me trae aquella / sencillez». Aquella mirada es ahora «esa mirada que no tiene dueño», y por ella cambiaría el poeta su «vida entera».

Pero la *condena* de su desencanto, de su miedo, de su *verdad,* es imprescindible para la dicha —«¿Cómo sin la verdad / puede existir la dicha? He aquí todo»—, porque es la meta de todo «conocimiento» y porque no puede separarse tampoco de la *alianza* antigua:

> Y aunque sea muy dolorosa, y aunque
> sea a veces inmunda, siempre, siempre
> la más honda verdad es la alegría.

Alianza que persiste en el *miedo* y la *herida* de *El vuelo de la celebración* (1976). Porque desde el mismo título, Claudio Rodríguez nos remite en su cuarto y, por ahora, último libro, «a sus raíces», como en una «visión en éxtasis todavía». Porque subsiste la esperanza en «Lo que no se marchita», en ese corro infantil de niñas «que cantan y levantan / la vida»: corro del mundo, «donde si una vez se entra verdaderamente / nunca se sale, / porque nunca se sale del milagro». A fin de cuentas, siempre subsiste, como «Salvación del peligro», la «iluminación de la materia». Por el amor o por la iluminada transparencia de las cosas como un cielo —«cielo mío»— de abril sobre Simancas:

> Aquí no hay historia ni siquiera leyenda;
> sólo tiempo hecho canto
> y luz que abre los brazos recién crucificada
> bajo este cielo siempre en mediodía.

Junto con Claudio Rodríguez, José Ángel Valente (1929) representa, probablemente, la más lúcida trayectoria poética de su generación, en la búsqueda de la realidad y del conocimiento de la misma a través de la palabra, desde el lenguaje transparente, pero ya cargado de simbolismo, de *A modo de esperanza*, Premio Adonais de 1954, a la cosmogonía de sus *Tres lecciones de tinieblas*, Premio de la crítica de 1980. Un lenguaje que se funde con lo erótico, como indagación también, en alguno de los prodigiosos poemas de *Mandorla* (1982) —«No estas tú, tu cuerpo, estaba / sobrevivida al fin la transparencia»—, como un modo de resurrección. O que en *El fulgor* (1984) es la fusión con un mundo incendiado, abrasado, «en esta fosa / de absoluto fulgor», en que el cuerpo se torna «transparencia», y en donde la palabra «se hace cuerpo, materia de la encarnación».

La coherente obra de Valente se presenta, pues, como una búsqueda, una indagación, en donde la palabra es la meta y es el mismo ser: «Aguardábamos la palabra» —escribirá en *Mandorla*— «Y no llegó. No se dijo a sí misma. Estaba allí y aquí aún muda, grávida. Ahora no sabemos si la palabra es nosotros o éramos nosotros la palabra». En esa indagación, *La memoria y los signos*, de 1966, marca un punto importante de detención y final de etapa y de renovadora apertura a nuevas indagaciones. Como que, en cierto modo, podemos concretar diciendo que de la concepción de la poesía como vía de conocimiento, esa vía se circunscribe a la libertad creadora de la palabra misma: «La palabra ha de llevar el lenguaje al punto cero, al punto de la indeterminación infinita, de la infinita libertad». Porque éste es el lema que Valente colocó, como signo clarificador, al frente de su obra total, en 1972, bajo el título revelador de *Punto cero*. Y esa palabra de infinita *indeterminación* es, por supuesto, un supremo acto del conocer, porque «el Santo, bendido sea, reside en las letras», escribió el cabalista Dov Baer de Mezeritz, y Valente lo recoge para abrir las páginas de las *Tres lecciones de tinieblas* —de lección = lectura— que han podido ser calificadas como «una lectura del cosmos».

Retrocediendo a sus comienzos, se debe consignar que en *A modo de esperanza* (1954), al lado de la búsqueda de una expresión concisa y profunda a la vez, aparecen, igualmente, las líneas que podemos denominar temáticas de su trayectoria: la *realidad* de su entorno y la apelación a la memoria —que se aparece desde un hoy como *ceniza, muerte* y *soledad*—, junto a un tono de raíz ética que, reiteradamente, será señalado en su poesía. Así, incluso, se desarrollará el tema referencial de los recuerdos de una infancia en guerra: «Vine cuando los muertos / palpitaban aún próximos / al nivel de la vida / y pregunté por qué».

Pero *Poemas a Lázaro* (1960) se instala ya, definitivamente, en una búsqueda de la realidad —*yo* y *colectividad,* como en *A modo de esperanza*—, pero que es también el problema de la forma poética como expresión, como *signo,* en sí misma, de la realidad. Así, en su sección IV, Valente introduce un poema, «El cántaro», como síntesis de su ya casi formulada poética. Un cántaro «que existe conteniendo», y que en su forma «de clara curvatura» es, a la vez, «el cántaro y el canto», esto es, la realidad y la palabra poética que la contiene, en donde el objeto es, en sí mismo, el *signo* de un código de realidades anidado en la *memoria.* Lo mismo que las resonancias bíblicas contenidas en el libro nos remiten a realizaciones posteriores, la unión de la palabra y las cosas —como expresión del conocimiento poético— nos proyecta a ese libro capital de Valente ya mencionado: *La memoria y los signos* (1966), con poemas escritos entre 1960 y 1965. Estamos en el centro de su poética del conocimiento, formulada sucintamente en 1963 en la antología de Ribes: «La poesía es para mí, antes que cualquier cosa, un medio de conocimiento de la realidad... El instrumento a través del cual el conocimiento de un determinado material de experiencia se produce en el proceso de creación es el poema mismo. Quiero decir que el poeta conoce la zona de realidad sobre la que el poema se erige al darle forma poética: el acto de su expresión es el acto de su conocimiento».

Desde *La memoria y los signos,* la trayectoria poética de Valente adquiere aún más coherencia evolutiva. A través de la palabra llega a las *Siete representaciones* (1967) de los pecados capitales, bucea en la tradicionalidad formal de la canción en *Breve son* (1968) o levanta la feroz crítica y ataque sarcástico a toda forma de intolerancia en *Presentación y memorial para un monumento* (1970) para llegar a la fusión de la memoria, de lo recordado, con las formas poéticas de mitos o símbolos intemporales, superponiendo «Sobre el tiempo presente» del evidente biografismo de *El inocente* (1970), a Cristo expulsando a los mercaderes, Ulises matando a Antinoo, a la muerte de Miguel de Molinos, a Lezama Lima, Buñuel, o su propia experiencia vital, y llegar a ese «Punto cero» de la escritura, que hace derivar de Rimbaud y Lautremont y que, poco después, titulará su obra completa. E inmediatamente, puede ya situarse en esa aspirada ambigüedad creadora de la palabra en *Treinta y siete fragmentos*

(1971) e *Interior con figuras* (1976), y ejemplificar acerca «De la luminosa opacidad de los signos».

De la reflexión pictórica incipiente que ya el mismo título de *Interior con figuras* proponía, pasó Valente a la reflexión del proceso creador —a través, en parte, de la pintura de Tàpies— en *Material memoria* (1979), como un nuevo «cerco a lo real», en donde la memoria es ya la propia materia del conocimiento cuando ha cristalizado en «Palabra» que puede definirse como «Luz, / donde aún no forma / su innumerable rostro lo visible».

Formalmente, además, el libro continúa esporádicamente una forma expresiva, la prosa poética, ya utilizada en *Interior con figuras,* y que se había desarrollado plenamente en *El fin de la Edad de Plata* (1973), en donde mitos y símbolos se funden, en la búsqueda de la esencia de lo poético, en frecuentes apelaciones culturalistas.

Culturalismo intelectualizado y suprema ambigüedad cercana al hermetismo serán las notas dominantes de su libro posterior, *Tres lecciones de tinieblas* (1980), que se abre, como vimos, bajo el signo enigmático de la Cábala y se desarrolla a través del símbolo de las diecisiete primeras letras del alfabeto hebreo. Y así, bajo la letra-símbolo de Dalet, Valente expresa la suprema vía del conocimiento, como síntesis final, de aliento cósmico y en bellísimo lenguaje creador, de su poética de la palabra: «Tejí la oscura guirnalda de las letras: hice una puerta: para poder cerrar y abrir, como pupila o párpado, los mundos».

Si las letras hebreas se han convertido para Valente en «Señales» —crípticas señales— de la apertura al conocimiento del mundo, un poeta posterior en su aparición, Francisco Brines, luchará denodadamente por abrir esa «puerta» cerrada. Y para dejar constancia, no de su triunfo, pero sí de su lucha, usará los «vagos signos» de las palabras.

El dualismo antagónico en que se debate la poesía de Francisco Brines (1932) parece teóricamente expresado en la delimitación de sus preferencias: «Estimo particularmente, como poeta y lector, aquella poesía que se ejercita con afán de conocimiento, y aquella que hace revivir la pasión de la vida. La primera nos hace más lúcidos, la segunda más intensos», escribió en la Antología de Battló, en 1968. Porque conocimiento y vida no son, en su obra, dos modalidades poéticas, sino una fusionada y dramática oposición de contrarios, en donde conocimiento es llegar al fondo de la inanidad del ser —fugacidad, inestabilidad, degradación... en el absurdo y el misterio de un ser creado para la muerte— y vida es belleza, amor, goce y plenitud. La vieja lucha contra el tiempo resalta en la serenidad estoica de un arraigado senequismo a lo Quevedo, pero en la que bascula un angustiado hedonismo (= vitalismo) que se sabe vencido de antemano: el drama existencial de la poesía barroca, pero sin la evasión salvadora de una eternidad cristiana, en la estremecida y bellísima voz de un poeta de hoy. Porque ahora, muerte es, dramáticamente, igual a *nada*. Una nada que vencerá incluso al olvido, en la batalla entablada de un vivir construido en el engaño:

> Descifremos el mito:
> el Ángel es la nada;
> Dios, el engaño.
> Luzbel es el olvido.

Porque el hombre, como el ángel de luz de los orígenes de la creación, caerá de la luz de su propio origen a la sombra, irremisible y lúcidamente, tras haber vivido con toda intensidad «tanta belleza misteriosa, tanto dulce reposo, tanto engaño».

Brines parte en su primer libro, *Las brasas* (1960), de esa dramática concepción temporal: lo que queda del resplandor de la vida son sólo las *brasas* que se tornarán *cenizas*. Pero en el largo poema del libro, unitario hasta en la métrica —todo él escrito en endecasílabos blancos—, Brines objetiviza a través de su propia infancia y juventud el dramático conocer del hombre, el abandono del *paraíso*. Paraíso de infancia y luz —referencialmente objetivado en su tierra natal levantina—, de mar, palomas, naranjos y casa familiar.

En ese primer libro se asienta la base esencial de toda la obra de Brines: la pérdida del paraíso. Así escribirá en *Insistencias en Luzbel,* años después:

> Era un pequeño dios: nací inmortal
> [...]
> ....
> El mundo era desnudo, y sólo yo miraba.
> Y todo lo creaba la inocencia.
> El mundo aún permanece. Y existimos.
> Miradme ahora mortal, sólo culpable.

Y la hoguera anterior a la brasa y la ceniza, el mundo de la luz y de la infancia, el paraíso donde el tiempo aún no existe y por tanto «no existía la muerte», son en *Las brasas* emocionada evocación:

> ¡Ay, rincones
> de la casa, vivía en el laurel,
> qué corazón, qué luz, ah puro, puro!

Pero la luz se convierte en *tiempo* y tras esa conversión
—nuevo Adán expulsado— la temporalidad se adueña del libro
que se convierte en elegía de ese paraíso perdido y en lamentación ante la «degradada condición del hombre». Y desde esa
miserable condición, desde la brasa y la ceniza de una luz extin-
guida, el poeta dirige sus *Palabras a la oscuridad,* en 1966.

En este segundo libro Francisco Brines explicita aún más su
cosmovisión y ahonda su actitud meditativa ante ese «misterio
que late en toda forma de realidad», como ha analizado tan certeramente José Olivio Jiménez (1972). El volumen se abre en la
nostalgia del paraíso de luz y pureza cuya elegía se entonó en *Las
brasas,* pero el poeta, en la salida al mundo —ajeno, extranjero—, de la parte segunda, según va viviendo nuevas situaciones,
experiencias, viejas culturas distintas, va *contemplando* esas situaciones como el engaño, la apariencia de la realidad, tras la
que se oculta el conocimiento, porque

> en todos los lugares
> de la tierra
> el tiempo le señala
> al corazón del joven
> los signos de la muerte
> y de la soledad.

En todos los lugares y en todos los tiempos, porque tampoco
la Historia, los signos o señales del pasado son otra cosa —como
el tema barroco de las ruinas— sino ejemplos de la imposible
ansia de perpetuidad del hombre a través del arte o de la continuidad de la vida por la sangre: signos de la eterna batalla del
Angel y Luzbel, en la propia simbología del poeta. Así surgirán,
en *Palabras a la oscuridad,* los poemas «La piedra del Navazo» y
«El Caballero dice su muerte», como poco antes la *plaquette* de
El Santo Inocente (1965).

Si los signos del pasado son signos de una derrota contra el
tiempo, la cotidianidad, las sensaciones de la vida presente, incluida la fugaz llamarada del amor, no son, en consecuencia,
sino señales de análoga derrota. De ahí la presencia incesante y
simbólica en el idiolecto de Brines de las voces temporales que
expresan un final: crepúsculo, atardecer, otoño..., fusionadas me-

lancólicamente como final de día, de año, de tiempo, al declinar de la existencia del hombre, como cantará elegíacamente —*El otoño de las rosas*— unos años después. Por ello, las luces de un «Otoño inglés», que iluminan al atardecer un «bosque de oro», son el preludio del sueño del árbol, pero un sueño estoico que es símbolo premonitorio de la muerte porque

> Hoy lo que ven mis ojos
> es el profundo cambio de la vida en la muerte
> [...]
> ....
> Es ley fatal del mundo
> que toda vida acabe en podredumbre.

Y ante la sombra que se abate sobre el apagado incendio, sobre las brasas doradas del árbol, el poeta llora «la pérdida del mundo», y esa sombra cae sobre un campo de significación simbólica, sobre «hombros» y sobre «ramas», hasta sentir el poeta «el peso de una sola oscuridad».

Ya la oscuridad —*conocimiento* bien amargo— ha convertido su pecho en «el hueco profundo de una sombra». Pero en «Oscureciendo el bosque», esa oscuridad, que le cerca «de tinieblas», que convierte su cuerpo en un «rescoldo de calor, / también casi ceniza», no impide la exaltación de la vida, porque sólo se canta elegíacamente aquello que se ama con toda intensidad, y el poeta, cercado de sombra y de misterio, por lo mismo que se siente caminando por el engaño hacia la nada, comunica esa pasión de vida que da razón de ser a su dolor:

> Mirad con cuánto gozo os digo
> que es hermoso vivir.

Es, de nuevo, la antigua y antagónica oposición. La misma que inspira, entre tantos poemas, «El dolor» —con acentuados acentos machadianos— y que se intenta disolver mediante la pasión de la vida, el amor, ante el que exclama el poeta: «¡Este sí es el más hermoso territorio»... para añadir, lúcidamente: «Pero esta tierra es fugitiva!», convicción que se contempla «Con ojos serenos», porque, lo mismo que la belleza de un atardecer de «Amor en Agrigento», esta ciudad, el amor, *tierra fugitiva,* «será un bello lugar para esperar la nada».

En *Aún no* (1971), Brines sigue ahondando en sus amargos «Métodos de conocimiento», llevando a sus labios el vaso de sombra que antaño bebiese Abel Martín, y que es ahora la copa «hasta los bordes llena de cenizas», mientras otro comensal del simbólico banquete brinda «a la nada» con su «taza de barro con veneno» antes de penetrar «en las sombras». Pero subsiste, siempre, el recuerdo y el consuelo de que «el mundo pudo ser una bella verdad», en el «antiguo engaño de lo eterno», y por ello, cuando *aún no* ha triunfado la sombra, «Cuando aún soy vida», se puede dar testimonio de la luz, mientras se ensayan las «Palabras para una despedida».

Esa persistencia de las dos realidades —luz o vida y oscuridad o nada— va adquiriendo en la obra de Brines un tono de lucha, más que de una serena coexistencia. De ahí la apelación última a la expresión simbólica de la oposición Ángel/Luzbel a que aludí al principio. Incluso, el libro posterior, *Incidencias en Luzbel* (1977), bifurca su estructura en esas dos entidades, mediante sus dos partes diferenciadas: *Insistencias en Luzbel* e *Insistencias en el engaño*. Y dentro ya de una poesía casi conceptual, ontológica, metafísica, ausente, en su primera parte, de todo sensorialismo, Brines plantea el misterio del hombre en una simbólica lucha entre el Olvido (=Luzbel) y la Nada (=el Ángel), porque en esa lucha «todos somos la espada / de Luzbel».

El hombre —el expulsado del paraíso en *Las brasas*— es ahora ángel de luz caído en las tinieblas, y se debate entre la nada —«un imposible»— y el olvido —«un misterio»— mientras sigue, insistentemente, apelando al «sueño roto de la vida» que cantó en *Aún no*. Y en la segunda parte del libro, aun partiendo del territorio de «la desolación», late poderosamente la pasión de la vida, por la que el hombre, a través del poema, crece en intensidad. Porque «la hermosura de la vida no acaba», y hay una «Continuidad de las rosas» en el regreso a la casa familiar, al muchacho antiguo —«Sucesión de mí mismo»—, ante el que el poeta exclama: «Borrada juventud, perdida vida, ¿en qué cueva de sombras arrojar las palabras?»

La «continuidad de las rosas», esa inextinguible «hermosura de la vida», brilla, tal vez, en la brasa otoñal, con más recóndito fulgor que en la llamarada de esa «borrada juventud». Por eso Brines abre su libro *El otoño de las rosas* (1986) con una invitación a seguir aspirando su perfume:

> Vives ya en la estación del tiempo rezagado:
> lo has llamado el otoño de las rosas.
> Aspíralas y enciéndete. Y escucha,
> cuando el cielo se apague, el silencio del mundo.

Síntesis final, por ahora, de una coherente trayectoria, ese libro *otoñal* vuelve a Elca, a la casa familiar, «olvidada», donde «hay un desnudo joven como el sol», vuelve, en definitiva, al paraíso perdido. Pero, desde el otoño, entrega a otro joven, que «abre los grandes ojos a la vida», una antorcha vital y poética bien conocida y amada: «Collige, virgo, rosas».

5.3. *Del humanismo existencial a la poética de la palabra: poetas andaluces*

Alfonso Canales advierte, en 1974: «Hemos vivido, no hace mucho, unos años en que los poetas andaluces eran tachados de formalistas. Ahora parece reconocerse que el formalismo puede ser un vehículo adecuado, siempre que viaje en él algo que poéticamente nos importe, siempre que no se quede en juego malabar». Se adujo, igualmente, la desvinculación de esos poetas de la poética de lo social. Por supuesto, ni todo es formalismo ni hay ausencia, en bloque, de esa poética. Pero lo que sí creo cierto es que los quehaceres poéticos de casi todos ellos, lo que les une, es una detención, casi amorosa, a veces, en la palabra poética, en su esteticismo expresivo, aunando o intentando aunar *comunicación y belleza lingüística*. Y es, igualmente, frecuente en ellos la vinculación a formas populares, de Bécquer al 27, y la apelación a un mundo culturalista de recia tradición clasicista y mediterránea o, no menos culturalistamente, de tradición arábigo-andaluza. Después, las formas poéticas de cada uno —precisamente porque no forman escuela, en el sentido tradicional y aglutinador del término— pueden constituirse en personales y poderosas individualidades poéticas que sólo podemos aunar temáticamente en un común amor a sus comunes raíces, a su entorno natal. Desde el humanismo de Manuel Mantero o Carlos Murciano, la sobria contención cordobesa de Roldán, el intimismo elegíaco de Concha Lagos, el andalucismo emocional de Antonio Murciano, Manuel Alcántara, José Carlos Gallardo, o intelectual y cosmopolita de Aquilino Duque, a la estricta poética de la palabra del barroquismo mediterráneo de Caballero Bonald o de los cercanos Canales y Miguel Fernández, pasando por la conversión del mundo existencial de Rafael Guillén o Fernando Quiñones en una indagación de la realidad a través precisamente de su *palabra andaluza*.

Así, por ejemplo, pensemos en el sevillano Manuel Mantero

(1930), desde sus doloridos pero vitales libros primeros —*La carne antigua* (1954) o *Mínimas de ciprés y los labios* (1958) o el *Tiempo del Hombre* (1960)—, y el existencialismo cristiano de *Misa solemne* (1966), hasta la vitalísima exaltación amorosa de *Ya quiere amanecer* (1976) y, sobre todo, el culturalismo, el *collage* de intertextualidades, y el asumidísimo atrevimiento lingüístico de *Memorias de Deucalión,* en que el mito grecolatino se fusiona con los mitos actualísimos de una sociedad contemporánea. O el granadino Rafael Guillén (1933). Su obra pudo ser la expresión de una búsqueda existencial, que bordea en *El Gesto,* de 1964 y sus continuaciones, una veta trascendente —anunciada en libros anteriores—, y que alcanza su cima en *Límites* de 1970.

Límites es, probablemente, el libro más coherente y denso de la búsqueda —en las *cosas,* en los *gestos*— existencial de Rafael Guillén, que alcanza a desarrollar en sus páginas una teoría poética del conocimiento, sustentada en la intuición: «¡Enemiga razón, que así rechazas / los dones gratuitos!». Pero el libro cierra, en cierto modo, el ciclo iniciado con *El Gesto.* Tras él Guillén permanecerá en silencio hasta la publicación de *Moheda* en 1979, en donde el poeta, transido de vitalismo, como una muy distinta forma de conocimiento, se funde con las cosas, se empapa de realidad —¿posesión definitiva de su misterio?—, hasta sentir cómo «penetra el mundo por la piel». Parece como si a la etapa intuitiva, de aproximación, hubiese sucedido la etapa unitiva del éxtasis amoroso, que precisa, como toda mística, la expresión lingüística nueva que comunique lo inefable. Porque *Moheda* —y los libros o poemas que lo rodean— es en sí un universo poético nuevo. Nuevo y extraordinario. De acentuado barroquismo estilístico, impregnado de esencias granadinas, se potencia un léxico singularizado, de enormes resonancias andaluzas, en el paladeo gustoso de los nombres de plantas, objetos, usos o lugares: *Aljibe, Adarga, Rambla, Alcazaba, Dula, Almáciga, Zubia, Taracea, Zambra...* Poemas donde los «Nombres» se cargan de poder evocador, se funden con la vivencia, penetrando también *por la piel* como las cosas:

> Dices ruzafa, almunia, dices carmen:
> los árboles allí, o aquí lejanos,
> la acequia externa; y mojas las palabras
> mi mano en la palabra
> agua y te tumbas sobre la palabra

frondoso y desde antes
permaneces ajeno, en tí, y diría
—no sé— que permanece
sólo una voz de sombra por tu cuerpo.

Y en donde la vida se hace palabra creadora porque al final
tal vez se pueda descubrir que «tu vida, justamente / estaba en el
papel y la palabra». Ya el poeta había escrito, en 1962, un *Cancionero para andar por el aire de Granada*. Y tras *Moheda,* y en
esa ya plena posesión de la palabra —andaluza—, como supremo conocimiento, surgirán los *Diez poemas terrales* (1977) y los
Veinte poemas risueños (1980) que fueron, en su redacción, una
perspectiva anticipada de *Moheda*. En esa primacía de la palabra
es absolutamente coherente la aparición de ese aparente juego de
Mis amados odres viejos (1987), en que la *imitatio* de viejas
formas métricas, tradicionales y populares, presta su *nueva* forma al universo lírico de Guillén.

Un poco antes que Rafael Guillén, y como él, Fernando Quiñones (1931) comenzaría su obra poética a mediados de los cincuenta, dentro de una temática *normalizada:* el Tiempo y España, como él mismo analiza volviendo la vista atrás en 1973.

Así, durante diez años aproximadamente, Quiñones publica
una serie de títulos que sólo *anuncian* su segunda manera poética: *Ascanio o el libro de las flores* (1956), *Cercanía de la gracia*
(1957), *Retratos violentos* (1963) y *En vida,* que obtiene el Premio Leopoldo Panero de 1963. Sin embargo, en ellos se manifiesta ya una de las líneas esenciales del quehacer literario de
Quiñones: su dominio del lenguaje —que su labor de novelista
pondrá igualmente de manifiesto—, su rico culturalismo y su
interés por temas o personajes literarios o históricos, juzgados
desde un presente o traídos a él. Así, en *Cercanía de la gracia,* la
creación «a lo divino» de Don Quijote llega hasta un hoy marcado por un verbo en presente que se proyecta al futuro: «y se echó
a andar hasta la fecha / para que todos sigamos vivos». O en la
evocación de «Pericles», «a dos mil años largos de tu nombre /
alguien también de junto al mar, te abriga, / confunde su sustancia con la tuya».

Pero *En vida* es el final de una etapa, según declara el autor:
«inmediatamente después»... «vi y comencé las *Crónicas,* de propósito y tema tan distintos, en los que aún centro mi dedicación
y creo que para largo». Efectivamente, iba «para largo». La declaración es de 1974 —prólogo a la segunda edición de *En*

vida—, y el autor continúa en la misma perspectiva poética. Quiñones abandona el yo subjetivo, la «egocéntrica y eterna vuelta a los propios sentimientos y pensamientos, para incorporarlos a otros concretos y explícitos hechos, personajes, mundos, de ayer y de hoy». Comienza así un proceso de objetivación narrativa que, unido a una *imitatio* de hablas y culturas diversas, de fuerte culturalismo, producirá la brillante serie de sus crónicas: *Crónicas de mar y tierra* (1958), *Las Crónicas de Al-Andalus* (1970), *Nuevas crónicas de Al-Andalus* (1971), *Las crónicas americanas* (1970), el extraordinario *Ben Jagan* (1973), nueva crónica *andalusí, Crónica del 40* (1977) y *Las crónicas inglesas* (1980) hasta las *Crónicas de Hispania,* de 1985. En medio, un libro muy cercano a las *crónicas,* en 1981: *Muro de las Hetairas también llamado Fruto de Afición Tanta o Libro de las Putas,* prodigiosa simbiosis de culturalismo y humor. Fusión de tiempos históricos o superposición cronológica, la cita erudita entremezclada al texto, la captación de ritmos —la canción porteña, por ejemplo— o estrofas antiguas, la técnica del *collage* aplicada a mundos culturales o evocaciones popularistas, y una habilísima superposición de sensaciones de origen cultural a sensaciones de captación vivencial, en una obra de lúcida inteligencia, de verdadera opulencia lingüística —dentro de su intencionado tono narrativo—, de experimental vanguardismo a veces. Y que, en las crónicas de Al-Andalus representa lo que se ha denominado «una arqueología poética de la Andalucía árabe», que se aleja de todo pastiche arcaizante, pero que es, en su moderna factura poética y en su belleza, representativa de la faceta arabizante y sensualista de un actual *mester andalusí.*

Un culturalismo menos patente, menos brillante y luminoso, probablemente de más hondas raíces, domina también la poesía —y poética— de José Manuel Caballero Bonald (1928). Ya *Las adivinaciones* (1952) primer libro en la biografía poética, aparecía como un prodigioso ejemplo de esa *poética de la experiencia* que va a signar toda su obra. Pero su biografismo, ese contar desde sí mismo, iba ya unido a un sentido de la *lengua como experiencia,* que distinguía su libro —tan enraizado temáticamente en su época— de una poética al uso. Caballero Bonald, «en un momento en que la poesía parece inclinarse al uso del lenguaje directo y coloquial, sin temer las inevitables caídas en el prosaísmo»... «reivindica un lenguaje que mantiene en alto el prestigio de una escritura poética de calidad», escribió José Luis Cano (1974) hacia 1959, destacando el andalucismo del autor. Y cuan-

do en 1980, esa reivindicación del lenguaje poético como intrín-
seca *experiencia* que se basta a sí misma, es un uso consagrado,
un poeta novísimo, Luis Antonio de Villena destaca ese factor
premonitorio, personalísimo, de Caballero Bonald. Un factor
anunciado en *Las Adivinaciones,* jamás desaparecido de su obra
—ni siquiera en su etapa comprometida de *Dos días de septiembre* y *Pliegos de cordel* y que desembocara en el barroquismo de
su producción novelística y poética posterior a 1970: *Agata ojo
de gato, Toda la noche oyeron pasar pájaros* y el extraordinario
Descrédito del héroe. Apuntemos unas declaraciones de 1981:
«... no abandono el barroco, porque para mí es una vía de conocimiento de la realidad más que una forma de expresión». De
análoga forma había ya formulado en 1968 en la *Antología* de
Batlló: «El acto de escribir supone para mí un trabajo de aproximación crítica al conocimiento de la realidad y también una
forma de resistencia frente al medio que me condiciona». Una
realidad que parte, desde *Las Adivinaciones,* de una individuali-
dad: «Mi poesía y mi novela también han pretendido ser»... «la
formulación de una personal experiencia conflictiva».

Palabra poética y experiencia vital —a través del recuerdo o
de la indagación de su interioridad—, indisolublemente unidas
en un idéntico proceso creador: la memoria es su palabra y la
palabra es él mismo. Y estas líneas esenciales se mantendrán
indelebles. Tras *Las adivinaciones* Caballero Bonald publica *Memorias de poco tiempo* (1954), porque

> Nuevamente retorno, tiempo atrás, a mi vida,
> porque siempre se vuelve y sin remedio
> a recobrar aquello que perdimos.

Pero ese retorno del poeta —«maniatado a mi ayer»— es un
recuerdo a través de unas palabras que son él mismo: «porque
ellas / me hicieron de tal forma con su junta verdad». Y a través
de la palabra, en acrecentado barroquismo, el poeta busca en el
mito de *Anteo* (1956) una fuerza secular, primigenia, en poemas
a la *saeta,* la *seguiriya,* el *martinete* o la *soleá:* «alimentada /
de tierra, engendrada en la tierra, tanto más firme cuanto más /
caída, ¿tú también?, como Anteo». Un buceo en los oscuros símbolos, mitos, de la tierra, que aflorarán en el barroquismo simbolista de sus últimas obras.

La identificación vida-palabra creo que llega a su máxima
formulación en su siguiente libro: *Las horas muertas* (1959)

—«únicamente soy / mi libertad y las palabras»— y al biografismo *histórico* de *Pliegos de cordel* (1963).

Pero desde mediados de los sesenta, Caballero Bonald comienza a componer los poemas que se integrarán en un libro, definitivo, de 1977, *Descrédito del héroe,* como prueba una primera entrega, en 1969, de trece de los poemas que contiene. E insisto en las fechas porque esa redacción suponía, de nuevo, ir por delante de las nuevas tendencias poéticas, ya que *Descrédito del héroe* se inscribe en la línea de la novísima poesía posterior al 70: desmitificadora, en cuanto a valores establecidos, culturalista, con un uso lingüístico que es ya, rotundamente, barroco y perfeccionista y en apartamiento definitivo de lo social para adentrarse, con resolución, en una indagación del mundo a través de la palabra y el mito. Y todo ello, insisto, estaba ya en poemas de Caballero Bonald desde la década anterior y, desde luego, como la culminación de una homogénea y lúcida evolución de su poesía.

Mito, símbolos, apelaciones cultistas y sofisticación —aparente— de la lengua en ese uso de la palabra que ha sido definido como «alucinógeno» por A. de Albornoz (1979). Y todo ello desde las primeras líneas: la cita de Catulo que abre el volumen, la fusión mítica a través del «Hilo de Ariadna» —sexo y laberinto vital—, los sintagmas homéricos del «Renuevo de un ciclo alejandrino», como la formulación lingüística de la degradación del héroe, los asumidos versos de Garcilaso en el desencanto de la «Meditación en Ada-Faleh», las apelaciones a los maestros de la *Beat Generation* —Miller, Durrel, Sade o Lawrence—, junto al poema en prosa de exacerbado bizantinismo, como en una increíble «Técnica de la imaginación», donde «empieza a concretarse tácitamente un nuevo itinerario por los laberintos mitológicos de la realidad», cita poética —laberinto y mito— que anticipa indudablemente una nueva entrega poética, *Laberinto de Fortuna,* en 1984: la renovación poético-lingüística de Juan de Mena, contraviniendo la norma para revitalizar la poesía —como aduce Caballero Bonald en su *nota* inicial— y la llamada que supone en ese título «la explícita referencia al laberinto».

Y en el límite mismo con la nueva poesía de la nueva década, y ya caminando desde sus primeros títulos, por la senda del símbolo, el mito y la experimentación lingüística, la obra de Miguel Fernández (1931) abre esa generación de la palabra de los 60, y su barroquismo esencial. Pero que en Fernández, puente hacia esa generación, ya había comenzado en fechas anteriores

—como en Caballero Bonald o Quiñones—, desde la aparición de su primer libro, *Credo poético,* de 1958. En él, el poeta de Melilla ya mostraba la dimensión trascendente de su cosmovisión que, ahondando cada vez más en la palabra, llegará a la poesía casi críptica de magia y ocultismo, de *Las flores de Paracelso* (1979), libro fascinante sobre una «botánica poética». El jardín, las flores aromáticas y medicinales que en él se cultivan —y que se analizan en orden alfabético, desde la «Arcacia» a la «Serpentaria»— van alcanzando una simbología dimánada de un código ocultista, hasta abocar al *ritual* de resurrección de «Palingenesia». Pero ese lenguaje y estructura simbólicos y esa exuberante riqueza verbal de posteriores obras de Miguel Fernández —como *Del jazz y otros asedios,* los catorce poemas de 1980— no son algo nuevo en su obra. Ya su segundo libro, *Sagrada materia,* de 1966, acometía esa indagación vital y lingüística que se continuaría en *Juicio final* (1969), *Monodía* (1974), *Atentado caliente* (1975), *Entretierras* (1978)... De un lado de la «aventura», una interpretación desoladora del mundo que, barrocamente, aspira a un despertar en la luz, pero que se confunde con el sueño:

> Pasa la realidad y siempre es otra
> pues ya por meditada se transforma.
> Y nace el sueño más real que aquélla.

Y de otro lado, esa palabra poética, en donde su barroquismo formal, su exuberancia de imágenes, con frecuencia herméticas, son el necesario soporte, el más idóneo para esa concepción —entre sueño y desengaño—, de la realidad. De ahí que la metáfora, más allá de toda retórica, se eleva a signo de conocimiento. Así, por ejemplo *Entretierras,* partiendo —como el *Requiem,* de Canales— de la muerte de la madre, será una *fusión* equilibrada entre meditación metafísica y palabra poética. Y esa fusión será siempre una constante mantenida, aunque en algún caso, como en los cincuenta y cinco sonetos amorosos de *Eros y Anteros* (1976) neogongorinos, exquisitos, parezca que el autor se inclina a ejercicios formales sin mayor trascendencia según declaración del poeta. Y sin embargo, la magia verbal que aquí parece ser la protagonista está encubriendo una concepción simbólica, señalada, incluso, desde la inicial apelación del título· a esa amorosa dualidad interpretativa del mito griego, que Calderón llevó a la escena.

Tras *Tablas lunares,* de 1980 —incluido en su *Poesía completa,* de 1983—, probablemente el más hermético de sus libros, y también uno de los más neo-barrocos, Miguel Fernández publica otro título definitivo: *Discurso sobre el páramo (Suite de la Florida) 1981,* de 1982. Descripción de los frescos de Goya, y estudio de lo evocado, en una prodigiosa meditación sobre los signos y símbolos de la pintura, la Historia, el poder, el Arte y hasta la vida, que se cierra en el «Hic Jacet» final, lápida de Goya y evocación última del volumen.

6. LA RENOVACIÓN POÉTICA DE LOS SESENTA

Cuando se alude a la renovación poética de la década, por supuesto que habrá que entender que en ésta colaboran decisivamente los más importantes poetas de las promociones anteriores. Recordemos así, títulos significativos desde 1960, en que aparecen *Derribado arcángel,* de Carmen Conde, los *Poemas de Lázaro,* de Valente y *Las brasas,* de Brines. Este último será, por ejemplo, el libro considerado por una parte de la crítica como el comienzo y triunfo de una nueva sensibilidad poética. Y desde luego significa el despegue definitivo de una poesía de comunicación y compromiso social, para asumir un nuevo compromiso con la indagación de la identidad del mundo, y con la propia palabra poética. Se trata, recordémoslo, del primer título de Brines. Pero estimo que por su vinculación a una poesía del conocimiento —forjada por los autores del cincuenta aunque con posterioridad, en ocasiones, a la fecha de su iniciación—, y por su alejamiento de todo intencionado experimentalismo formal, era más coherente su inclusión en el apartado anterior, como el lógico final de una evolución, de un período, lo que naturalmente no excluye su sentido de apertura hacia el siguiente. Apertura que se afianza en nuevos títulos: en 1962, *Invasión de la realidad,* de Bousoño, o *Grado elemental,* de Ángel González; en 1964, publica Hierro el *Libro de las alucinaciones,* recordemos los títulos de Cirlot a partir de 1965 o el *Aminadab,* de Canales, del mismo año. Y ya en 1966, Gil de Biedma —*Moralidades*—, Valente —*La memoria y los signos*—, Brines —*Palabras a la oscuridad*—, o Miguel Fernández —*Sagrada materia*—, consolidan la transformación de la poesía española de los sesenta, que casi finaliza con la obra de los maestros del 27 y del 36: los *Poemas de la consumación,* de Aleixandre y *El contenido del corazón,* de Rosales, de 1968 y 1969.

Ahora bien, en esa renovación poética aludida creo que deben marcarse dos momentos, promociones o tendencias. En primer lugar, un grupo generacional de poetas que comienzan a publicar a partir de 1961, partiendo, en ocasiones, de una poética anterior, pero a la que llevarán a fórmulas experimentales de positiva transformación. Hemos asistido incluso, a mediados de los ochenta —estamos asistiendo— al intento de integración como grupo de una serie de autores que se sienten vinculados a unas comunes directrices poéticas, y que están, por supuesto, en una común cronología. Reunidos siete de ellos en unas jornadas literarias en Zamora, en el invierno del 87, llegaron, incluso, a la delimitación de esas directrices: la búsqueda de nuevas formas poéticas, por caminos diferentes, pero con una base común radicada en la importancia decisiva de la palabra, rechazando, por tanto, la poesía como simple reflejo de la realidad o como fenómeno de comunicación denotativa. Ello por supuesto, los distancia de los temas sociales del período anterior y los acerca, dentro de él, a los poetas del conocimiento, como Rodríguez o Valente. Todos los autores tratan de seguir la experimentación continua y en cada uno de ellos hay un componente de irracionalismo —Miguel Fernández se encuadra en el grupo—, y un tratamiento del tiempo dominado por la acronía, que les integra en la utilización del mito y del símbolo de filiación culturalista. No rehúyen el tratamiento de la realidad —coetaneidad e Historia—, pero trascendentalizándola, bien en dirección estética, bien en una vertiente metafísica. Los siete escritores que fijaron así las bases de su común poética eran Joaquín Benito de Lucas, Diego Jesús Jiménez, Jesús Hilario Tundidor, y los sureños Miguel Fernández, Ángel García López, Antonio Hernández y Manuel Ríos Ruiz. Y aludo a su origen porque estos tres últimos serán el soporte básico de un *mester andalusí* que se segrega como subgrupo, por sus especiales circunstancias y características de este común denominador de la renovación poética.

A esta promoción tendremos que añadir los nombres de Félix Grande, Ana M.ª Navales, Clara Janés, José Miguel Ullán, Antonio Gamoneda o Joaquín Marco. Y dentro del *mester andalusí,* los de Luis Jiménez Martos o Antonio Carvajal.

Pero a mediados de los sesenta, esta renovación es ya, abiertamente, ruptura generacional. Esa ruptura, contracultura, indagación en el lenguaje y el fenómeno poético que llevará a formas de metapoesía, a aplicaciones estructuralistas a la escritura poética, al pleno culturalismo y experimentalismo. Son los nombres de los denominados *novísimos* y, fuera de la conocida antología de Castellet, de toda una generación poética, en cercanía a los 70, que discurre ya por fórmulas poéticas de tan patente ruptura que, en alguna ocasión, su postura estética se ha relacionado, como síntoma histórico, con el mayo francés del 68, y que manifiestan, con respecto a la primera promoción señalada, una muy distinta adscripción a determinadas posiciones estéticas y culturales.

6.1. *Fórmulas renovadoras*

Como poeta-puente entre un Claudio Rodríguez, por ejemplo, y un renovador experimentalísimo verbal, puede encuadrarse la obra de Diego Jesús Jiménez (1942), desde su inicial *Grito de la sangre* (1962) a la mayor ruptura formal de *Fiesta en la oscuridad* (1976). O citarse a Joaquín Benito de Lucas (1934), aunando culturalismo, fusión mítica e indagación en el hombre, partiendo —*K-z (campo de concentración)*, de 1970— de una experiencia vivida, que puede llevarle a lo onírico —*Plancton*, (1976)— con Bécquer al fondo, o a la reelaboración y evocación de temas literarios. Así, los personajes de *La Celestina* que reviven prodigiosamente en las páginas de *Antinomia* (1983), como un *otro yo* del poeta, que se contempla en el propio poema —*La sombra ante el espejo*, 1987— e intenta reconocer, en el pasado vivir y en el presente, la sombra de su existencia.

Otro poeta mesetario, el zamorano Jesús Hilario Tundidor (1935), partía también de una asimilada poesía anterior. La elevación poética de lo cotidiano, del paisaje castellano-leonés, —como en Rodríguez— parece así dominar sus primeros títulos: *Junto a mi silencio* (1962), y, sobre todo, en *Las hoces y los días*, de 1966. Pero desde *Pasiono* (1972), seguido de *Tetraedro* (1978) y *Repaso de un tiempo inmóvil* (1982) realiza una renovadora transformación estructural que convierte, a veces, el libro, en un campo de indagación de lo poético. Aspecto que se remansa —sin eliminarse—, en un poemario amoroso: *Libro de amor para Salónica*, en 1980.

También el catalán Joaquín Marco (1935) arranca de una poética transmitida para, desde ella, llegar a la experimentación. Su primer libro publicado, *Fiesta en la calle* (1961), fue escrito en pleno auge de la poesía social. El hecho de que algunos de sus poemas se escribiesen desde la cárcel de Carabanchel no contribuiría, desde luego, a despegar a su autor de una poética comprometida y testimonial. Pero en *Abrir una ventana a veces no es tan sencillo* (1965), el poeta parece ya debatirse entre la búsqueda de una Belleza «necesaria» —que aún desea «no pura»— y la convicción de que en ella «hay también un hombre hambriento junto a un río / y está pidiendo pan en verso libre». Ahora bien, en *Algunos crímenes y otros poemas* (1971), escritos desde 1957, y en los títulos siguientes, *Aire sin voz* (1974) y *Esta noche* (1978), Joaquín Marco afronta ya una decidida voluntad experimental, que llega a la distorsión gráfica ultraísta. Junto a ella, una intertextualidad que busca el contraste irónico, mediante la inserción de *clichés* lingüísticos, que denota lo que el autor ha denominado «pasión por el descubrimiento». *El significado de nuestro presente* (1983), sin embargo, parece mostrar un cierto repliegue a formas menos vanguardistas.

Pero el caso casi espectacular de evolución poética es el de José Miguel Ullán (1944), partiendo de una poesía de fuerte compromiso social y, sobre todo, de una concepción de la misma casi de base denotativa y comunicación directa, para pasar a la vertiente experimental más avanzada. Comenzó en 1965 —*El jornal, Amor peninsular*—, dentro de una problemática comprometida y testimonial, donde la ruptura sintáctica era probablemente su mayor libertad. Pero en torno a 1970 —*Cierra los ojos y abre la boca*—, comienza una poesía de ruptura formal que culmina en *Frases* (1975), *De un caminante enfermo que se enamoró donde fue hospedado* (1976) o *Alarma* (1976), que se prolongarán al experimentalismo de *Manchas nombradas* (1984), bajo la sombra de pintores también de carácter renovador. Prototipo de esa poesía sin sentido que preconiza su autor, Ullán desarrolla en su obra la imagen fotográfica o de comic, el montaje periodístico o manuscrito, el *collage* —texto, dibujo, foto—, la escritura automática o el verso-poema de intencionada cadencia barroca, en un conjunto de extraño y poderoso valor comunicativo, pero en donde lo icónico cobra mucha mayor funcionalidad que lo verbal. Es, indudablemente, una poesía de busca y de ruptura. Pero en esa ruptura debemos incluir su propia obra anterior. De ahí su inclusión en este apartado de poesía de transición y renovación, dentro del cual representa, sin duda, el caso límite más significativo.

Por el contrario, la evolución de Ana María Navales, como la de Clara Janés o Félix Grande, no llega, en su acción renovadora, al pleno experimentalismo. La aragonesa Navales realiza una poesía de rebelde vitalismo, desde su inicial título, *Silencio es amor,* de 1965. En la rebeldía llevada al lenguaje, radica su huida de toda traba formalista, el hallazgo de una riquísima imagen, no pocas veces de filiación surrealista, que culminará en el *Mester de amor* de 1979.

Pero dentro de una temática amorosa —el amor como fe de vida— hay que destacar el nombre de Clara Janés (1944) también dada a conocer en la década de los sesenta, que representa un no frecuente caso en la literatura española de poesía erótica femenina. De lúcida inteligencia y profundo saber —recordemos sus estudios sobre Cirlot— comenzó mezclando cotidianidad y cultismo, en su búsqueda rebelde de lo absoluto —*Las estrellas vencidas* (1964)— que, aun tropezando con el *Límite humano* (1965), abocará a un vitalizante erotismo de riquísimas connotaciones: la primera parte del *Libro de Alineaciones* (1980), *Eros* (1981) o *Vivir* (1983), casi en aspirada cosmogonía de fusión sexual con el mundo, con la vida. Un erotismo ya trascendentalizado en donde los objetos, el paisaje, son una «Presencia» viva en la sensibilidad de Clara Janés, que *paladea* casi amorosamente los nombres de las cosas.

En este grupo de poetas del 60 —transición y renovación— surge la obra pecularísima de Félix Grande (1937). Su vinculación con la poesía inmediatamente anterior, se manifiesta desde sus propias declaraciones. Vinculación en el mensaje y renovación en la forma: «Creo que se tiende hacia una poesía que sea a la vez comprometida y libre» —ha escrito, situándose él mismo en esa tendencia—. «Compromiso con el pensamiento filosófico e histórico y libre en cuanto a la investigación sobre nuevas formas expresivas mediante las cuales la carga de rehumanización sea manifestada de un modo más eficaz...».

Esa «carga de rehumanización» comenzará —y es todo un elemento de significación— bajo la sombra tutelar de César Vallejo, cuya lectura provoca una admiración «que sólo morirá conmigo», y un primer libro de 1961, *Taranto, Homenaje a César Vallejo,* que verá la luz muy posteriormente, en 1971, cuando Félix Grande ha publicado *Las piedras* (1964) y *Música amenazada* (1966). Bajo esa manifestada vinculación, *Taranto* será un libro de denuncia, en el que resuena ese testimonial poema, «Generación», donde se eleva casi a símbolo de horror histórico la fecha de su propio nacimiento, 1937, en medio de la guerra civil.

Pero junto a la de Vallejo, otras *admiraciones* literarias de Grande no son menos significativas, con Antonio Machado en primer lugar y otros nombres igualmente reveladores, que el propio poeta ha señalado: Pavese, Sartre o Dostoyevski y «numerosos músicos». Todos ellos aparecerán, con algún otro, en una noche de insomnio, «reunidos», mientras gira un disco de Beethoven. Y lo estimo revelador, porque una de esas «nuevas formas expresivas» a que alude el autor será, precisamente, la apelación a elementos musicales, desde el inicial *Taranto* del especialista en flamencología que es Félix Grande a *Música amenazada* con sus impresiones de Schumann, Chopin, Beethoven... o su central simbolismo musical y, sobre todo, a *Blanco spiritual* (1967), donde las cadencias románticas anteriores se tornan en la hiriente amargura de un «lento saxofón» que llora la injusticia y el dolor del mundo.

Desde luego, la cosmovisión de angustia existencial, provocada por un mundo construido socialmente en dolor e injusticia, había ya aparecido, en velado simbolismo, en sus libros anteriores, pero esa insinuación se truncará en esa «música herida, desgarrada, dolorosa, en su palabra rota, lastimada, insaciable», que vio Cano (1974) en *Blanco spiritual.* Un tono más narrativo y un mayor experimentalismo verbal —ausencia de puntuación, utilización del versículo...— para denunciar el horror, y el miedo ante él, del hombre contemporáneo. «Canciones» de angustia en donde todo elemento formal adquiere una funcionalidad de significado. Así, esas largas citas que encabezan con frecuencia los poemas, actuando por redundancia o contraste, como ese *collage* de anuncios periodísticos de una sociedad capitalista y de consumo, contrapuesto al dolorido «Ojú, que frío...» de «Los andaluces», de José Hierro.

Y tras los poemas en prosa de *Puedo escribir los versos más tristes esta noche,* Félix Grande acomete su obra de estructura más compleja, *Las rubáiyatas de Horacio Martín* (1978), con la creación de un *complementario* a lo Machado, de quien retomará, el apellido de Abel Martín.

La primera parte desarrolla los poemas amorosos de Horacio Martín dedicados a Doina. Pero claramente decodifica Félix Grande, el biógrafo del poeta, que para Martín, la mujer, su cuerpo deseado y poseído, es sinónimo de *palabra* y de *patria* —es decir, el símbolo de una *pasión poética* y de una *pasión cívica*—, y la obra total, incluida la amarga confesión de su segunda parte, «El cuaderno de Lovaina», se torna de nuevo en ese clamor ante la trágica condición del hombre que Martín identifica con el mito de Sísifo, según notifica Félix Grande, su amigo, en una carta final a Doina. La confesión es ciertamente desoladora, pero no olvidemos que la primera parte —el «luminoso diálogo» con un cuerpo de mujer, que es amor a los hombres y a la palabra poética— atempera, mediante el sentimiento del vivir, la irremediable congoja. Porque, pese a todo, «la vida era buena» había escrito Félix Grande en su *Poética* de 1974, para finalizar: «La quiero para siempre / con muchísimo amor».

6.2. *La consolidación de un «mester andalusí»*

La línea de poesía andaluza que he creído ver formulada en los poetas de la década de los cincuenta se acrecienta a partir de finales de ella y comienzos de la década posterior hasta 1980. Una vez más recordemos títulos significativos desde 1970 de poetas procedentes de promociones anteriores, desde *Las Crónicas de Al-Andalus*, de Fernando Quiñones, el *Requiem andaluz*, de Canales, en 1972, *Moheda*, de Rafael Guillén, en 1979, o incluso, *La almadraba*, de 1980, con su bellísimo final: «Me llamo Luis Rosales. / Soy poeta y he nacido en Granada».

Pero junto a esta determinación de un *mester andalusí*, persiste naturalmente, en la década de los sesenta, la obra de unos poetas andaluces más afincados en la línea anterior. Quiero decir que en ellos lo andaluz no es temática fundamental ni su concepción poética y estilo se adecúan conscientemente a una perspectiva explícitamente sureña y, sobre todo, no se vinculan a unos modos poéticos y lingüísticos que se *sienten,* por otros autores como una formulación de andalucismo: barroquismo, vocabulario, dialecto, mitificación, culturalismo mediterráneo...

En este orden creo que cabe destacar, por ejemplo, la obra de Joaquín Caro Romero (1940), a pesar de las alusiones a su sevillanismo por parte de algunos de sus críticos, si no es por su vinculación parcial a un cierto popularismo.

Pero más cerca de los nuevos derroteros de la poesía andaluza y sus presupuestos, estaría la obra de Luis Jiménez Martos (1926), que en el prólogo a *Los pasos litorales* (1976) señala las constantes de su obra lírica: la *tierra,* como una evocación de enraizamiento, de vuelta al pasado, y el *mar,* en su sentido liberador de apertura a rutas nuevas, a nuevos horizontes. Sus raíces cordobesas, que le atan a un Sur apegado a culturas antiguas, y ese don de mediterraneidad no menos andaluz, que le lanza, como Ulises, a la aventura, a la alegría, a la Vida. Comienza, vuelto hacia la tierra, con los poemas a la muerte del padre: *Por distinta luz* (1963) en tono que se prolonga en *Con los ojos abiertos* (1970). Pero el descubrimiento del mar, su *Encuentro con Ulises* (1969), provoca un éxtasis de libertad y vida en movimiento en donde el Tiempo es un «invisible delfín» que le empuja a la vida. Para concluir —*Los pasos litorales* (1976)— en la fe de vida de su afirmación anti-manriqueña: «Nunca la Muerte Mar. / Vida siempre en su origen, / que nunca calla». Origen que se centra en la elegía a la madre —*Madre de mi ceniza* (1982)— y en la búsqueda emocionada de sus raíces andaluzas: *Molino de Martos,* en 1985.

Pero el nombre de Antonio Carvajal (1943) sí nos pone ya en contacto, plenamente, con una escuela andaluza muy concreta. Así, Ignacio Prat (1983), cuando especula sobre su futura inclusión en historias de la literatura, escribe: «¿Puede adelantarse que, en esos volúmenes futuros, Carvajal, en el puesto que sea, quedará integrado también, sin otro menoscabo, en un espléndido rebrote de la escuela granadino-antequerana barroca, que tan admirablemente anunciaba un Lorca, por ejemplo?» Ese futuro anunciado ya se ha cumplido evidentemente, aunque siga sin poder hablarse de escuela antequerano-granadina. Pero sí puedo retomar ahora las sucesivas alusiones que he venido haciendo en el presente a la existencia de un neo-barroco andaluz. Se ha llegado a señalar que Carvajal se pierde en el verbalismo, opinión que no comparto. Pero lo que sí es indudable es su riquísimo culturalismo, la brillante imaginería, el virtuosismo formal e, incluso, métrico, con la resurrección de viejos y artificiosos metros, como la sextina provenzal, y la magia, por encima de todo, de una buscada belleza y de un impecable clasicismo formal. Luz y color, sensacionismo y vanguardia en una obra que se inicia casi ya al final de la década, en 1968, con *Tigres en el jardín,* y se continúa, inalterable en su perfeccionismo, en *Serenata y navaja* (1973), *Casi una fantasía* (1975), *Siesta en el mirador* (1979), *Sitio de Ballesteros* (1981), *Del viento en los jazmines* (1984), *Noticia de septiembre* (1984) y *Enero en las ventanas* (1986). Su autor ha titulado una primera entrega de poesías completas, *Extravagante jerarquía.* Creo que es un título bien definidor de ese sensual concierto poético, que parece presidido por la claridad del Sur:

No sabe qué es la luz
quien no ha visto en estos montes de poniente
al invierno andaluz
ebrios de grana.

Pero unos pocos años antes esa *ebriedad* andaluza había en-
contrado ya su expresión, en los nombres de tres poetas gaditanos. García López, Manuel Ríos y Antonio Hernández.

En los «Apuntes para una poética» que anteceden a su obra,
Ángel García López (1935) afirma categórico su fe en la palabra
poética y en la persecución de la Belleza: «Anteceder el CÓMO
al QUÉ» y «Marchar a la Polar por la BELLEZA». Y en eco, a
veces intencionadamente rubeniano —el Rubén teórico de *Prosas profanas*—, el poeta gaditano irá desarrollando en veinte
puntos su concepto de lo poético, sobre esos dos ejes angulares
señalados de la supremacía de una estética de la forma.

Esta declarada pasión por la palabra y su belleza, por la perfección formal, jamás se ocultará en la obra del poeta andaluz.
Libros suyos, como *Volver a Uleila* (1970) o *Los ojos en las
ramas* (1981) se constituyen, incluso, como un alarde técnico, en
una *imitatio* barroquista y lopesca. Hay —también como en
Lope— una visión entrañada de lo cotidiano transformada en
poesía, que corre medularmente por toda su obra, y que tiene su
exacta correspondencia con otra radical afirmación de su poética: «En poesía lo que no es autobiografía es sólo plagio», lo cual
conecta, no con lo testimonial anecdótico, sino con algo mucho
más profundo como es la unión insoslayable de *vida* y *belleza*:
«Belleza-verdad-hombre, todo unido». Pero esa neoplatónica fusión de verdad y belleza, referida a la vida, al hombre, se concreta, se dirige —autobiografía y raíces históricas— a un *hombre del
Sur*. Porque el Sur será, más que el amor y lo cotidiano, el elemento subyacente o dominante de la casi totalidad de su obra, de
la que podría afirmarse, utilizando las propias palabras del poeta:

Yo soy la voz más viva, la más fuerte
del Sur. Yo soy
la voz.
        Ninguno pudo
acallarla.

Y desde 1971 García López presta su voz poética a Andalucía, para *traducir* la voz de su tierra y de su historia, en canto que
es épica y elegía, como un *Nuevo mester andalusí.*

El mundo mediterráneo, de clasicismo grecolatino y de esencias arábigas, se amalgama —como lo fue históricamente Andalucía— en el cruce cultural de sus poemas, que trazarán una trayectoria que parte de la tierra para volver a ella. Esa partida asume, incluso, en su primer libro *Emilia es la canción* (1963) un tono biográfico concreto en «El viaje» a tierras de Castilla: «Vengo del Sur»... «Del mar del Sur. Guadalquivir marino». Ese Sur abandonado comienza a contraponerse a la *Tierra de nadie* (1967) en su segundo libro, donde hay una iniciación de regreso en forma de mitificación. El poeta vive su cotidianidad —«Rambla de los Milagros»—, pero el recuerdo, el sueño —«Hoy sueño Rota»— le llevan a una niñez que contempla como una inmolación: «Hermosa niñez mía, martirizada y muerta en un lugar del Sur». Mientras, ese regreso a una infancia enterrada en «un lugar del Sur» va insinuándose como un espacio mítico y «Como Amadís llegando hacia el castillo», «como el jinete vuelve después de la algarada», «como aquel que ahora torna después de su aventura»...

> porque encuentra necesario olvidar tanta muerte
> y ser amor, joyel de pedrería, aliento vivo,
> un hombre vuelve a Gaula.

En 1971, Ángel García López comienza los *salmos* de su *Auto de fe,* que con *Elegía en Astaroth* (1973) formarán *Santo oficio,* publicado ya conjuntamente en 1981. Creo que en el sintagma *auto de fe* que titula el primer libro, cabe una doble significación. Lo mismo que *Santo oficio* remite doblemente a *oficio de poeta* y al tribunal de la Inquisición, *auto de fe* es una afirmación, un acto de fe poética y una elegía donde se canta la pasada inmolación de una cultura andaluza.

Porque el poeta, en su regreso al niño simbólico de su infancia andaluza —como una belleza desaparecida—, vuelve también a un tiempo de historia naciente, a un pueblo poderoso que no murió a las puertas de Troya. Y la elegía se entona en el recuerdo de un pasado, de unos «hombres» que existieron «bajo este mismo sol, / bajo su mirra ardiente». Se alza la visión de Tartessos, el múrice de la púrpura, «las ánforas del vino», el cobre y la plata «para el milagro», «los trirremes junto al istmo», para que esta visión esplendorosa se trueque, como el propio Heracles en «manso eral mugiendo, estéril / ya su voz». Surgen entonces el tono elegíaco —«Oh, qué ha sido»—, y a los «potros salvajes» suceden «el consuelo de los asnos» o «la ruta de las ovejas», que van «viviendo la amnistía de la pobreza». Sólo subsiste la suprema posesión de la belleza, el amor, y el saberse orgullosamente inmerso en ese campo de desolación.

El canto elegíaco se torna simbolismo interiorizado en *Elegía en Astaroth*. Un espacio mítico —Astaroth— olvidado y amado constantemente que entiendo que son Andalucía y su propia infancia, superpuestas al hijo, como ya anunciaba *A flor de piel*: «Rama / que fui. Narciso mío, reflejado en el lago / de la niñez y el Sur». Pero el recuerdo y mito personal se unen con la historia. Y el «niño hermoso», que es «luz en la niebla / de la memoria» y a quien besa en presente, se une al mundo de Argantonio o al año de hambre «con fecha novecientos cuarenta y seis. / Mal año / de creyentes, en toda la aljama de Xérez». Son siglos de cultura mediterránea, fundiéndose fabulosamente en un espacio mítico que simboliza, a la vez, sus recuerdos internos y la historia de sus raíces andaluzas.

Tras la creación del mito, en el libro siguiente —o coetáneo— *Retrato respirable en un desván* (1973), el poeta logra a través de la magia de las palabras que pasado e historia surjan del olvido. Porque «nada aventa de un golpe / lo que existente fuera: Decir Xiomara y encontrar el eco». «El retrato» emerge del *desván* de la memoria y es un retrato aún vivo, cuya voz «ninguno pudo acallarla», como dirá en los «Cinco epitafios para derrotados» del ya tan cercano *Mester andalusí* (1978).

«El Sur cabe en un vaso de amargura y de vino», nos dirá en su «Geografía» sureña. Y es, efectivamente, un largo y amargo llanto el que se entona en el libro. Unos salmos elegíacos que se desarrollan en versículos, de viva experimentación formal. Es un libro que canta «la memoria en la miseria y destrucción», donde se eleva la histórica toma de Granada a símbolo de la decadencia de la cultura andaluza, más allá o por encima de cualquier puntualización o razón histórica. Porque el libro era necesario situarlo *desde la perspectiva* de la derrota, de la pérdida, ya que se organiza como un salmo bíblico que llorase la pérdida de Jerusalén. De ahí el canto en elegía de «Al-hanin ilá Al-Andalus»: «Mas Granada ha caído y es mi muerte quien cae». Así, desde una nación *destruida* y *perdida* —los «Epitafios para desterrados»—, el poeta entona el canto épico de su *Nuevo mester andalusí*, acompañado del recuerdo y la «voz antigua» de los que antes que él clamaron, auguraron, construyeron esa voz andaluza que «ninguno pudo acallar»: los nombres de Chacón, la Trini,

Juan Breva, Pastora..., o los «orfebres del asombro» que fueron Góngora, Herrera, Juan Ramón, Cernuda, Villalón, Federico, Alberti y Juan de Mena, junto a los «gladiadores» que se llamaron Belmonte, Lagartijo, Machaquito o Ignacio... Por supuesto que ni Federico ni Ignacio precisan, para un poeta, de apellidos identificadores.

En la década de los ochenta, sin embargo, el poeta gaditano ha ido buscando nuevas rutas poéticas, y en una evolución que también afecta a otros poetas del grupo. Así, nuevos títulos, *Trasmundo* (1981), *De latrocinios y virginidades* (1983) y *Memoria amarga de mí* (1983) caminan por sendas de acusado simbolismo, a veces, pero no necesariamente por las rutas del Sur.

El mismo entrañado andalucismo subyace en la obra de Manuel Ríos Ruiz (1934), que afronta ya desde su primer libro, *La búsqueda* (1963), una cuidada belleza de forma, un trasfondo popular y una declaración de origen. Pero será *Dolor de Sur,* su segundo libro (1969), el que marque con firmeza su camino poético. Dedicado a los Machado, buscará en la «Crónica de un tiempo grave» aquella infancia en donde «era abril un día interminable». El poeta declara: «Quiero alcanzar el ayer», y a través de la visión de la Naturaleza encontrar el niño que brotó de ella —«Oh niño, oh fiel racimo, madurado de sueños»— porque de su entorno nacerían «las lindes» de su alma, y su recuerdo, aunque sea a veces «biznaga de tristeza», es todo lo necesario para «salobrar» su corazón, «rombododecaedro trastocado». Los versos de *Dolor de Sur,* en su entrañado andalucismo, no rehúye el tema aparentemente pintoresco que reaparece de continuo, hasta poder dedicar, por ejemplo, un poema al «rito» de la matanza en *Piedra de Amolar* (1982) o contar «El festejo popular», en *Figuraciones* (1986). Pero ese andalucismo adquiere toda su ya plenitud significativa a la luz de su libro siguiente, *Amores con la tierra* (1970), la barroca, ferviente visión andaluza de Manuel Ríos, desarrollada como un rito amoroso de entrega. Es, por supuesto, un intento esclarecedor como apunta el lema de los versos de Cernuda con que comienza: «¡Oh hermano mío, tú. / Dios que te crea / será quien comprenda / al andaluz». Pero esa indagación se efectúa a través de la fusión con la tierra. Y su «Memorial de las cuatro estaciones» será la toma de conciencia, en abril, de su ser histórico: en la siesta, tras la siega agosteña, se funde con el pueblo y sus costumbres, como el «peregrino» de Góngora con los habitantes de los bosques y las riberas; en la vendimia otoñal asume, más que nunca, su vocabulario *andalu-*

sí, en un paladeo de términos del que es plenamente consciente. Son, como esas «palabras / para cepas, dichas al azar, injertadas entre los liños abinados, / metáforas de zagal de los majuelos...» Son palabras, en definitiva, más que *injertadas*, montadas como gemas en la suntuosa orfebrería andaluza de su verso barroco.

El barroquismo y la experimentación verbal de Manuel Ríos, maduran plenamente en *Amores con la tierra* y ya no desaparecerán. Dará el *concierto barroco* de *El Oboe* (1972), que comienza en un tiempo «a dos mil años de la era / de Virgilio», pero en un sendero de *Las Geórgicas,* en el que el poeta *replanta* sus raíces, para finalizar, mientras el oboe sigue «gongorizando en la gramola», en los «campos del amor que cercan y ondulan la memoria». O llega a la eclosión de vida y Naturaleza de *Los arriates* (1973), con sus poemas a las flores —recordemos a Rioja— tan colmados de férvido sensualismo. Ininterrumpida trayectoria de brillantez expresiva, que llegará —tras los títulos intermedios de *La paz de los escándalos, Vasijas y deidades, Razón, vigilia y elegía de Manuel Torres* y *Una inefable presencia*— al significativo título de *Plazoleta de los ojos,* de 1982, de este andaluz abierto, como Góngora, a los sentidos, a la luz, a la belleza, pero también poseedor de una melancolía de *carpe diem,* de andaluza queja dolorida que atempera y trascendentaliza el no menos andaluz goce sensorial de sus versos.

En su poema «Andalucía», perteneciente a su primer libro, *El mar es una tarde con campanas* (1965), Antonio Hernández (1943) proclama que «el llevar una tierra clavada en las entrañas / vale más que haber pisado un continente entero». Este *entrañamiento* se hará luz, transparencia y riquísima expresión verbal en toda la primera etapa de su obra. Buscador, temáticamente, de la esencia de lo andaluz, cantor de su pena, su dolor y su injusticia, su voz poética —hecha de furor o llanto en tantas ocasiones— se acrisola en *Oveja negra,* en 1969: «Oveja negra del Andalus tu canto» y le escribirá unos años después el gaditano Carlos Edmundo de Ory en *Metanoia.* Porque, efectivamente, Hernández huye de todo fácil pintoresquismo, de la aparente *alegría andaluza,* para unir su voz *disonante* al coro de ovejas negras, de voces de denuncia, de los poetas de una Andalucía empobrecida y marginada. Pero ello lo hará en maravillosos alejandrinos blancos, en romances endecasílabos, en una riquísima ornamentación lingüística en donde la palabra Sur es la piedra angular. Y aún alcanzará mayor riqueza en *Donde da la luz* (1978) y *Metaory* (1979), cimas de su poesía andalucista: los lugares —«Rota»,

«Amanecer en Granada...»—, sus gentes —«Toreros andaluces», «Poetas andaluces de hoy»...—, unidos a lo familiar y biográfico y a la visión de injusticia y dolor de unos campesinos irredentos y una tierra empobrecida. Un canto que se ha forjado —entre épica y lírica— como una maravilla lingüística que no rehúye, en ocasiones, la cercanía al surrealismo.

Pero tras *Dogmática menor* (1980) y la tardía aparición de *Compás errante* en 1985, Antonio Hernández inicia en *Homo loquens* (1981) una nueva etapa, en donde la perfección formal se concentra en sobriedad y en donde su penetración indagadora en una tierra se dirige a sí mismo: «—Hoy quiero hablar, descubrir— / me, / hablar que existe en mí / mi corazón de plátano: / placidez y dulzura». Porque el poeta ha entendido —creo que siempre lo supo— que «escribir es amar».

> Y, por eso, he aceptado
> que no hay que buscar temas
> para hablar
> sino dejar que hablen
> nuestras sombras.

Y esas «sombras» se convierten en la elegía de *Diezmo de madrugada* (1982), dominado por la muerte y la nostalgia y en el extraordinario volumen de amor titulado, en ecos de Miguel Hernández, *Con tres heridas yo* (1983).

Pero, penetrando en la década de los setenta, hay que añadir nuevos nombres: Narzeo Antino, y su pasión por el lenguaje, partiendo de una cultura andaluza y mediterránea para levantar un mundo de ritos, símbolos y mitos, desde su *Cauce vivo,* de 1971, a *La diadema y el cetro,* en 1983; el cordobés Carlos Clementson —autor de una tesis sobre *Cántico*—, caminando por rutas míticas en *Los Argonautas y otros poemas* (1975) y un «amor mediterráneo», que llega al hedonismo en su exaltada vitalidad, como una afirmación de vida inalterable, porque —*El fervor y la ceniza,* 1982— «ni el agua del olvido / podrán nada / contra esta luz»; los malagueños José Infante, o Antonio García Velasco; los gaditanos Jesús Prieto y José Lupiáñez, y su sensorialista concepción poética, iniciada en *Ladrón de fuego* (1975), acrecentada en *El jardín de ópalo* (1980) y en el gongorismo neo-barroco de *Amante de gacela* (1980)... Cerremos el apartado con un dato singular: la aparición, en esta línea gongorina, de *Las soledades tercera y cuarta que compuso el licenciado Fernan-*

*do de Villena, en continuación de las tan celebradas de don Luis
de Góngora,* en 1981. El hecho de que su joven autor abandone
esta *imitatio* en libros posteriores, no atempera lo sintomático de
ese título, al iniciarse la década de los ochenta. Aunque puede
suponer ya un final de escuela o trayectoria.

6.3. *La ruptura generacional: culturalismo, mito y experimentación*

En 1970 aparecen los *Nueve novísimos poetas españoles,* la ya
citada antología de José M.ª Castellet. En su prólogo se alude a la
«ruptura» de un grupo de poetas que habían opuesto, generacionalmente, a la usual norma poética coetánea, una «nueva sensibilidad», dimanada en ocasiones de elementos evidentemente
contra-culturales, simbolizados en la utilización y manifestada
asimilación de las mitologías contemporáneas de la sociedad de
consumo: cine, novela policíaca, literatura de quiosco, música
joven o políticos disidentes. Una formación dimanada pues, de
factores no literarios en su sentido tradicional, que buscará,
como consecuencia, una *forma* de expresión en poetas también
poco *formalizados:* la *beat generation* —cuya *Antología,* bilingüe, publicará Marcos Ricardo Barnatán, en 1970— o los culturalistas Cavafis, Perse, Eliot, Ezra Pound, junto al redescubrimiento del grupo cordobés de *Cántico.* Su norma lingüística, de
aproximación a las vanguardias, se basará en ocasiones en la
destrucción del discurso lógico, unido a una intencionada artifi-
ciosidad culturalista —modernismo, goticismo, bizantinismo...— en evocación de temas, lugares o nombres que supon-
gan, por su exotismo o rareza, por su no inclusión en el acervo
común cultural, un elemento no manoseado por el uso o, en
alguna ocasión, un elemento casi agresivo destinado a *épater le
bourgeois.* Como norma general, puede sintetizarse que al compromiso sucede la indagación en el fenómeno poético mismo y
siempre mediante unos modos poéticos en que la palabra adquiere protagonismo.

Castellet reúne bajo estos o análogos presupuestos los nombres de Vázquez Montalbán, Martínez Sarrión, José María Álvarez, Azúa, Gimferrer, Molina-Foix, Carnero, Ana María Moix y
Leopoldo M.ª Panero. Fuera de la estética aludida les une un
dato objetivo generacional: ninguno había publicado un libro de
poemas con anterioridad a 1960 —algunos ni siquiera lo habían

hecho cuando salió a la luz la antología— y todos han nacido a partir de 1939. Se trataría, por tanto, de la primera promoción poética independizada, biográficamente, del impacto de la guerra civil, denominada «generación marginada» por Carlos Bousoño (1985) y derivada estética e ideológicamente, según su análisis, de la crisis del racionalismo como vía de conocimiento.

Pero la *ruptura* alcanza una mayor amplitud de nombres y de fechas. Porque en ella hay que situar las experiencias de poesía visual de Fernando Millán, en coincidencia cronológica con la segunda etapa de José-Miguel Ullán. Y por supuesto, como la más importante consecuencia, tal vez, de esa ruptura, la poesía mítica, de *canon* clasicista, de aspiración indagadora del mundo a través de las antiguas rutas del pensamiento y los grandes símbolos grecolatinos de un Colinas o un Siles, ya a las puertas ambos de 1970. Porque todos ellos, además de los *novísimos,* marcarán las directrices de la década posterior, en la que por supuesto publicarán sus obras más maduras.

Y por otra parte, dentro del grupo, procedente de los sesenta y aglutinado críticamente por Castellet, en 1970, algún poeta era ya una presencia importante en el panorama de la lírica española desde los comienzos de la década, como es el caso de Gimferrer, pese a su juventud. Pues cuando Castellet incluye su nombre y su obra entre la *coqueluche* de los «novísimos», Gimferrer ya había finalizado su primera etapa poética, y había comenzado los poemas, en catalán, de *Els miralls.* Y esta etapa cerrada del jovencísimo poeta —desde *Mensaje del Tetrarca* (1963) editado a los dieciocho años, a los poemas de *Extraña fruta,* con veintitrés— es, probablemente, el más significativo ejemplo de la ruptura generacional del grupo, bajo la obsesionante fascinación, como ninguno, de la palabra poética y la belleza —«me gusta la palabra bella y el viejo y querido utillaje retórico», escribía en las notas de «Poética» que anteceden a la antología de sus textos—, y bajo la devoción a los antiguos y nuevos maestros de una poesía culturalista —Elliot, Pound, Perse, el XVII español y los elegíacos latinos—, junto a los mitos contraculturales del cine americano o las novelas de la serie negra.

Dentro de la etapa se inscriben títulos como *Arde el mar* (1966) o *La muerte en Beverly Hills* (1968), definitiva incorporación de mitos contemporáneos. Su siguiente libro, *De «extraña fruta» y otros poemas,* escrito en 1968, acentúa aún más el prodigioso culto por la imagen, en cercanía mayor a la escritura automática y al mundo de la expresión surrealista. La incorporación de mitos contemporáneos cinematográficos —en la línea de *La muerte en Beverly Hills*— seguirá fusionándose al neorromanticismo vivencial de los poemas —«Farewell»—, mientras la procedencia mítica cultural llega a la espléndida unión existencial con «Dido y Eneas» en ese maravilloso olvido «de la retórica de lo explícito por la retórica de las alusiones», que es toda una declaración de poética en medio del poema.

Iniciada en 1970 su segunda etapa poética, en lengua catalana, supone una nueva *ruptura* más allá de lo simplemente idiomático. La poesía como juego de espejos —*Els miralls* (1970)— de filiación surrealista, concepto poético que desemboca en la cosmovisión barroca de *Hora foscant* (1972) y la visión desalentadora del mundo de *Foc cec* (1973). Los tres libros han sido traducidos al castellano por su autor y han aparecido en la edición bilingüe de *Poesía, 1970-1977,* con un esclarecedor prólogo de José M.ª Castellet.

Un año después de la aparición de *Arde el mar,* se publica el primer libro de Guillermo Carnero (1947): *Dibujo de la muerte* (1967), que inicia una obra tan brillante como coherente, en donde cada título se concibe como parte de ese texto total que preconiza la crítica semiológica que Carnero, profesor universitario, ensayista y crítico, conoce muy bien y cuyos formulismos estructurales ha llevado con cierta dosis de ironía, a los versos introductores de su «Discurso del método». Y es tan consciente de ese carácter unitivo de su obra, que ya al frente del primer título de la misma ha colocado un lema de Edmundo Burke que es, por sí mismo, una nota indicadora, una guía de lectura: «Sólo pido una gracia: que ninguna parte de este discurso sea juzgada en sí misma e independientemente del resto». Por tanto, añadamos de inmediato que a *Dibujo de la muerte* siguieron *El sueño de Escipión* (1971), *Variaciones y figuras sobre un tema de La Bruyère* (1974), *El azar objetivo* (1975) y el iniciado *Ensayo de una teoría de la visión,* representado por tres poemas incluidos en el volumen de igual título que recoge, hasta ahora, la totalidad de su obra de 1965 a 1978. Pero un libro no requiere, por necesidad, ser un todo inmovilizado. De hecho, su estructura sólo se fija cuando llega a su término. Y felizmente estamos ante una obra en marcha. Por no acabada y por su interno y coherente movimiento desde el deslumbrador despliegue de imágenes inicial, hasta unos modos de abstracción casi reflexiva que, en armonía con poéticas provenzales, ha sido ingeniosamente señalado como el paso de un *trobar ric* a un *trobar clus.* Pero siempre subsistiendo esa inmanencia de la palabra poética, que tan sutilmente ha analizado Bousoño como un fenómeno derivado del concepto de insuficiencia de la razón y del discurso lingüístico de ella dimanado para conocer la realidad concreta: la realidad dada en el poema sólo existe en él y desde él.

De todo ello se deriva la aplicación, por ejemplo, de esa *artificial* estructura artística a la misma Naturaleza que, como la obra pictórica de un gran maestro, va buscando su perfección, y en donde, anti-horacianamente, es ahora la Naturaleza quien imita al Arte: «toda la naturaleza es un arte escondido». Aunque sea una estructura artística *escondida,* porque, según la cita de Kandinsky que preside *Variaciones y figuras,* «el signo externo se vuelve costumbre, cubriendo con un velo el sonido interior del símbolo». Y sin embargo, la palabra podrá rasgar parcialmente el velo, rompiendo el muro del automatismo de la percepción que analizó Sklovski. La imagen sensorial, la experiencia a través de los sentidos o la percepción a través de la razón puede ser algo falso, posiblemente inexistente, que se disuelve en humo como una deseable mujer desnuda perseguida por el bosque en medio de un viaje. Todo se diluye, pero el viajero torna a su casa con una piedra preciosa que coloca junto a las otras: «las acaricio, las pulo, las ordeno / y a veces las imprimo». La realidad se ha esfumado entre sus brazos sin llegar a poseerla, «mas no perecerá / quien sabe que no hay más que la palabra / al final del viaje». Porque sólo la palabra creadora puede hacernos llegar al conocimiento de que detrás del signo está la realidad.

En consecuencia, en la praxis, esos signos inmanentes ya separaban prodigiosamente en *Dibujo de la muerte* el plano de la realidad o referente histórico, culturalista, del plano de la estructura artística creada desde ellos. Que irá transformándose paulatinamente en una metapoesía, en donde el fenómeno poético se convierte en la médula temática del poema: «...somos poetas del Mester de Clerecía, y no sabríamos existir sin cierta dosis de conciencia teórica antes, durante y después (sobre todo después) de nuestras propias producciones». Y como buen poeta del *mester* apela al magisterio de la letra *escripta,* para defender, con Jámblico, que «en las epoptías de los dioses, las visiones son mucho más claras que la realidad misma». No sé si la realidad es mucho más clara a través de las visiones del poeta. Pero es, sin lugar a dudas, infinitamente más bella.

Junto con Gimferrer y Carnero, Félix de Azúa (1944) es otro de los nombres que más rápidamente iniciaron el despegue de los presupuestos teóricos del grupo, en una progresiva acentuación, junto a su vanguardismo formal, de los temas y tonos conceptuales, en donde el mismo quehacer literario —la metapoesía indicada en Carnero— puede ser una de sus líneas de significación, unida a una indagación —filosofía y antropología— sobre el entorno humano, desde *Cepo de nutria* (1968). Abierto este primer libro a una imaginería surrealista, rápidamente dará lugar a un libro espléndido, *El velo en el rostro de Agamenón* (1969), de cuidadísima estructura conceptual, y con un «Villancico introductorio», en donde las asociaciones lingüísticas generarán una forma caótica presidida por el azar, pero en donde subyace un significado que afecta a la misma estructura de la realidad, como *velo* y como *rostro*. Oposición que parece señalar el camino hacia una poética expuesta en 1979, de oposición casi dialéctica entre razón y poesía, al afirmar con Novalis que «la poesía cura las heridas producidas por la razón», frase que Azúa retoma e interpreta: «la poesía es el opio del saber absoluto», según afirma en la *Antología* de C. G. Moral.

Edgard en Sthepane (1971) y sobre todo, *Lengua de cal* (1972), acentúan su tendencia a la abstracción y el intelectualismo replanteados en *Farsa,* en 1985. Concepto poético que ya parecía sintetizar un casi aforismo de *Pasar y siete canciones,* de 1978:

> Espíritu mismo de la poesía
> por cuanto es vértice de tres aristas:
> mito, razón y locura.

Si Azúa y Carnero derivaban en su poesía a un intelectualismo levemente hermético, un culturalismo casi críptico domina el mundo poético del hispanoargentino Marcos Ricardo Barnatán (1946), dentro de una tradición de simbología judaica, en un afán de «desvelar el misterio escrito», y en una lucha en que «la torpe oscuridad se fatiga. / Siete veces el esplendor dará batalla. / Y la vida y la muerte serán del poeta». *Acerca de los viajes* (1966) y *Tres poemas fantásticos* (1967) serán el pórtico de madurez de su obra, evidenciada en *Los pasos perdidos* (1968) en donde el *venecianismo* de su «Oración a Venecia» se inscribe en el tono elegíaco de los *salmos* de un pueblo en el destierro. Su simbolismo culturalista se acrisola en *Laberintos* (1968), *Muerte serena* (1969) o *El libro del talismán* (1970); pero creo que adquiere su máximo significado en *Arcana Mayor,* de 1973: «Una vasta constelación de símbolos rendidos a la limitada imaginación humana» en definición del mismo autor. En el volumen, enmarcados por «El poema de Amitai» y «La confesión de Amitai», la voz «apóstata» del portador de la Verdad, se desarrollan mediante el signo lingüístico veintidós símbolos icónicos del Tarot, como una nueva poesía emblemática. «Arcana palabra» que volverá a resonar en otro lugar significativo, *La escritura del vidente* (1979), para reunirse toda su obra bajo el coherente título de *El oráculo invocado.*

En análoga cronología se sitúan las primeras obras de dos poetas, Antonio Martínez Sarrión (1939) y el también novelista Manuel Vazquez Montalbán (1939) que, frente a Gimferrer, Carnero y Azúa, constituyen, probablemente, la expresión más genuina y *continuada* del grupo de los *novísimos,* según las directrices estéticas marcadas por Castellet en 1970: cultismo, mitología personal y contemporánea, la magia expresiva del lenguaje publicitario —*slogan, clichés* lingüísticos...—, en una estructura formal de rica factura, donde la brillantez de la imagen, insólita en sus motivos de inspiración, produce una obra lírica melancólica e irónica a la vez, que incide sobre la situación generacional que, oblicuamente, quieren representar.

Martínez Sarrión publica en 1967 *Teatro de operaciones,* donde ya aparece el mito cinematográfico como «ríos de la memoria tan amargos»: «ivonne de carlo baila en scherezade / no sé si danza musulmana o tango / amor de mis quince años marilyn». Tres años después aparece *Pauta para conjurados* (1970), y en 1975, la obra que estimo más significativa y más madura: *Una tromba mortal para balleneros,* de mayor alcance experimental, de riquísima y compleja imagen y una meditada estructura. Bob Dylan, «los aires *country songs»* o Pink Floyd aliado a Hölderlin, en un poema —«Ummagumma»— de delirante expresión surrealista. Pero el *mensaje* de la obra se torna casi cáustico en el firme escalpelo de su *Canción triste para una parva de heterodoxos* (1978), tristeza que tal vez proviene de la amarga y objetiva constatación inicial: «Cuando nos quedan tan pocos principios / (y los más importados)...». Sin embargo, su siguiente título *El centro inaccesible* —publicado en 1981, en la compilación poética del mismo nombre—, supone una apertura, a través de una nueva temática —amorosa— y, en parte, un nuevo lenguaje, que se cubre, intencionadamente de *llaneza* en *Horizonte desde la rada* (1983): la cita cervantina denostando la «afectación» que abre el volumen es bien significativa. Anti-hermetismo, casi narrativismo, que reaparece en *Acedia,* en 1986.

Aquella primera e irónica melancolía de *generación perdida* parece subyacer también en las *crónicas sentimentales* de Vázquez Montalbán, bajo el juego brillante y desmitificador de sus poemas. Estos se iniciaron con *Una educación sentimental* (1967), para continuar en *Movimientos sin éxito* (1969), *A la sombra de las muchachas en flor* (1973), hasta la desmitificación manriqueña de sus narrativas *Coplas a la muerte de mi tía Daniela* (1973). Una obra total en donde «Conchita Piquer» puede elevarse a símbolo histórico de los años cuarenta, en un «Arte poética» que domina la técnica del *collage,* mediante el que se puede permitir la burlona —y amarga— superposición de Yvonne de Carlo, el Hombre Enmascarado o Mario Cabré, con Lepanto, el Tenorio, Trento, Ava Gardner y el Festival de Cannes. Burlona y desmitificadora, su obra poética —como su narrativa— posee bajo su aparente escepticismo, una fuerte dosis de crítica y testimonio, dirigida a una sociedad de consumo manipulada por los *mass media.*

Sin embargo, cuando en *Praga,* de 1982, afronte un tema simbólicamente histórico, ajeno a toda visión lúdica, Vázquez Montalbán construirá una espléndida alegoría, en una vanguardista forma experimental.

Con un fortísimo culturalismo afronta también Leopoldo M.ª Panero (1948) la rememoración de su cotidiana y generacional mitología. Su obra se inicia en 1968, *Por el camino de Swan,* pero dentro ya de un decidido empeño de experimentación formal. Una visión casi onírica —literariamente situada bajo el nombre de Thomas de Quincey y su paraíso de láudano y de opio—, a la que se superponen los mitos de una cultura juvenil —o la infancia— de los que melancólicamente, amargamente, parece despedirse Blancanieves, mientras se oye a lo lejos el derrumbarse de los cerezos del jardín de Chejov. Un jardín «en venta», derruido, como Peter Pan o el Llanero Solitario, en simbiosis con Sade —a través de Cavafis— y en posible homenaje a un Catulo homosexual. Mientras, van publicándose *Así se fundó Carnaby Street* (1970), *Teoría* (1973), *Narciso en el acorde último de las flautas* (1979), *Last river together* (1980) o *El último hombre* (1984) en una continuada ruptura de discurso y de forma, de riquísimo sustrato cultural.

Un latente y cernudiano neorromanticismo —que señaló Cano (1974)—, parece apuntar en el primer libro de Juan Luis Panero (1942), *A través del tiempo* (1968), que inaugura una melancólica trayectoria en que el pasar de ese tiempo inexorable convierte a la poesía —y a la vida— en esos *Juegos para aplazar la muerte* que dan título, en 1984, a su obra total. Un año después publica *Antes que llegue la noche,* como un melancólico atardecer vital, en que se rememoran «Las pasiones perdidas» o las «Imágenes rotas». Melancólico neorromanticismo que parece subyacer también en los versos de José M.ª Álvarez (1942) o Ana María Foix (1947). En el primero, hay una casi estoica *aceptación* de ese pasar humano que empapa de melancolía la obra de J. L. Panero. Un pasar hecho también de amor y belleza, en donde la aceptación se efectúa en función de esa misma belleza de lo sentido y vivido.

Literatura sobre literatura, su obra se asienta incesante sobre lecturas —señaladas en sus múltiples y largas citas— en una *experiencia de lo leído* y sobre la plataforma formal de una lógica del discurso y una belleza del verso que parece encaminada a mostrar —coherentemente con su mitificación de lo bello— una *despedida* vital, en donde todo se diluye en sueño: «Así el Arte. / Y las cenizas del amor». Sobre la melancólica verdad de «saber que a todo sueño / Sólo el olvido aguarda / Como a aquel que lo tuvo», o como puede diluirse la belleza inestable de ese *Museo de cera* —que da título a su obra completa en 1978—, tras haber sido goce de un vivir en presente.

Análoga melancolía neorromántica —bajo sus formas marcadamente vanguardistas y su ruptura con la tradicional forma poética— parece dimanarse de los versos, tan de *generación perdida,* de Ana María Moix. Así, en las *Baladas del Dulce Jim* (1969), más acentuadamente creo que en *Call me Stone* (1969), pervive un sueño de adolescencia —aquel «tocar la trompeta en una calle oscura» que fue su deseo y su definición de la poesía —que simbólicamente ha podido condensar en un poema en prosa que es todo un signo generacional: «Pasaban de las doce de la noche cuando regresaba a casa, y juro que no bebí, pero allí estaban los dos, jugando a cartas a la vuelta de la esquina. Eran dos sombras para siempre enamoradas: Bécquer y Ché Guevara».

Pero el mito en la generación puede bucear en aguas mucho más intemporales, y llevarnos al mundo de inspiración renacentista de la cultura grecolatina de Colinas o Siles.

La aparición, en 1969, de *Poemas de la tierra y de la sangre,* de Antonio Colinas (1946), sólo presagiaba la brillantez y la hondura de una de las más importantes voces líricas actuales. Pero ya los *Preludios a una noche total,* del mismo año, anunciaba la firme personalidad del joven poeta leonés, en su vinculación, casi en solitario, a la magia y el misterio de los grandes poetas románticos europeos, en un éxtasis ante la Naturaleza que nunca le abandonará. Y en donde su «Invocación a Hölderlin» suponía una auténtica fusión y no la posible moda de la que su nombre podía ser indicio entre los *novísimos*. Su tercer libro, *Truenos y flautas en un templo* (1971), supuso su decidida incorporación a un esteticismo que buscaba en la evocación culturalista gran parte de sus logros, a través de un lenguaje brillante, plástico, de amplio vuelo metafórico. Pero lo que pudiera parecer aún literatura sobre literatura, arte sobre arte, parnasianismo en suma, se transforma definitivamente en belleza sentida, vivida, en emoción vivencial, en un libro de prodigiosa hermosura: *Sepulcro en Tarquinia,* en 1977. De él escribirá Francisco Brines en su prólogo a la segunda edición, que «lo literario se ha transformado en vida»... «Amor, cultura, naturaleza alientan ahora en el ámbito real de lo cotidiano: todo es ya experiencia quemada, y salvada en la palabra».

Esa «experiencia quemada» la adquiere el poeta en su contacto con Italia, que marcará, para siempre —como las altas noches de los montes leoneses— su cosmovisión poética, arraigadamente clásica, en una aspiración renacentista hacia la comprensión o posesión de la armonía del Orbe: una *latinitas* de *canon* mediterráneo, bajo los grandes mitos de la cultura greco-latina, la belleza hecha proposición emocionada y un ideal de vida, donde resuenan los ecos de la Arcadia y de la Edad de Oro.

La primera parte del libro, «Piedras de Bérgamo», es, en gran parte, una prerrafaelista visión italiana, con Botticelli y «Simonetta Vespuci» de entrada, o los alejandrinos blancos a Bérgamo, donde «un *condottiero* clava en tu carne su espuela» y en donde «la puerta de San Giacomo de mármol blanco y rosa / se abría a los castaños y a los altos jardines». Pero los ecos modernistas innegables transforman su esteticismo en *fusión* personal. Así, los encuentros *vividos* con Ezra Pound, con el Caballero Casanova o con Novalis, a quienes el poeta presta su voz. Toda una cultura europea de raíces greco-latinas que se siente como una meta de vida: «Vamos, vamos a Europa», y «llegaremos aún a tiempo / de tocarle los pechos a la noche griega».

También es totalmente vida —recordada en nostalgia— la evocación de «Sepulcro en Tarquinia», el largo poema que forma el centro del libro y, probablemente, el más hermoso poema de amor de la lírica española actual, en su brillantísima imaginería y su emoción. Los grandes símbolos modernistas van remozándose en sus versos: cisne, pavo real, columnas tronchadas, azucenas, el «champagne espumoso de las copas», «coronas de rosas» o los jardines y terrazas de un brillante, colorista cuadro de Alma-Tadena o una página preciosista de Valle Inclán, a quien se cita. Un esteticismo que produce tan delirante espiritualización que precisa, incluso, de la hipérbole sacro-profana para su comunicación. Pero lo que destaca y cubre de melancolía tanta belleza, lo que torna en profunda interiorización los hermosísimos versos, es el sentido de paraíso perdido que se da a toda la evocación. Porque lo mismo que aquel sepulcro de un guerrero etrusco hallado en Tarquinia, que al contacto con el aire de un presente se convirtió en polvo, el poeta contempla su propia «primavera en Tarquinia sepultada». El símbolo de la piedra enterrada, vestigio de un pasado que emerge, señal de un tiempo desaparecido, comienza a cobrar en los versos de Colinas una inquietante presencia, más allá de su significado de un amor perdido.

Esas piedras enterradas son aún, en la tercera parte del libro, los poemas titulados «Castra Petavonium» la búsqueda de sus raíces latinas en tierras de León. No es el tema de las ruinas, renacentista y barroco, con su sentido admonitorio y ético sobre la fugacidad: es un contemplar al hombre finito como centro de un universo infinito. Y el concepto quiebra la armonía de la cosmovisión. De ahí esa visión *temporalizada* del misterio del Orbe que se anuncia en el último poema —«Misterium fascinans»— y que anuncia, igualmente, su libro siguiente:

> aquí, en la catedral,
> el Tiempo dormirá en el astrolabio.

Astrolabio (1979) es, pues, la exacta y coherente continuación de la última parte de *Sepulcro en Tarquinia,* como un intento de indagación del Orbe: «un espacio astral, una tierra en su estado primitivo y apasionado y, en el centro, el ser humano. Casi todo en este libro pretende ser un regreso a la claridad, una puesta en orden de las ideas por la vía de la exclusión de no pocas ideas». Un mundo a indagar, buscando sus orígenes, donde el hombre es al universo como el astrolabio al cosmos: un «modesto y ambicioso instrumento que evidencia su inferioridad o su inutilidad frente a la infinitud de cuanto siente, interpreta o revela».

El proceso comienza por la evocación de «Las sombras iluminadas: Homenaje a Tiziano», la Arcadia, en «La patria de los tocadores de siringa», la cultura europea, las «piedras de Europa» que son sus bibliotecas, sus templos, sus jardines, el «nombre solemne de Florencia»..., que se contrapone a una visión castellana: «¿Son las fuentes de Europa un sueño en estos páramos?».

El culturalismo directo, la brillantez de la imagen, ceden ante la hondura y gravedad meditativa de su visión de esos «páramos». Y su «Suite castellana», junto a «El vacío de los límites», sobre todo, son expresión de un ansia de infinitud, en donde la «rotación de las águilas en las cimas» le lleva, desde la duda y el espanto, a negarse «a sepultar tus días en el vacío de los límites». Porque ese paisaje «de vestigios antiguos», de poblados sepultados, iluminados por «tanta luz planetaria», le lleva a la sensación de «una vida absoluta». Vuelve el tema de la noche, proclamadora de un «orden celeste», en donde las estrellas son ansia de equilibrio y de locura (o infinito). Y ante la sensación angustiosa de sus «días contados», desaparecen «en el fondo de un camino / confuso, oscurecido de cipreses» —el ciprés florentino— las figuras de Mirra, Fedra, Pasifae, Canace, Scylla, a las que dice *adiós,* como símbolo de la juventud y la primavera. Tras este adiós, la nueva visión mediterránea desarrollada en los poemas de «La losa desolada» —Epidauro, Maratón, Salamina... o Córdoba— tiene ya toda la melancolía de aquella «Cabeza de diosa» que tuvo entre las manos, para testimoniar que su barro —hecho Arte— no morirá jamás, mientras que el barro humano desaparece, sin siquiera poder testimoniar «lo que soñamos».

Sin embargo esa noche como expresión de «vida absoluta», será el símbolo de que se valga Colinas para expresar que el barro humano —noche finita del pasar— persistirá en la memoria y la experiencia de esos momentos estelares en que dejó de ser barro para intuir el eterno «orden celeste» que proclama la noche. *Noche más allá de la noche* (1983), se estructura entonces en la sucesión cronológica de treinta y cinco poemas presididos por una cita de Parménides: «Todo está lleno a la vez de luz y de noche oscura». Desde el «Maremagnum» inicial de la creación hasta una angustiosa noche del siglo XX, los poemas —ausentes de todo historicismo anecdótico, en un simbólico y casi hermético proceso comunicativo—, van pasando por Grecia —Circe y Epidauro—, por Roma cuando muere en Brindisi Virgilio, por el yermo de los eremitas, por la Florencia de Dante, el Toledo de Juan de Yepes... Todo insinuado, velado, encubierto, en un paladeo de vivencias que llegan a producir en el poeta la sensación inefable de respirar «en el centro del mundo», mientras toda la luz del universo penetra en «el cauce sombrío» de sus venas.

Si Antonio Colinas halló su *canon* en Italia, Jaime Siles (1951) llegó a él a través de un profundizar filológico en el clasicismo: su licenciatura, doctorado en Filología Latina por Salamanca y posterior docencia universitaria son, para su poesía, mucho más que un simple dato biográfico. Porque su obra lírica responde coherentemente a un ideal estético e ideológico de norma grecolatina, y su culturalismo en este caso, es el necesario resorte formal para unos poemas que tenderán hacia el plano de lo esencial, a la búsqueda de la identidad. E Identidad será, junto a Parménides y el Coro, uno de los interlocutores del amplio poema dialogado inserto en *Alegoría* (1977). Como Colinas, y su «Penumbra de la piedra», el «Parménides», de Siles, se acoge clásicamente a la forma del diálogo para indagar en la esencia de lo humano. Y lo hace, coherentemente, bajo la sombra de Parménides y Heráclito, es decir, entre la certeza del Ser y la fugacidad del río heraclitiano. Porque Siles ha escrito en 1974 en la antología de Pozanco (1976) que «poetizar es un acto de Realidad y de Lenguaje: transformar los nombres hasta el sustrato primigenio, indagar tras el concepto originario, pulsar el Ser desde lo uno hasta lo múltiple, devolver la realidad a la Realidad». Una poética del conocimiento ontológico, en suma, que se une indeleblemente a una poética de la palabra. Porque el uso y *transformación* de esa palabra serán, igualmente, un proceso de *conscienciación lingüística* de procedencia barroca, como el poeta ha analizado —y asumido— en su ensayo sobre *El barroco en la poesía española.*

Siles publica a los dieciocho años su primer libro de poemas, *Génesis en la luz* (1969), radiante de luz, dinamismo y sensorialismo; *Biografía sola* (1971) sigue proclamando la presenteneidad de la luz, su eternidad, como un «Dios encendido» que puede ser un «nunca que siempre fue». Pero en *Canon* (1973), la musicalidad, la imagen poética, se circunscriben ya más declaradamente a una armonía o búsqueda de armonía y a una indagación de la esencia del Ser. Así en «Espacio último», el poeta contempla un espacio regido por el movimiento incesante, por el dinamismo del tiempo —en unos cadenciosos alejandrinos— en donde la realidad cambiante heraclitiana es un problema ontológico de identidad, que se resuelve, renacentistamente, en un diluirse de la materia y un permanecer —el nombre— del espíritu.

El problema del Ser, la temporalidad humana amenazándole, cobra toda su fuerza en *Alegoría* (1977), en donde la Identidad siente que ha sido borrada por un dios y espera la llegada de otro que pregunte por su propia identidad: «Y yo, que no soy mía, / debo idearle a él lo no creado». La necesidad de una razón divina —metafísica, no ontológica— que dé coherencia y eternidad al ser temporal, cambiante —Nada y Tiempo—, se transforma en un sueño unamuniano. Y en el hondísimo, inquietante poema del «Retablo de la muerte de Nuestro Señor Jesucristo», el Tiempo, la eternidad, la duda, la materia, la muerte... se fusionan *agónicamente,* en el sueño de un dios que soñó al hombre para soñarse a sí mismo. El hombre ha racionalizado el eterno fluir del Tiempo. Y «en esos tres instantes» —fue, es, será, en la voz de Quevedo— se instala melancólicamente, en una barroca y unamuniana certeza:

> Donde no hay otra cosa que el sueño de sí mismo.
> Porque el hombre es el sueño de una claridad.

Música de agua (1983) y *Tratado de ipsiedades* (1984), trasladan coherentemente esa identidad del Ser, esa búsqueda de lo absoluto, a la identidad del signo, que se presenta también como «letra invisible» dejando inerme e indefenso al hombre «frente al lenguaje». Punto cero, final, vaciedad del signo, inanidad del Ser y la Escritura. Situación límite, sin duda, que puede explicar el nuevo tono poético de *Columnae* (1987), como apertura de un nuevo ciclo en la obra del poeta, afirmado en la existencia y en el *sonido* de aquel signo que había llevado al silencio en su etapa anterior. Pero en definitiva, no es sino un nuevo caminar en otra perspectiva de la indagación en el lenguaje.

7. *Últimas voces poéticas: 1970-1980*

El panorama de la poesía española de la década de los setenta se ofrece, en realidad, en la obra de autores ya tratados que realizan en estos años su obra más significativa. Los nombres de Colinas, Siles... o los poetas inmediatamente anteriores —García López, Grande, Quiñones, Carnero...— son presencia renovadora en estos años, junto a los nuevos poetas que comienzan, y que siguen, en mayor o menor medida, la pauta de la renovación poética gestada en la segunda mitad de los años sesenta. Así, prosigue, por ejemplo, la utilización del mito, en su vertiente clásica, mediante la interiorización del mismo, en *Itaca,* de Francisca Aguirre (1930), o en la fusión temporal de la *Descripción de Grecia* (1979) de Claudio Bastida (1934), buceador de las raíces grecolatinas de su tierra natal, siguiendo la pauta de un título de Pausanias, y como una confirmación más de que el culturalismo sigue dominando la última poesía. Culturalismo denominado en ocasiones *venecianismo* desde que parte de los *novísimos* —Carnero, Gimferrer, Barnatán...— eligieron la ciudad como punto de una contemplación poética, a la que Pablo García Baena, el poeta de *Cántico,* dará el espaldarazo de su magisterio con el bellísimo poema *Venecia,* ya en 1978.

En ese panorama de cultura y mito destacan dos autores que se dieron a conocer en los comienzos de la década: Cuenca y Villena.

Los mitos contemporáneos, más los muy literarios procedentes del mundo provenzal y helénico, presiden la obra lírica de Luis Alberto de Cuenca (1950), desde *Los retratos* (1971) a *Scholia* (1975 y 1978). Y en el centro, un libro revelador ya desde su portada, *Elsinore* (1972), bajo la sombra iconográfica de la Ofelia muerta del prerrafaelista Millais. Los *escolios* de *Scholia,* por ejemplo, son las notas poéticas brotadas al margen de Chrétien de Troyes, Guillermo de Aquitania, Jaufré Rudel, María de Francia o Calímaco, Eurofión de Calcis y Eurípides. Pero *La caja de plata* (1985) y sobre todo *El otro sueño* (1987) representan un giro en su poesía. Porque no cede el culturalismo, pero, en su asimilación, se enmascara en nuevas formas, de renovadora pero casi oculta experimentación, donde las novelas de *serie negra* americana —y el cine— conforman magistralmente una serie completa de poemas.

En su doble significación de «misterio deslumbrante» y de «muerte aceptada» o «bello puñal para morir» —como el autor explicita al frente del volumen— *Sublime solarium* (1971) abría la obra de Luis Antonio de Villena (1951), ya dado a conocer parcialmente, como Cuenca, en la citada antología de Antonio Prieto, *Espejo del amor y de la muerte.*

Su vanguardismo formal se evidencia en el empleo de la prosa poética o el versículo, junto a musicales alejandrinos blancos, pero todo ello con el tono de algo que se *recrea* desde textos muy antiguos. Porque esa forma se nutría y enriquecía en un culturalismo que remitía al sensacionismo y a la búsqueda de lo *raro* y exótico del modernismo. Poetas provenzales, el amor *courtois,* lemas renacentistas, junto a reminiscencias grecolatinas o árabes. Y todo ello como un plano estético donde habitar la Belleza. Pero los poemas de *Hymnica,* ya desde su primera entrega de 1975 y, coetáneamente, *El viaje a Bizancio,* en 1978 convertían este culturalismo esteticista en algo más vitalmente *necesario.* De una parte, por la funcionalidad de sus resortes culturalistas en donde las apelaciones a lo literario o artístico —desde la lírica inglesa, la epopeya germánica, el *trobar clus* provenzal o el *haiku* japonés— son elementos de una coherente poética basada en la asociación, y suponen además, la transformación intencionada de una realidad degradada. Y son, por último, la más intencionada utilización de la *fusión mítica* —tan renacentista—, en donde lo biográfico, la experiencia, se comunica a través de mitos preestablecidos. Así, el mito de Bizancio y el viaje hacia él —que Villena toma de Yeats— serán el mitema central que exprese la cosmovisión poética que identifica *vida-deseo-poema,* que sigue dominando su obra: *Huir del invierno* (1981) o *La muerte únicamente,* de 1984.

Esa identificación vida-poesía parece presidir igualmente gran parte de las realizaciones actuales, con independencia de la corriente poética a que se sumen. En ocasiones es, simplemente, un aporte de sensibilidad, de experimentación vivida, a la textura del poema, como en el valenciano César Simón, desde *Pedregal* (1971), con su visión interiorizada del paisaje o el sensacionismo de *Erosión* (1971) a ese *Estupor final* (1977) o *Precisión de una sombra,* de 1982, que da título a su obra total. O la fusión neorromántica que configura la trayectoria poética de Justo Jorge Padrón (1943) presidida por una línea medular de signo vital. La vida, lo cotidiano y trascendente, la poesía como vía de conocimiento, se unen en él a la búsqueda del sentimiento que ya latía en su primer libro, *Los oscuros fuegos,* de 1971. Pero ese sentimiento e intimidad se llena de notas de violencia en *Mar de la noche* (1973). Un mar que es pasión, y que se traduce en violencia expresiva —de mayor riqueza metafórica que el libro anterior— que anuncia el universo angustiado de *Los círculos del infierno,* de 1976, acusador de un entorno exterminador e injusto. Pero estas tinieblas se transforman en el canto gozoso, casi de resurrección de *El abedul en llamas,* en 1978. El hombre es árbol fundido a la naturaleza, a una *ardiente* naturaleza en plenitud en un canto a la tierra, que se transfunde al canto amoroso, también de resurrección, de *Ostenita,* en 1979. La palabra, más que nunca, se funde con la vida. Porque Ostenita es la palabra nueva, creada para designar el sentimiento nuevo, como la creación intencionada de un mitema significador de todo renacer amoroso que se funde con la Naturaleza en *La visita del mar* (1984).

Palabra y vida, o conocimiento y comunicación del mundo a través de la palabra, serán también la norma poética de otro poeta canario, Andrés Sánchez Robayna (1952), que tras unas parciales entregas —*Fragmentos nocturnos* (1975) y *Abolida* (1977)— desarrolla en *Clima* (1978) casi una poética a través de la *praxis* de su investigación sobre la palabra. Y con una brillantez lingüística que le enlaza a los maestros del modernismo canario en una trayectoria que continúa en *Tinta* (1981) o *Laroca* (1984).

De análoga manera podrá afirmar Jesús Munárriz (1940) «que las palabras jueguen / a juegos de palabras, si les gusta», para añadir inmediatamente: «y que tu propia vida / vaya manchando el verso con sus botas». Un meditativo y dosificado culturalismo alentado en unos poemas de signo preponderantemente amoroso: *Viajes y estancias. De aquel amor me quedan estos versos* (1975), *Cuarentena* (1977) y *Esos tus ojos* (1981).

Pero esta identificación vida-palabra, ya en conexión con el *mester* de Azúa o Carnero, puede transformarse en indagación experimental. Porque junto al signo del culturalismo, será la experimentación otro de los índices de la década, en los nombres de Fernando Millán (1944) —con la poesía visual y concreta de sus *Mitogramas* (1978)—, y, en un menor grado de experimentalismo, Víctor Pozanco (1940) o José Luis Jover (1946).

Por el contrario, la aparición de los primeros libros de Octavio Uña, Pureza Canelo, Julia Castillo, Miguel d'Ors, Antonio Porpetta, Julio Llamazares, Paloma Palao... pudo parecer, en el culturalismo y experimentación coetáneos una aparente vuelta a una poesía de corte más tradicional. Así, Pureza Canelo (1946) representaba en *Celda verde* (1971) una detención en lo biográfico puro. Pero desde *Habitable (Primera poética)* (1979) ya penetra en una perspectiva de renovadora metapoesía. O el zamorano Octavio Uña aparece desde *Escritura en el agua* (1976) como un nuevo cantor de las tierras castellanas hasta construir, desde *Mediodía de Angélica* (1985) y *Ciudad del Ave* (1984), una alegoría castellanista de signo simbólico. Puede Antonio Porpetta (1936) insertarse por cronología en un humanismo existencial de los 60. Pero sus libros, aparecidos al final de la década posterior —desde *Por un cálido sendero*, en 1978 a *El clavicordio ante el espejo,* de 1984— se integran en un evidente simbolismo culturalista. La misma línea de profundo culturalismo y exquisita manipulación lingüística que aparece en César Antonio Molina (1952), en un dosificado experimentalismo que va de *Épica,* en 1974 y *Proyecto preliminar para una arqueología de campo* (1978) a la madurez poética de *Últimas horas en Lisca Blanca* (1979), *La estancia saqueada* (1983) o *Derivas* (1987).

Tal vez sólo me resta consignar unos nombres, entre los poetas que comienzan en la década de los ochenta. Las voces femeninas de Amparo Amorós —*Ludía, la honda travesía del águila*—, Blanca Andreu —*De una niña de provincias que se vino a vivir en un Chagall*—, Ana Rossetti — de *Los devaneos de Erato,* 1980, a *Devocionario,* de 1987— y M.ª del Mar Alférez —*Criptoepístola de azares*— o los andaluces Francisco Ruiz Noguera, Salvador López Becerra, Luis García Montero o Abelardo Linares. Y tantos nombres más de los que puede afirmarse, repitiendo la cita de Aleixandre, que son «un resplandor presunto que dice: Mañana».

ANÁLISIS

«RÉQUIEM», DE JOSÉ HIERRO

En 1957, en Ediciones Ágora, publica Hierro su sexto y penúltimo libro, *Cuanto sé de mí*. A ese título aludirá el autor años después cuando lo utilice, en 1974, para «bautizar» así la edición de su poesía completa, ya que dirá en relación con esa misma poesía: «Ella, la mía, me ha enseñado *cuanto sé de mí*. Los materiales que andaban dispersos por mi conciencia, modificados por la experiencia, tuvieron sentido para mí cuando los vi convertidos en versos. Poco importa ahora la calidad de los resultados. La poesía ha sido, para mí, tan fecunda como el amor». Poesía como vía de conocimiento de sí mismo y del mundo.

Pero en el libro de 1957, que pasará sin variantes significativas a la edición de 1974 —sólo algún cambio en la disposición estrófica de pocos poemas— ya se consignaba el concreto origen calderoniano del título, en los versos que se reproducen al pie del mismo:

> Tuve amor y tengo honor
> Esto es cuanto sé de mí.

Igualmente, las tres partes en que el libro se divide —«Lo que vi», «Torre de sueños» y «Por lo que sé»—, remiten a otras tantas citas de *La vida es sueño:*

> Supuesto que sueño fue,
> no diré lo que soñé:
> lo que vi, Clotaldo, sí.
> [...]

¿No sois mi sepulcro vos,
Torre? Sí, válgame Dios,
qué de cosas he soñado.
[...]
¿Qué me harán por lo que ignoro
si por lo que sé me han muerto?

Como ya indiqué en otro lugar (Valbuena, 1983), esas tres
secciones, tan meditadamente estructuradas, podrían servirnos
de clasificación general de la obra total del poeta, siempre entre
testimonio y *alucinación,* como el propio autor ha reiterado tantas veces. Todavía en 1983 —*Reflexiones sobre mi poesía*— Hierro escribe: «El lector advertirá que mi poesía sigue dos caminos.
A un lado, lo que podemos calificar de «reportaje». Al otro, las
«alucinaciones». En el primer caso trato, de una manera directa,
narrativa, un tema. Si el resultado se salva de la prosa, ha de ser,
principalmente, gracias al ritmo, oculto y sostenido, que pone
emoción en unas palabras fríamente objetivas. Ejemplo de ello
son los dos primeros poemas leídos». (Un paréntesis para advertir que esos poemas son «Reportaje», de *Quinta del 42* (1953) y
«Réquiem», el poema que comento). Y prosigue: «En el segundo
de los casos, todo aparece como envuelto en niebla. Se habla
vagamente de emociones, y el lector se ve arrojado a un ámbito
incomprensible, en el que es imposible distinguir los hechos que
provocan esas emociones».

Efectivamente, José Hierro hablará de *reportaje* para aludir a
«Réquiem», ese ejemplo seleccionado por él mismo como muestra de su poesía *testimonial:* «lo que vi». Porque obviamente, a
ese apartado del libro pertenece. Es más, veinticinco años antes
ya lo había elegido como muestra de esa ladera o perspectiva de
su poesía, al comentar, *Cuanto sé de mí,* en una entrevista concedida a Carlos Prieto Hernández *(El Español,* n.° 495, 1958) en la
que apunta a las dos líneas presentes en la obra: la *torre de sueños* del mundo interior de las alucinaciones, y el testimonio de lo
que *vio* y *conoce.* (Esta segunda perspectiva, obviamente, se bifurca en dos: el *testimonio* y la *reflexión).* Así comenta el autor a
propósito del poema dedicado a Beethoven: «En la línea de lo
abstracto éste es como el poema tipo de *Cuanto sé de mí».* Y
añade: «En la otra vertiente está el titulado *Réquiem.* Casi, casi
es un reportaje periodístico». (En ese *casi,* como veremos, está
parte de la clave poética del texto).

A continuación, José Hierro explica el porqué de esa afirmación y el periodista transcribe la escena y la declaración: «Y me

explica sin apearse de su acción rápida que dibuja como fiebre una danza de dos manos —las suyas— ni un minuto de reposo. Un día cayó en esas creadoras de la acción un periódico que en Nueva York se edita en castellano. Hierro, que mira todo, leyó hasta las esquelas de defunción. Y tropezó con una que dio el aldabonazo en su sensibilidad de poeta. En su libro, el hecho, sin importancia apenas, cualquiera puede verlo traducido a poesía. Aquí voy a poner lo que decía la esquela». Efectivamente, esa esquela —que Hierro aún conserva—, se reproduce textualmente:

«Manuel del Río. Natural de España, a 27 años de edad, falleció el sábado 11 de mayo en el hospital de St. Joseph de Harrison, N. J., a consecuencia de lesiones recibidas en accidente el 28 de abril. Su cadáver está tendido en la D'Agostino Funeral Home, 881 Ringwnd Ave., Haskell, N. J. El sepelio tendrá lugar el miércoles 15, a las 9,30 A. M. y se dirá una misa cantada en la iglesia de St. Francis».

Luego, «Hierro vuelve a guardar en su cartera el recorte de la esquela. Es fuente de poema. Y cosas como ésta son manantial de buena poesía por gracia de este hombre que ha nacido para hacer esos cambios».

Veamos, en primer lugar ese *cambio,* esa traducción *a poesía* de la noticia, que constituye la primera estrofa de «Réquiem»:

> Manuel del Río, natural
> de España, ha fallecido el sábado
> 11 de mayo, a consecuencia
> de un accidente. Su cadáver
> está tendido en D'Agostino
> Funeral Home, Haskell. New Jersey.
> Se dirá una misa cantada
> a las 9,30, en St. Francis.

Una primera lectura evidencia una simplificación de la noticia, de la que se han suprimido varios datos: «a 27 años de edad», «en el Hospital de St. Joseph de Harrison, N. J.», «lesiones recibidas», «el 28 de abril», «881 Ringwnd Ave.» y «El sepelio tendrá lugar el miércoles 15». Se ha unificado la hora —9,30— del sepelio y la misa; el punto tras el nombre —Manuel del Río—, se ha cambiado por una coma; se ha deshecho la abreviatura de las iniciales —N. J.— de New Jersey; *la* «Funeral Home», omite el artículo; y la «iglesia de St. Francis», pasa, simplemente a «St. Francis», aunque los omitidos *hospital* —«clínica» luego— e *iglesia* reaparezcan después citados en el texto del poema. Incluso, dentro de esa restricción de los datos suministrados por la noticia periodística, se suprime el «A.M.» de las 9,30. Evidentemente, una economía lingüística singular parece haber presidido el cambio. Pero no menos evidentemente, subsiste en el poema todo lo que es plenamente significativo: nombre, origen, muerte, el cadáver *tendido,* y el *réquiem* o misa cantada. Frente a ello se ha eliminado lo demasiado concreto y referencial: la edad —ya veremos que sería un dato *inoperante* en el poema—; la distancia cronológica entre accidente y muerte; la alusión al sepelio, porque el poema se centrará en esa «misa cantada», sin hora, pero que asume la del entierro... Y los nombres no españoles —«D'Agostino Funeral Home», «Haskell, New Jersey» y «St. Francis»— se han reducido casi al máximo, pero con presencia suficiente para que funcionen con la máxima eficacia en su contraposición a «Manuel del Río» y «España». (Y, por supuesto, no *Spain).*

El poeta dirá al final que se ha «limitado / a reflejar aquí una esquela / de un periódico de New York». La intención de este comentario es intentar mostrar la sabiduría poética con que Hierro *traiciona* esta intención de *objetividad informativa.*

En principio, el presente análisis lo es de contenido. Pero no podemos olvidar las propias declaraciones del autor, cuando en los poemas que llama de *testimonio,* manifiesta la existencia de un «ritmo, oculto y sostenido, que pone emoción en unas palabras fríamente objetivas».

De «Réquiem» dirá, en su estrofa final, que se ha reproducido una esquela «objetivamente. Sin vuelo en el verso. Objetivamente». De acuerdo. Pero ya de entrada observemos que, al transcribir la esquela, la disposición del nuevo discurso en que se convierte, ha modificado los materiales lingüísticos previos, de acuerdo con un «ritmo oculto y sostenido».

Tan oculto que ni la rima ni el número de sílabas de cada verso —como elementos formales que podían ser más evidentes— han sido tenidos en cuenta, ya que la *manipulación* de esa esquela *reflejada* hubiera sido entonces demasiado llamativa: «Me he limitado / a reflejar aquí una esquela / de un periódico de New York». Pero observemos también que, eludiendo el continuado encabalgamiento de los seis primeros versos, y atendiendo doblemente a las unidades de significación y a la medida y acentuación de las mismas, esos materiales lingüísticos recibidos

—tras supresiones oportunas— reflejan la siguiente disposición
rítmica:

> Manuel del Río - pentasílabo, con acento en cuarta
> [natural de España]
> ha fallecido - pentasílabo, con acento en cuarta
> el sábado - tetrasílabo
> once de mayo - pentasílabo, con acento en cuarta
> a consecuencia - idem
> de un accidente - idem
> su cadáver - tetrasílabo
> está tendido - pentasílabo con acento en cuarta
> en D'Agostino - idem
> Funeral Home - idem
> Haskell. New Jersey - idem

Notemos, como contraste, ese *natural de España,* aislado, sin
similitud de medida o ritmo con el resto de las unidades acentua-
les que la estrofa presenta. Y sigamos observando que la disposición de la estrofa ha colocado *Manuel* y *España* a comienzo de
verso destacados ambos términos en la disposición gráfica de la
misma. Pero hay, creo que evidentemente, un «ritmo oculto» en
esos dos bloques de significado en que se dividen los seis primeros versos de la estrofa. Uno que va de «Manuel» a «accidente» y
un segundo de «su cadáver» a «New Jersey».
Ambos bloques constituyen cada uno una unidad gramatical,
como es obvio. Y cada bloque está constituido por cinco unidades métricas: cuatro pentasílabos acentuados en cuarta y un te-
trasílabo. (Lo que obligaba, por ejemplo, a la supresión del artículo «en *la* D'Agostino» y al cambio de «falleció» por «ha
fallecido»). Pero, repito, ante esta disposición, observemos el ais-
lamiento y relevancia, por anómalo y distinto, del «natural de
España», de medida y acento diferentes, dentro de la cadena
fónica en que está inmerso. No será ocioso advertir que, como
veremos, se trata del sintagma clave en orden a la interpretación
del poema.
El tercer bloque de significación —«Se dirá» a «St. Francis»— cambia radicalmente su forma: dos eneasílabos, sumamente normativos, con acentos en tercera y octava. Pero que
enlazan, veámoslo, con la estrofa siguiente, también en eneasílabos, como una gran parte del poema.
Por supuesto, en esa artística manipulación que ha transformado una esquela en estrofa poética, y atendiendo a lo suprimi-

do y conservado, Hierro ha sido fiel a su propia teoría, que manifiesta que «la poesía verdadera, sea cual sea el objetivo que la matice, no puede prescindir de la belleza de la palabra», según reiteradas afirmaciones, que culminan en el *Prólogo* a sus *Poesías Completas,* de 1962. Pero añade: «No existen, a efectos poéticos, palabras bellas y feas, sino palabras oportunas y otras que no lo son dentro del poema».

Esas palabras «oportunas» en la noticia periodística —porque cumplen una función puramente informativa, en un mensaje de intencionalidad denotativa—, pueden dejar de serlo cuando han de insertarse en un mensaje no poético que, como tal, no es *sólo* información. Hierro afirma que «cada fondo tiene su forma justa, que por justa ya es bella».

En esa nueva forma, justa y bella, el poeta ha eliminado todo lo accesorio: no importan las circunstancias concretas de la muerte, es decir, la estancia de varios días en el Hospital de St. Joseph, ya que esa muerte, se presupone, no fue instantánea; no importa poco dónde está la D'Agostino Funeral Home; no importa a qué edad muere el protagonista porque ello *individualiza* a ese anónimo «Manuel del Río», sobre el que Hierro, como veremos, va a levantar una abstracción simbólica: *un* español actual, de cuya historia no interesan, *poéticamente,* los datos referenciales.

Pero observemos, además, que en la eliminación de nombres ingleses —hospital, calle— la confrontación entre los rotundos hispanismos de la esquela —Manuel del Río, España, lógicos al estar redactada la noticia en castellano— y los anglicismos de la misma —no menos lógicos al tratarse de una publicación neoyorkina— quedan casi equiparados, no ahogando los segundos a ese «aldabonazo» en la sensibilidad del poeta a que aludía el periodista en 1958, y que creo que brota, precisamente, de la oposición y confrontación entre ambos elementos. Un «Manuel del Río. Natural de España», frente a «D'Agostino Funeral Home. Haskell. New Jersey», o sintetizando, «España ≠ New Jersey» o, incluso, «N. J.», como transcribía la noticia original. De ahí, de esa confrontación de dos lugares —dos mundos, dos culturas, dos destinos...—, surge la necesidad de deshacer la abreviatura, y darle a las iniciales la rotundidad de su propia personalidad geográfica, haciendo emerger de un posible anonimato —para un receptor español— a esa orilla fabril del río Hudson, donde ha muerto un español.

Pero observemos, abundando en la idea —oposición «Espa-

ña # New Jersey», como núcleo generador del poema—, otro de
esos cambios, aparentemente insignificantes, que han permitido
al poeta transformar un texto informativo en un texto poético,
aparte de los signos connotativos que ya ofrecía ese texto original. Quiero decir que el «aldabonazo» aludido no venía dado
sólo por la noticia transmitida: en la esquela había unos elementos previos de orden lingüístico que *provocaban* ese impacto en la
sensibilidad. Me he referido al choque o enfrentamiento entre
«Manuel del Río. Natural de España», y los topónimos anglo-
americanos que cercan y connotan su fallecimiento. Pero observemos, en este orden, otro cambio, al parecer insignificante. En
la esquela, ambos sintagmas —«Manuel del Río. Natural de España»— están separados por un punto. Por el contrario, en el
texto poético están unidos por una coma, como dos términos de
una misma oración. No son *dos* datos informativos, sino dos
elementos sentidos como inseparables y presentados como tales
en el poema. Porque el que ese Manuel del Río sea «natural de
España» es la clave de todo ese poema, al ser de donde brota su
máximo dramatismo y de donde surgió, indudablemente, el impacto emocional que lo produjo.

Pero afirmaba que la fría noticia, objetiva, informativa, con-
tenía ya en sí misma elementos connotativos, no intencionados
por supuesto. De un lado el lógico «España», y no *Spain*. Pero
sobre todo, ese revelador «su cadáver está tendido», expresión
que sospecho deriva de una contaminación del *to lie* inglés, por
parte del redactor hispano de ese periódico neoyorkino. Porque
el normativo «el cadáver se encuentra» o «está» en D'Agostino,
etc..., se ha transformado en ese cadáver *tendido,* redundante e
impropio en castellano —todo cadáver, en un féretro, está tendido: sobra la aclaración—, que arroja sobre el texto una connot-
tación de *fracaso, vencimiento* o *desesperanza.* Cuando termine-
mos de leer el poema completo y asumamos que *España* es,
junto con *Manuel* —de hecho *España* y *Manuel* llegan a fundir-
se—, la materia de este *réquiem* elegíaco, nos explicaremos la
extraña emoción que ese *yacer tendido* produce en la sensibilidad; de entrada, la noticia ya era sintomáticamente simbólica,
sin proponérselo. José Hierro elevará ese síntoma percibido —tal
vez inconscientemente— a signo y símbolo de un derrumba-
miento histórico colectivo.

Porque he calificado el poema de *réquiem* elegíaco. Quiero
decir que la subjetividad que va a cubrir la noticia periodística
base —ya sabiamente manipulada desde su simple transcripción

aparente—, empieza en el mismo título. El poema comienza por llamarse, no *Reportaje* —como algún otro de Hierro—, sino, significativamente, *Réquiem,* lo que le conecta a un plano de apelación culturalista musical, y, sobre todo, le inserta en un contexto de oración fúnebre —elegía, himno, petición o lamento—, que escapa de la objetividad: nadie pretende que sean objetivas ni informativas las palabras consoladoras del oficio de difuntos, como sí pueden serlo, y de hecho lo son, las que comunican y anuncian periodísticamente un fallecimiento —esquela—, desarrolladas además sobre sintagmas fijos, carentes de connotaciones emotivas.

En cuanto a la apelación musical, recordemos que, aunque en este concreto «Réquiem» no se cite, el autor narrará en otro tremendo poema —«Historia para muchachos», del *Libro de las alucinaciones*—, un *réquiem* tan desolador como el de Manuel del Río, el emigrante, y que se cantaba a los presos políticos muertos en la cárcel:

> En los balcones los dejaban
> por la noche, delante de la fuente
> de aquel patio interior. Muertos calzados
> con alpargatas nuevas, su sudario.
> Amanecía y se les despedía
> cantando el «Dies irae»
> (ya no recuerdo si el de Verdi
> o es muy posible que el de Mozart)
> [...]
> Pero las alas eran alpargatas
> en los pies de los muertos. Y la música
> del mar era el «Dies irae»...

Ese «Dies irae...», como vamos a ver, resuena en este «Réquiem» de 1958, no importa si el de Verdi o el de Mozart. O simplemente, como es más probable, el canto gregoriano y litúrgico de la misa cantada en «St. Francis». En ninguno de los tres casos se busca tampoco, musicalmente, la objetividad.

Situado el lector —que, tal vez, no ha decodificado aún ninguno de los síntomas expuestos— en esa vía de subjetividad poética, el poema comienza *narrando* paralelamente la supuesta historia de Manuel y las supuestas vivencias del poeta durante su funeral o, primero, ante ese cadáver *tendido* en la D'Agostino Funeral Home. Y escribo supuestas porque no se sobreentiende, como noticia, la presencia del poeta ni en el funeral ni en el también supuesto velatorio. Porque, naturalmente, lo referencial *casi* puro termina en la primera estrofa —esquela— del poema, que continúa *narrativamente:*

> Es una historia que comienza
> con sol y piedra, y que termina
> sobre una mesa, en D'Agostino,
> con flores y cirios eléctricos.
> Es una historia que comienza
> en una orilla del Atlántico.
> Continúa en un camarote
> de tercera, sobre las olas
> —sobre las nubes— de las tierras
> sumergidas ante Platón.
> Halla en América su término
> con una grúa y una clínica,
> con una esquela y una misa
> cantada, en la iglesia St. Francis.

La información suplementaria (mesa de *mármol, funeral de segunda, cuarenta dólares, flores artificiales, cirios eléctricos,* féretro de madera no barnizada o muy nueva, puesto que aún «huele a abetos del invierno» ese 11 de mayo), no es, por tanto, una simple descripción, sino, de nuevo, la intencionada contraposición entre la frialdad de lo extraño y lo ajeno, o lo mecanizado y comercializado frente a lo íntimo y propio o lo vitalmente humano.

Notemos la clara oposición: *sol y piedra* ≠ *flores y cirios eléctricos* (versos después se puntualiza la existencia de flores artificiales). Lo auténtico y vital frente a lo falso artificioso. Pero hay más. En ese *sol y piedras* subyace un tercer significado, como en un mensaje cifrado que ofreciese tres lecturas: la denotativa, que remite a elementos de la naturaleza: la connotativa, en donde esos elementos, por contraposición a otros que se expresan, representan la pureza de lo auténtico y humano, y una interpretación simbólica que un código culturalista, por encima del texto, nos proporciona. Pero que para un emisor, como Hierro, tan profundamente machadiano, es obvio que se siente también como informativo. Recordemos los versos de Machado «A Julio Castro», escritos y fechados en Soria en 1932, en que se define a España:

Desde las altas tierras donde nace
un largo río de la triste Iberia,
del ancho promontorio de Occidente
—vasta lira, hacia el mar, de sol y piedra—

Pero esa «lira de sol y piedra» no es simple geografía. También son «sol y piedra» los hombres que la habitan o una parte de los que la habitaron. Porque cuando García Lorca llora ante el «Cuerpo presente» de Ignacio Sánchez Mejías pide que acuda esa raza (la que luego va a cantar Hierro como perdida en el tiempo), hermana del torero muerto:

Yo quiero ver aquí los nombres de voz dura,
los que doman caballos y dominan los ríos:
los hombres que les suena el esqueleto y cantan
con una boca llena de sol y pedernales.

El «sol y piedra» que es España, la «triste Iberia», es la que abandona Manuel del Río.

Pero recordemos, también, que *piedra* es palabra clave en la poesía de Hierro: *Con las piedras, con el viento...* titulará —en eco de Lope de Vega— uno de sus libros. Y que en él esa *piedra* tiene una resonancia de españolidad.

Así cuando en el hondo poema «La mañana» evoca desde el Guadarrama sus sueños perdidos —«(¡Oh, inolvidable, inolvidable, inolvidable...!)»—, exclamará:

Pinos, encinas, peñas: duro
corazón de granito. España
no latía su corazón
para el mío que lo buscaba.

Porque ese «corazón de granito» puede latir en las «alucinaciones» de una «esfinge interior» y decirnos el poeta —«Noche hermosa», de *Quinta del 42*— que hay un agua interior, «eterna», «que corre / de la piedra a la estrella... / de la estrella a la piedra», y que «si se la escucha / se oye latir la piedra».

De esa piedra *viva*, símbolo de la cosmovisión poética de Hierro —España, vida, tiempo...— llega Manuel del Río. En los primeros versos de la estrofa que lo expresa, y en la contraposición origen/destino final, o elementos vitales/elementos artificiales, o vida/muerte, se pasaba de lo denotativo a lo connotativo, para enraizarse después en el símbolo machadiano. En los que siguen, resonancias culturalistas nos acercan al mito, que llega al poema, probablemente, arrastrado por esa expresa «orilla del Atlántico». El hermosísimo mito de la Atlántida sumergida, que los descubridores españoles creyeron encontrar (recordemos el final de *La Atlántida,* de Verdaguer), y en donde el sueño mítico se hace realidad: son tierras «sumergidas ante Platón», su visionario. Y que son surcadas ahora en sus nubes (que son las olas que las cubren) por un camarote de tercera. El mito, por supuesto, se desvanece nostálgico ante ese contraste. Con él parecen desvanecerse el sol y la piedra, el sueño y la aventura mítica de la «triste Iberia» de Machado, que son ahora la historia, no menos triste, de Manuel del Río, que «halla en América su término». El esquema opositivo, ya claramente simbólico (que ha partido, no lo olvidemos, de una insinuada oposición lingüística introducida en el lenguaje informativo de una noticia periodística) se reitera hasta el final del poema. Pero, previamente, el poeta ha decodificado su propio mensaje. Porque la contraposición España/D'Agostino Funeral Home, es sólo la encubridora de la auténtica clave. La oposición *aromado de romero, tallado en piedra o en nieve/empapado de petróleo,* como lugar para morir, que se desarrolla en la siguiente estrofa, es sólo accidental como veremos:

> Al fin y al cabo, cualquier sitio
> da lo mismo para morir:
> el que se aroma de romero
> el tallado en piedra o en nieve,
> el empapado de petróleo.
> Da lo mismo que un cuerpo se haga
> piedra, petróleo, nieve, arena
> Lo doloroso no es morir
> acá o allá...

Dieciocho versos después, el poeta terminará esa contraposición iniciada «lo doloroso no es morir / acá o alla...» *sino sin gloria.* Pero para llegar a ese contraste doloroso —muerte sin gloria # muerte gloriosa—, que ya se insinúa, el poeta ha de mostrar la otra vertiente de esa confrontación. De un lado *un* español del que sólo sabemos nombre, accidente, muerte, entierro y misa y en dónde. Sobre todo, *en dónde* como lugar que le es *ajeno* y extraño y que *opone* un contexto artificial, industrializado —cirios eléctricos, petróleo, grúa— a un origen vital y *propio:* sol, piedra, romero, nieve... Pero en la otra vertiente, hay *otros españoles* que sí murieron con gloria en un universo *que les era propio* («Cuando caía un español / se mutilaba el universo»).

El poema *necesita,* para llegar a esa confrontación histórica, entonar la elegía de ese pasado también desaparecido. Y lo hace a impulsos de la música que unas palabras rituales insinúan. Porque, cuando se interrumpe la frase que expresa la aludida operación —«lo doloroso no es morir / acá o allá...»— se hace paralelamente a las palabras del oficio de difuntos a que este *Réquiem* apela:

> «Requiem aeternam»,
> Manuel del Río. Sobre el mármol
> en D'Agostino, pastan toros
> de España, Manuel, y las flores
> (funeral de segunda, caja
> que huele a abetos del invierno),
> cuarenta dólares. Y han puesto
> unas flores artificiales
> entre las otras que arrancaron
> al jardín... «Libera me Domine
> de morte aeterna...» Cuando mueran
> James o Jacob verán las flores
> que pagaron Giulio o Manuel...

El *requiem aeternam* se repite, obviamente, de modo casi obsesivo en el oficio de difuntos. La misa comienza con él, y así el *Introitus,* empieza y termina con esa petición de descanso eterno: «Requiem aeternam dona eis, Domine». Se repite en el *Graduale* y resuena incesante en el canto final que acompaña la procesión que irá hasta el féretro —*Absolutio super tumulum*—, y que comienza con el «Libera me Domine de morte aeterna», que se reproduce en el poema. Junto con el «Dies irae» o el «Dies illa», que veremos, el «Requiem aeternam» —que da nombre al poema— y el «Libera me domine» son las frases latinas del canto litúrgico que pasan, reiteradas, al texto poético: petición de descanso y petición de vida eterna, libre de la muerte. Pero incluidas en distintos contextos, y por consiguiente, con distinto significado: «...las reiteraciones —ha escrito Hierro— que van teniendo distinto sentido conforme el poema avanza».

Ahora bien, anotemos de entrada una carencia significativa. Porque del mismo modo que Hierro sintetizó la esquela periodística eliminando lo que no era significativo para el fondo del significado, ahora, en la selección de los textos litúrgicos, esa eliminación cobra en sí misma un significado propio. Quiero decir que la *no presencia* de otras frases del canto religioso —tan reiteradas y significativas dentro de él como las elegidas— entiendo que es un síntoma esclarecedor. Me explico. A la petición de descanso eterno —«requiem aeternam dona eis, Domine»— se sigue siempre otra petición connotada de esperanza. No ya el *descanso,* sino la visión gloriosa de la *luz:* «et lux perpetua luceat eis». Esa esperanza de gloria vivificante no tiene cabida en esta «historia» de una muerte sin gloria, en ese *réquiem* elegíaco de un español, más que de un hombre. Porque para Manuel del Río, *hombre,* por supuesto que hay o puede haber una glorificación si nos situamos en un plano religioso o metafísico, ausente de un poema que no se propone, de ningún modo, situarse nunca en esa perspectiva. Pero Manuel del Río, *español,* no puede esperar esa *glorificación:* se trata de una muerte *histórica,* sin «gloria». No crucemos, porque no está en el poema, la raya de lo religioso.

Y en esa muerte de un emigrante español, no hay, no puede haber, *históricamente,* el vislumbre de una esperanza en la «lux perpetua».

Pero hay otra ausencia aún más significativa: jamás se utiliza en el poema la más reiterada de las frases del texto latino: «requiescat in pace». Con ella termina el canto litúrgico y no con el «requiem aeternam» como el poema: «definitivamente todo ha terminado». Quede, de momento, señalada esa ausencia, sobre la que habré de volver.

Retrocedamos a la estrofa transcrita. El «Requiem aeternam» da comienzo a un nuevo punto de vista en la emisión del mensaje: Manuel del Río es, ahora, el receptor directo del discurso poético. Un *tú* —Manuel— al que el poeta se dirige, por vez primera, para llevarle el *descanso* —«requiem»— de una voz española que cubre la frialdad, la mediocridad de su entorno funerario, como esos míticos «toros de España» que «pastan» sobre la piedra, el mármol, en que yace tendido su cadáver. Recordemos a Miguel Hernández, cuando en «Vientos del pueblo me llevan», simboliza a esa España en

> yacimientos de leones,
> desfiladeros de águilas
> y cordilleras de toros.

Los *toros* y las *águilas* de España rodean ahora a un español vencido. Tal vez por ello esos toros *pastando* estén muy lejos de aquel «toro de España» al que llamó Miguel Hernández en un poema de *El hombre acecha.* Aquel toro casi dormido que, sin embargo, «hará sangrar al mármol», cuando se yerga, se levante, se rebele, se salve... (¿Pudo José Hierro conocer este poema —«Llamo al toro de España»— a través del ejemplar de las galeradas de la edición destruida del 39 que poseía José María de Cossío?).

Aunque otra vez y siempre, el contraste: toros pastando —España *propia* y *viva*—, frente a unas flores artificiales que servirán para todos los desarraigados, des-patriados del mundo: James —¿irlandés?—, Jacob, el judío, Giulio, el italiano, Manuel, el español...

Esas flores artificiales, de las que abomina inicialmente el autor en el poema «Mis hijos me traen flores de plástico», del *Libro de las alucinaciones:*

> Os enseñé también a odiar
> a la crueldad, a la avaricia,
> a lo que es falso y feo, a las flores de plástico
> [...]
> una flor verdadera, no de plástico, fea,
> como aquellas que odiábamos, hijos míos.

Aunque esa *falsedad* se torne en amor cuando su presencia conlleva el recuerdo y la continuidad, hasta conferirles *perfume, tibieza, alegría, inmortalidad...*

En el poema *Requiem,* las flores artificiales no son aroma, ni color, ni gozo, ni eternidad. Son simplemente expresión de una mediocridad y una falsedad, que rompe la *pobre* hermosura de aquellas que «arrancaron al jardín». Pobreza ya concretada antes: «cuarenta dólares», «funeral de segunda», féretro de madera mal curada, aunque ello suponga un aroma que se le ha negado a las flores.

Y es entonces, en este contexto, en donde el «réquiem» y el «libera me Domine» suenan a acabamiento, pobreza, ¿resignación?, humildad y anonimato, cuando surge el contraste de mayor oposición, con una nota de ira y rebeldía, tornando el miserable *drama* de un mediocre episodio cotidiano en una *tragedia* de connotaciones épicas: «Dies illa, dies irae, calamitatis et miseriae, dies magna et amara valde», canta el sacerdote. Y el poeta vive con él ese aliento de grandeza trágica:

Ahora desciende a tus cumbres
garras de águila. Dies irae.
lo doloroso no es morir
Dies illa acá o allá;
sino sin gloria...
                    Tus abuelos
fecundaron la tierra toda,
la empapaban de la aventura.
Cuando caía un español
se mutilaba el universo.
Lo velaban no en D' Agostino
Funeral Home, sino entre hogueras,
entre caballos y armas. Héroes
para siempre. Estatuas de rostro
borrado. Vestidos aún
sus colores de papagayo,
de poder y de fantasía.

Aquí se cierra el discurso dirigido a Manuel del Río, que en esta segunda estrofa se señala por dos posesivos «*tus* cumbres» y «*tus* abuelos».

Pero las «garras de águila» de la epopeya heroica han servido para contraponer al presente, el pasado; a la muerte «sin gloria», el destino glorioso de *otros* españoles. Volvamos atrás. Se nos habla en el poema de *petróleo* y de *grúa*. Naturalmente, la noticia o esquela no precisaba nada: que Manuel ha muerto en un accidente laboral —«grúa», terreno «empapado de petróleo»— está sólo en la sensibilidad interpretativa del poeta. Como está *únicamente en el poema* la condición de emigrante de Manuel, aunque por edad y fecha pueda presuponerse (a los 27 años, en 1958, no puede tratarse de un exiliado político: «vino un día / porque mi tierra es pobre», explicitará el poema). Pero el autor *necesita* ese accidente laboral y ese mediocre destino, de un anónimo trabajador, para *oponerlo* a otras muertes y destinos del pasado. Pero lo necesita, porque es ésa y no otra la *sensación* percibida inconscientemente en la lectura de la esquela, más allá de toda comprobación que, naturalmente, no interesa para nada dentro ya del universo literario que es en sí mismo el poema.

Pero veamos los rasgos pertinentes de esa oposición. Frente a la *«grúa»*, una tierra *«fecundada»;* frente al terreno *«empapado* de petróleo», un universo *empapado* «de la aventura». Frente a una tierra ajena, un universo tan *español,* que la muerte de uno de ellos era como una *mutilación* de ese mismo universo. En ese

— 193 —

velar del héroe, que lo es «para siempre», no resuena ahora el «Libera me Domine de morte eterna», porque brota una sensación de gloria *imperecedera* de esas muertes épicas. (Recordemos la *tercera vía* de la gloria, o la fama merecida y alcanzada del hombre del Renacimiento: «partid con buena esperanza, / qu'estotra vida tercera / ganareis», le dice la Muerte al «claro varón» don Rodrigo Manrique, en las *Coplas* famosas que escribió su hijo.

Frente al velatorio en D'Agostino, que ha ido en el poema acumulando connotaciones de mediocridad, vulgaridad y fealdad —cirios eléctricos, flores de plástico, cuarenta dólares, ataúd paupérrimo...—, se oponen las «hogueras», «caballos» y «armas» del entorno épico buscado. Épico y *heroico:* «Heróes para siempre», como *Los heróes* de José Martí. Y ese *siempre* se proyecta desde un pasado evocado a un *hoy* mantenido: «Vestidos *aún* sus colores...». El adverbio temporal nos trae el colorido abigarrado de los viejos uniformes —«colores de papagayo»— símbolos de «poder y de fantasía» como otro modo de vestidura, aún hoy perdurable en la memoria. Y se transforma al heróe en esa memoria tallada en piedra que es la *estatua.*

Estatuas yacentes había titulado José Hierro su libro anterior. En él, esas «estatuas de rostro borrado» parecen anunciarse en la de Don Gutierre de Monroy en «la catedral vieja de Salamanca».

> En la estatua del caballero
> fructifica la dignidad
> de una existencia coronada
> gloriosamente.
> Un español
> de cuando el sol no se ponía
> jamás en tierras españolas.
> Una piedra ejemplar, un símbolo
> —gracias te sean dadas, Dios—
> duerme en la falda de la muerte.

Es un *símbolo* de esos otros españoles que el poeta opone a Manuel del Río. Y no importa que después ese símbolo se humanice en el espléndido poema dedicado a la verdad íntima de don Gutierre, que siente «triste» su alma «tras la muerte», un alma «forjada sobre el yunque / luminoso de la aventura...», mientras su cuerpo «empapa la tierra», «empapa la tierra y aguarda».

La estatua se eleva en sí misma a símbolo de esta gloria «para siempre». En el plano del arte, y en el *adagio* beethoviano —«Sinfonieta a un hombre llamado Bethoven», en *Cuanto sé de mí*—, «reina el Hombre / en el centro del Universo», y en ese reino del Hombre, se alcanza la «tercera vía» de la inmortalidad:

> Ciñes corona de laureles
> —César de imperio de ceniza—
> y navegas sobre las lágrimas
> que proclamaron que viviste.
> [...]
> Mármol sin tiempo, bronce y tronco,
> carne inmortal de las estatuas.
> Héroe en la noche, derribado
> sobre lo helado de un escudo.

Mármol sin tiempo, heróe, carne inmortal de las estatuas... una forma de perennidad, aunque se alce «con el nombre diluido, / con los ojos borrados, con la boca / carcomida, lo mismo que una estatua / limada por los siglos y la lluvia...», pero que siempre resurge como la «melancolía», «modelada en sombras / y olvido...» —«Presto», de *Quinta del 42*—, que aparece ante el poeta como su único fantasma resucitado. Porque la *estatua* no es algo sin vida. Los *héroes* y *estatuas* de «Requiem», aparecen *aún* vestidos «de poder y de fantasía». Como la «Estatua mutilada» de una matrona romana —*Libro de las alucinaciones*— ya piedra inerte y corroída, incita a buscar más allá de ella misma, «aquella estatua de ola tibia» que fue *vida*.

Frente a esa estatua que es *memoria* —«héroes *para siempre*»— se opone el anonimato que es *olvido*. Materia sujeta al tiempo, el hombre es «columna del granito de la muerte» —«El olvidado», de *Quinta del 42*—, «leño de sueño», «piedra temporal, tallada / por el tiempo», «escultura de tiempo», y una «descolorida hazaña», ya sumido en el olvido y la muerte «la cubrirá la lluvia». Y el poeta —«No cantaré ya más»... — entona el *planto* de todo bien desaparecido:

> Ay, mis héroes, mis álamos, mis ríos,
> mis playas, frutos y distancias.
> (Ay, Dios mío, sin nombre ya, sin hombre.)
> Ay, enterradas y borradas.
> Ay. Y podridas. Y dormidas.
> Y asesinadas. Y apagadas.
> Las olas que me hundieron hasta el fondo
> sabían bien lo que arrastraban.

De Manuel del Río sólo se salva el «nombre», por obra del poeta. El resto ha sido *enterrado, borrado, podrido, dormido, asesinado, apagado...* Porque frente a esos «héroes para siempre» que *aún* visten su fantasía, su muerte no conlleva la *lux perpetua* de la muerte gloriosa:

> Él no ha caído así. No ha muerto
> por ninguna locura hermosa.
> (Hace mucho que el español
> muere de anónimo y cordura,
> o en locuras desgarradoras
> entre hermanos: cuando acuchilla
> pellejos de vino derrama
> sangre fraterna). Vino un día
> porque su tierra es pobre. El mundo
> «Libera me Domine» es patria.
> Y ha muerto. No fundó ciudades.
> No dio su nombre a un mar. No hizo
> más que morir por diecisiete
> dólares (él los pensaría
> en pesetas) «Requiem aeternam».
> Y en D'Agostino lo visitan
> los polacos, los irlandeses,
> los españoles, los que mueren
> en el week-end.

Toda la estrofa, por supuesto, es un bloque de oposición a la anterior, desde la afirmación inicial, a la que sigue la segunda oración, que califica de «hermosa» y de «locura» la hazaña del pasado español. Porque ahora ese pasado se tiñe de americanismo. Ya no es sólo el héroe, el guerrero —«hogueras», «caballos», «armas»—, es, sobre todo, el conquistador americano que bautizó con su nombre, *para siempre,* el universo conquistado. (No olvidemos ante ese americanismo que la muerte del emigrante tiene lugar en América).

Y es ahora ya cuando, sin titubeos, se eleva el significado del poema a un plano histórico-colectivo: hemos pasado de un concreto Manuel del Río, emigrante, a *un español* —luego se dirá «como millones de españoles»—; se enfrenta ese español de hoy a otros españoles, «héroes para siempre» de una pasado histórico; se identifica a esos otros españoles con los descubridores y conquistadores de esas tierras en que Manuel hallará una muerte sin gloria. Y ahora, se pasa directamente a una consideración colectiva: los otros españoles *de hoy,* todos los españoles de hoy, «el español» que hoy sólo muere «de anónimo y cordura» o en sangrientas guerras civiles. Otra «locura», pero no «hermosa», sino «desgarradora». A continuación aquella «locura hermosa» del pasado acredita su origen quijotesco, a la luz de la de hoy. Tal vez una nueva oposición insinuada: un don Quijote, loco, que al acuchillar los pellejos de vino, «derrama sangre fraterna», frente a otro don Quijote, hermosamente loco, que lucha contra gigantes persiguiendo un sueño de heroísmo.

Al llegar a este punto, creo que la fusión *España = Manuel* es cuando cobra un simbolismo trágico. Porque Manuel es España *hoy,* y el receptor identifica plenamente una nueva analogía: destino mediocre y final anónimo y sin gloria=actual decadencia española. Una actualidad donde el español ya no siente que España=universo, sino que el universo=patria. «Libera me Domine», ¿de qué? ¿de esa enorme tristeza? ¿O de la muerte «por diecisiete dólares» de Manuel del Río? En ambos casos: *requiem aeternam.*

Pero pasemos a la penúltima estrofa, que enlaza con la esquela inicial, que parcialmente vuelve a reproducir:

> «Requiem aeternam».
> Definitivamente todo
> ha terminado. Su cadáver
> está tendido en D'Agostino
> Funeral Home. Haskell, New Jersey.
> Se dirá una misa cantada
> por su alma.

Y ahora es cuando podemos leer en ese *todo* la polisémica significación del poema. Porque *todo* es, aplicado a la noticia informativa sobre un funeral, el final del mismo. Aplicado a la *historia* de Manuel del Río —«es una historia que comienza...»—, es el anodino final de un emigrante español, que abandonó su tierra porque «es pobre». Pero esa pobre tierra es España. Y cuando los hijos del poeta le decían: «Bien hiciste —«Alucinación de América», en *Libro de las alucinaciones*—, trayéndonos acá dejando aquella tierra pobre...», ese mismo poeta se dice a sí mismo:

> (¡Aquella tierra pobre, arrugada, sumisa,
> soleada y primaveral, áspera y tierna,
> aquella cal desconchada y sangrienta,
> rica en óleo y en flores y en llanto, hermosa España!)

Y entonces, si ese *todo* lo aplicamos al destino de esa «hermosa España» —que es simbólicamente, ya, Manuel del Río— es cuando nos explicamos aquella carencia que apuntaba líneas atrás. Porque el canto litúrgico del funeral no termina con un «requiem aeternam», sino con el eliminado «resquiescant in pace». Descanso eterno sí, pero no *en paz*. Porque desear, pedir esa paz, aplicado el deseo a España y su destino, es aceptar, asumir... es una forma de conformidad o serenidad, es, paradójicamente, una forma de muerte:

> Serenidad, tú para el muerto
> que yo estoy vivo y pido lucha
> [...]
> serenidad, no te me entregues
> ni te des nunca,
> aunque te pida de rodillas
> que me libertes de mi angustia
> [...]
> Tú no me escuches, no me eleves
> hasta tu cumbre de luz única.

El poema —«Serenidad»— pertenece al primer libro de José Hierro, *Tierra sin nosotros*. Pero creo que explica por qué, años después, en «Requiem», ni la *lux* ni la *pace* del canto litúrgico aparecen en el poema.

Así, cuando tras todo este cúmulo de vivencias subjetivas acumuladas sobre una noticia leída, el poeta vuelve a transcribirla en parte, esa noticia conlleva ya esa doble información: la muerte de un español —Manuel— que se eleva a símbolo de la trágica desaparición de un glorioso pasado colectivo —España— en donde casi se ha diluido el sentido mismo de patria.

Pero observamos una nueva variación. La esquela se transcribe de nuevo. Cobra en esta segunda lectura —tras el conocimiento y lectura de las estrofas que la preceden— una nueva perspectiva interpretativa, que la enriquece. Pero además, ha sufrido una nueva eliminación del elemento informativo, que queda reducido a dos puntos: «su cadáver está tendido» y la misa. Pero si ese *todo* comprende funeral, historia de Manuel y destino español, a la vez, «el cadáver tendido» cobra también una dimensión colectiva, de fracaso y vencimiento históricos. Y en esa nueva sensación, la misa «a las 9,30 en St. Francis», pierde ya definitivamente toda concreción referencial para elevarse a un plano puramente espiritual: «por su alma».

Aquí termina la historia y el poema, en una estructura concéntrica y cerrada. Con el mismo texto situado en dos puntos y remitiéndonos a dos significados, como signo y símbolo del mensaje que se emite. A continuación, el poeta nos explica, directamente, sin veladuras, lo simple de la noticia y lo complejo del impacto emocional recibido. Intentar hacer *comprender* y *compartir* el porqué de esa emoción es el propósito del poema. Que Hierro resume en la declaración expresa de su estrofa final:

> Me he limitado
> a reflejar aquí una esquela
> de un periódico de New York.
> Objetivamente. Sin vuelo
> en el verso. Objetivamente.
> Un español como millones
> de españoles. No he dicho a nadie
> que estuve a punto de llorar.

LA CRÍTICA

LA CRÍTICA

La crítica sobre la poesía actual está, felizmente, en manos de poetas, en una buena medida. Desde el 27, nuestros autores han sido, con gran frecuencia, críticos y teóricos del fenómeno poético, que analizan uniendo a sus conocimientos filológicos su sensibilidad creadora. Esa es, en mi opinión, una de las parcelas más sugerentes de la crítica poética del período: Dámaso Alonso, Luis Felipe Vivanco, José Luis Cano, Leopoldo de Luis, Concha Zardoya, Manuel Mantero, Joaquín Marco, Antonio Hernández, Luis Antonio de Villena..., con el ejemplo de Carlos Bousoño encabezando la lista. Pensemos, en contrapartida, que ese fenómeno no se da, por ejemplo, entre nuestros novelistas.

Pienso, en consecuencia, que los estudios críticos de nuestros mejores poetas tendrán que ser punto de partida para entender el fenómeno poético actual, y de hecho, así se hace como obligación insoslayable. Se trata de una crítica *viva*, que estudia una poesía sentida como *viva*. La dosis de sensibilidad, penetración en el texto y conocimiento empírico del fenómeno de la creación poética que ello comporta, produce, en muchas ocasiones logros admirables. Porque a ello hay que añadir que nos encontramos en la actualidad, nuevamente, ante una promoción de «poetas profesores». La nómina de poetas actuales dedicados profesionalmente a la docencia es realmente significativa.

Y sin embargo, faltaba hasta muy recientemente, el empeño *didáctico* e *histórico* abarcador de la etapa. Incluso, hasta fecha muy cercana, faltaba ese estudio general, amplio, científico, documentado, que analizase la totalidad del período. (Los historiadores de la literatura, no novelistas, habían afrontado desde mucho antes, esa tarea en el campo de la novela). Si observamos la lista bibliográfica que se detalla en el siguiente apartado, puede observarse que abundan los estudios monográficos sobre épocas, grupos, tendencias o autores. Pero hasta la aparición de la obra —en curso de publicación— de Víctor García de la Concha (1987), no ha habido, realmente, un amplio estudio abarcador de todo el período, salvo aquellos que formaban parte de una Historia general de la Literatura Española. Véanse, en este aspecto, las aportaciones —excelentes—, en volúmenes independientes, pero formando parte de una serie, de J. Paulino Ayuso (1983) o J. Benito de Lucas (1984). O los apartados, dentro de volúmenes abarcadores de todos los géneros coetáneos, de S. Sanz Villanueva (1984), J. Marco (1981) o Emilio Miró (1980²). En este aspecto debo necesariamente mencionar las páginas de Valbuena (1983), porque el presente trabajo es, en parte, una utilización, síntesis y reestructuración de mi aportación en esa obra. Allí, con bastantes más páginas de texto, y con una nómina más amplia de autores tratados, podrá encontrar el lector, por ejemplo, en sus notas, las referencias bibliográficas de las citas que he debido utilizar aquí, y, en cada autor, una bibliografía de estudios aparecidos en publicaciones periódicas que, dentro de las normas de la presente colección, no tenían cabida: en la Bibliografía que sigue al presente apartado, sólo se consignan libros, pero me apresuro a manifestar que la historia de la poesía actual está en las revistas. La consulta, por ejemplo, de *Cuadernos Hispanoamericanos, La Estafeta Literaria* o *Ínsula,* entre muchos ejemplos, resulta imprescindible. Recordemos cómo un José Luis Cano o, posteriormente, Emilio Miró, han ido durante muchos años *levantando acta,* número a número y libro a libro, de la poesía actual.

La obra de García de la Concha —ya *anunciada* en su estudio de 1973— constará de cuatro tomos y han aparecido los dos primeros, cuando escribo estas páginas. Es y será imprescindible su consulta.

Existen, sin embargo, espléndidas aportaciones de carácter monográfico acerca de etapas, grupos o aspectos. Pienso en los nombres de Aurora de Albornoz (1977), Cano Ballesta (1972), muy recientemente los títulos —polémicos— de Debicki (1986), M. Mantero (1986) o, mucho más restringidamente, el estudio del *postismo,* de Jaume Pont (1987).

Con frecuencia, los volúmenes se han integrado uniendo estudios que se sienten en análoga o parecida perspectiva, por la similitud de los autores tratados o por una cercana cronología de los mismos. En este apartado la bibliografía es extensa: D. Cañas (1984), José Olivio Jiménez (1984), Carlos Bousoño (1985)... Y suele ser norma bastante generalizada que estas compilaciones —armónicas y estructuradas muchas, pese a ese origen—, sean el resultado de la unión de diversos trabajos ya publicados en revistas, prólogos, o comunicaciones. Su publicación en volumen es de enorme utilidad, pero conviene tener presente, para su exacta comprensión, la fecha de su redacción y publicación primera. Pero sólo gracias a esa reedición conjunta el trabajo de rastreo en publicaciones periódicas se hace, con frecuencia, innecesario. Recordemos, en este apartado, los volúmenes de Cano (1974 y 1985), Aurora de Albornoz (1979), J. Olivio Jiménez (1972), Dámaso Alonso (1958), Ignacio Prat (1983), C. Zardoya (1974), L. de Luis (1975), L. F. Vivanco (1971[2]), R. Lapesa (1979), J. M. Blecua (1977 y 1981)... En algún caso, en esa reunión de trabajos, sólo hay uno que afecta al período que nos ocupa. Pero ese solo artículo puede ser definitivo: Rosales visto por Lapesa; Carvajal, por Ignacio Prat; o Ildefonso-Manuel Gil, por Blecua.

Entre estos volúmenes que reúnen trabajos diversos, hay que consignar, igualmente, la importancia de la publicación de trabajos de autores varios, reunidos en torno a congresos, seminarios o encargos editoriales. Pensemos en la publicación del Symposium de Syracuse, de 1968, sobre la generación del 36, cuya reedición consigno (Ferrán, 1973); la reunión de *Literatura Contemporánea de Castilla y León* (1986), con trabajos de Carnero o García de la Concha; los tres tomos del Homenaje a Nora —*Entre la cruz y la espada,* 1984—, la reunión de *Poesía* de Málaga, con la intervención de Canales y García Baena...

Y pasemos a los textos. La riqueza cuantitativa de títulos es inabarcable. El apartado segundo puede ser una muestra. Y naturalmente es imposible consignarlos en el apartado de Bibliografía. Pero en el comentario crítico que ahora realizo, debe señalarse la carencia, aún, de ediciones que se planteen el problema de una fijación textual, que en algunos autores y en algunos textos, es problema relevante. Con la mayoría de los autores —felizmente— en plena producción y evolución, se reeditan las obras según la versión corregida por el autor. Pero falta —tal vez es pronto todavía— la edición que consigne esos cambios, a veces reveladores de aquella evolución. Son abundantes, en cambio, las reediciones con prólogos e introducciones: una buena parte de la crítica sobre poetas actuales, junto a las revistas, está en esas ediciones comentadas. Pensemos en la Introducción de Bousoño a la obra completa de Carnero, que después pasó a un volumen (1985), junto a otros estudios. El autor del período sobre el que más se ha trabajado en este aspecto de un intento de fijación textual es, naturalmente, Miguel Hernández por sus especiales circunstancias: obra terminada, transmitida en parte en manuscritos diversos y existencia de varias versiones de muchos de sus poemas. Pero una edición de *Poesías completas,* como la realizada por Agustín Sánchez Vidal (Aguilar, 1979), de las obras de Hernández, aún no es un ejemplo frecuente, por desgracia. Y en el capítulo de carencias, ha de señalarse también la inexistencia de una edición de obras completas de algunos poetas de primerísima fila. Pienso en Luis Felipe Vivanco, inencontrables muchas de sus obras, y en la falta de unas poesías completas de Blas de Otero, a la espera de la preparada por Sabina de la Cruz.

Si en el apartado de estudios críticos he señalado el valor de los aparecidos en revistas, en el aspecto textual hay que destacar la función primordial de las antologías. Ellas han sido, en buena medida, los signos evolutivos de la poesía española actual. De ahí su reseña en el apartado siguiente. Pensemos que muchas de ellas han jugado un papel de protagonistas en la división por etapas del período y ello es algo sobre lo que casi todos los historiadores de la poesía contemporánea nos mostramos conformes. Recordemos, a este respecto, las de Ribes (1952), Batlló (1968), Castellet (1970) o Prieto (1971). Casi siempre, estas antologías contienen un valiosísimo material de información bibliográfica: Rubio (1981) o Asís (1977), por ejemplo. Concretamente, la poesía última difícilmente podría analizarse —salvo para un lector o crítico sumamente especializado— sin estas aportaciones, que intentan delimitar lo todavía demasiado cercano. Pensemos, en este sentido, en las dos de Pozanco (1976 y 1980), o en período aún más próximo las de C. García Moral (1979), E. Jongh Rossel (1982), Villena (1986) o J. Barella (1987). Y destaquemos, por último, que estas antologías son en muchas ocasiones el soporte de estudios imprescindibles, que les sirven de introducción pero que son, en realidad, los protagonistas del volumen. En apoyo de esta opinión sólo tenemos que recordar las de Carnero (1976) sobre *Cántico,* o de Antonio Hernández (1978) sobre la poética de los 50.

Y por último, quiero señalar, como síntoma esperanzador, el creciente número de tesis doctorales —muchas aún inéditas—

que se han realizado o están realizando sobre poetas, revistas o aspectos del período, tanto en Universidades españolas como extranjeras. Muchos de los volúmenes publicados fueron, en un principio, una tesis. En este sentido, la investigación es incesante. Termino con un doble ejemplo: el trabajo de Fernando Presa sobre la revista *Espadaña,* presentado en la Complutense, y el estudio de Gonzalo Corona sobre José Hierro leído en Zaragoza. Ambos en el curso 1987, y con sólo unos meses de diferencia.

BIBLIOGRAFÍA

1. TEXTOS: ANTOLOGÍAS

A.A.V.V. (1976), *Nueva Poesía 1: Cádiz*, Prólogo de Carlos-Edmundo de ORY, Madrid, Zero-Zyx.

— (1971), *Equipo «Claraboya». Teoría y poemas*, Barcelona, El Bardo.

AGUIRRE, José María (1980²), *Antología de la poesía española contemporánea*, II, Zaragoza, Ebro.

ALVAR EZQUERRA, Manuel (1982), *Noray. Muestra de poesía malagueña actual*, Málaga, Corona del Sur.

ÁLVAREZ, Luis Javier (1971), *Escrituras materiales*, Oviedo.

ASÍS, María Dolores (1977), *Poetas españoles contemporáneos*, Tomo II, Madrid, Narcea.

AZCOAGA, Enrique (1953), *Panorama de la poesía moderna española*, Buenos Aires, Periplo.

BALCELLS, José María (1977), *Poemas del destierro*, Barcelona, Plaza-Janés.

BARELLA, Julia (1987), *Después de la modernidad, Poesía española en sus lenguas literarias*, Madrid, Anthropos.

BASALDÚA, José María (1974), *17 poetas de Bilbao*, Bilbao.

BATLLÓ, José (1968), *Antologia de la nueva poesía española*, Madrid.

— (1974), *Poetas españoles poscontemporáneos*, Barcelona, El Bardo.

BECCOY, Horacio y Osvaldo SVANASCINI (1947), *Poetas libres de la España Peregrina en América*, Buenos Aires, Ollantay.

BUENAVENTURA, Ramón (1986²), *Las Diosas Blancas. Antología de la joven poesía española escrita por mujeres*, Madrid, Hiperión.

CAFFARENA, H. (1960), *Antología de la poesía malagueña contemporánea*, Málaga, Guadalhorce.

CAMPOS, Ángel, y Álvaro VALVERDE (1984), *Abierto al aire. Antología consultada de poetas extremeños*, Cáceres, Editora Regional de Extremadura.

— 211 —

CANO, José Luis (1964), *Antología de la lírica española actual,* Madrid, Anaya.

— (1972), *Antología de la nueva poesía española,* Madrid, Gredos.

— (1978[3]), *Antología de poetas andaluces contemporáneos,* Madrid, I.C.I.I.

— (1981[6]), *Lírica española de hoy,* Madrid, Cátedra.

CARNERO, Guillermo (1976), *El grupo «Cántico» de Córdoba (un episodio clave de la historia de la poesía española de posguerra),* Madrid, Editora Nacional.

CARO ROMERO, J. (1973), *Antología de la poesía erótica de nuestro tiempo,* París, Ruedo Ibérico.

CASADO, M. (1985), *Esto era y no era. Antología de poetas de Castilla y León,* Valladolid, Ámbito.

CASTELLET, José María (1960[2]), *Veinte años de poesía española (1939-1959),* Barcelona, Seix Barral.

— (1966), *Un cuarto de siglo de poesía española (1939-1964),* Barcelona, Seix Barral.

— (1970), *Nueve novísimos,* Barcelona, Seix Barral.

CAUDET, Francisco (1978), *Romancero de la guerra civil,* Madrid, Ediciones de la Torre.

COLECCIÓN *de canciones de lucha. España, 1939.* Edición facsimilar, (1980), Madrid, Ediciones Pacific.

CONDE, Carmen (1954), *Poesía femenina española viviente,* Madrid, Arquero.

— (1969), *Antología de la poesía amorosa contemporánea,* Barcelona, Bruguera.

CORREA, Gustavo (1980), *Antología de la poesía española (1900-1980),* Vol. II, Madrid, Gredos.

COSTA, Jesús y S. MUÑOZ (1979), *Círculo en nieve (Nueva poesía en Valencia),* Universidad de Valencia.

CÓZAR, Rafael de (1977), *Nueva Poesía 2: Sevilla,* Madrid, Zero-Zyx.

CHAMPOURCÍN, E. de (1970), *Dios en la poesía española actual,* Madrid, Edit. Católica.

DORESTE, Ventura (1966), *Poesía canaria última,* Las Palmas, El Museo Canario.

GÁLVEZ MORENO, F. (1979), *Degeneración del 70 (Antología de poetas heterodoxos andaluces),* Córdoba, Antorcha de Paja.

GARCÍA HORTELANO, J. (1980[2]), *El grupo poético de los años 50,* Madrid, Taurus.

GARCÍA MARTÍN, J. L. (1983), *Poesía española, 1982-83. Crítica y antología,* Madrid, Hiperión.

GARCÍA MORAL, C. y R. M. PEREDA (1979), *Joven poesía española,* Madrid, Cátedra.

GARCÍA POSADA, Miguel (1979), *40 años de poesía española,* Madrid, Cincel.

GINER DE LOS RÍOS, F. (1945), *Las cien mejores poesía del destierro*, México.

GONZÁLEZ MARTÍN, J. P. (1970), *Poesía hispánica (1939-1969). Estudio y antología*, Barcelona, El Bardo.

GUINDA, Ángel (1987), *Los placeres permitidos. Antología de joven poesía aragonesa*, Zaragoza, Olifante.

HERNÁNDEZ, Antonio (1978), *Una promoción desheredada: la poética del 50*, Bilbao, Zero.

HILARIO TUNDIDOR, Jesús (1976), *6 poetas de Zamora*, Zamora.

IFACH, María Gracia (1960), *Cuatro poetas de hoy*, Madrid, Taurus.

JIMÉNEZ, José Olivio, y Dionisio CAÑAS (1983), *7 poetas españoles de hoy*, México, Oasis.

JIMÉNEZ MARTOS, Luis (1958), *Antología de poesía española (1957-1958)*. Aguilar. (La colección prosigue, en volúmenes que recogen la producción cada dos años, hasta 1966).

— (1961), *Nuevos poetas españoles*, Madrid, Ágora.

— (1969), *Antología General de Adonais (1943-1968)*, Madrid, Rialp.

— (1972), *La generación poética de 1936*, Madrid, Plaza-Janés.

JONGH ROSSEL, Elena de (1982), *Florilegium. Poesía última española*, Madrid, Espasa-Calpe.

LÓPEZ, J. (1982), *Poesía épica española*, Madrid.

LÓPEZ ANGLADA, Luis (1965), *Panorama poético español. Historia y antología (1939-1964)*, Madrid, Editora Nacional.

LÓPEZ GORGÉ, Jacinto (1967), *Poesía española contemporánea. Antología (1939-1964), I. Poesía amorosa*, Madrid-Barcelona, Alfaguara.

LUIS, Leopoldo de (1965), *La poesía española contemporánea. Antología (1939-1964), IV. Poesía social*, Madrid-Barcelona, Alfaguara.

— (1969), *Poesía social (1939-1964)*, Madrid, Alfaguara.

— (1969), *Poesía española contemporánea. Antología (1939-1964), II. Poesía religiosa*, Madrid-Barcelona, Alfaguara.

MANTERO, Manuel (1966), *Poesía española contemporánea. Estudio y antología (1939-1965)*, Barcelona. Plaza-Janés.

MARÍN, Diego (1977), *Poesía paisajística española (1940-1970)*, Londres, Tamesis Book.

MARTÍN PARDO, E. (1967) *Antología de la joven poesía española*, Madrid, Pájaro Cascabel.

— (1970), *Nueva poesía española*, Madrid, Scorpio.

MARTÍNEZ RUIZ, Florencio (1971), *La nueva poesía española. Antología crítica. Segunda generación de postguerra: 1955-1970*, Madrid, Biblioteca Nueva.

— (1978), *Nuevo Mester de Clerecía*, Madrid, Editora Nacional.

MILLÁN, Fernando y J. GARCÍA SÁNCHEZ (1975), *La escritura en libertad*, Madrid, Alianza.

MILLÁN, Rafael (1955), *Veinte poetas españoles*, Madrid, Ágora.

— (1956), *Antología de poesía española (1955-1956)*, Madrid, Aguilar.

— (1957), *Antología de poesía española (1956-1957)*, Madrid, Aguilar.

MOLINA, Antonio (1966), *Poesía española contemporánea. Antología (1939-1964), III. Poesía cotidiana*, Madrid-Barcelona, Alfaguara.

MONTERO ALFONSO, J. (1939), *Cancionero de guerra*, Madrid.

MONTESINOS, Rafael (1960), *Poesía taurina contemporánea*, Barcelona, R. M.

MUÑIZ ROMERO, Carlos (1973), *6 poetas granadinos posteriores a García Lorca*, Granada.

NAVALES, Ana María (1978), *Antología de la poesía aragonesa contemporánea*, Zaragoza.

PALOMO, María del Pilar (1975), *Poesía universitaria*. Universidad de Zaragoza.

PÉREZ GUTIÉRREZ, Francisco (1979), *La generación de 1936 (Antología poética)*, Madrid, Taurus.

POETAS *de la España leal (Valencia, 1937)* (1976), Edición facsimilar, Edit. Hispamérica.

POZANCO, Víctor (1976), *Nueve poetas del Resurgimiento*, Barcelona, Ámbito.

— (1980), *Segunda antología del Resurgimiento*, Barcelona, Ámbito.

PRADOS, Emilio, y A. RODRÍGUEZ MOÑINO (1937), *Romancero de la guerra de España*, Madrid-Valencia.

PRIETO, Antonio (1971), *Espejo del amor y de la muerte*. Presentación de Vicente ALEIXANDRE, Madrid.

— (1972), *Laberinto. Antología de poesía joven*, Madrid, Retornos Ediciones.

PUCCINI, Dario (1970), *Romancero della resistenza spagnola. Vol. II (1936-1965)*, Bari, Laterza.

RAMOS, V. (1967), *Poesía alicantina de la postguerra*, Alicante, M. Asín.

RIBES, F. (1952), *Antología consultada de la joven poesía española*, Valencia.

— (1963), *Poesía última*, Madrid, Taurus.

ROMANCERO *del ejército popular* (1979), Madrid.

RUBIO, Fanny, y J. L. FALCÓ (1981), *Poesía española contemporánea (1939-1980)*, Madrid, Alhambra.

RUIZ COPETE, Juan de Dios (1973), *Nueva poesía gaditana*, Cádiz, Caja de Ahorros.

SALAÜN, Serge (1971), *Romancero Libertario*, París, Ruedo Ibérico.

— (1982), *Romancero de la defensa de Madrid*, París, Ruedo Ibérico.

SANTONJA, Gonzalo (1984), *Romancero de la guerra civil (serie I)*, Madrid, Visor.

SÁNCHEZ MENÉNDEZ, J. (1987), *Poesía contemporánea en Sevilla (Estudio y Antología)*, Sevilla.

«TALLER Prometeo» (1982), *200 poetas de hoy en España y América*, Vol. I, Prólogo de Florencio MARTÍNEZ RUIZ, Madrid, Taller Prometeo.

— (1983), *Poetas de hoy en España y América*, Vol. II, Madrid, Taller Prometeo.

URBANO, M. (1980), *Antología consultada de la nueva poesía andaluza*, Sevilla, Aldebarán.

VAN HALEN, Juan (1967), *España en su poesía actual*, Madrid, Edit. Doncel.

VANDERCAMMEN, E. y F. VERHESEN (1956), *Poésie espagnole d'aujourd'hui*, París, Silvaire.

VELA, Rubén (1965), *Ocho poetas españoles*, Buenos Aires, Edit. Dead Weight.

VELILLA, Ricardo (1977), *Poesía española 1939-1975 (Antología)*, Tarragona, Ediciones Tarraco.

VILLEN, J. (1940), *Antología poética del alzamiento*, Madrid.

VILLENA, Luis Antonio de (1986), *Postnovísimos*, Madrid, Visor.

ZIMMERMANN, Marie-Claire (1970), *Poesías españolas contemporáneas*, París.

2. ESTUDIOS

ALARCOS, Emilio (1966), *La poesía de Blas de Otero*, Salamanca, Anaya.

— (1969), *Ángel González, poeta (Variaciones críticas)*, Universidad de Oviedo.

ALBORNOZ, Aurora de (1977), *Poesía de la España Peregrina: crónica incompleta* (en *El exilio español de 1939*, Vol. IV), Madrid, Taurus.

— (1979), *Hacia la realidad creada*, Barcelona, Península.

ALEIXANDRE, Vicente (1955), *Algunos caracteres de la nueva poesía española*, Madrid, Instituto de España.

ALONSO, Dámaso (1958), *Poetas españoles contemporáneos*, Madrid, Gredos.

ALVARADO DE RICARD, Elsie (1967), *La obra poética de Dámaso Alonso*, Madrid, Gredos.

ÁLVAREZ, Guzmán (1980), *Lírica española del siglo XX. En busca de una trayectoria*, León, Nebrija.

ALLER, C. (1976), *La poesía personal de Leopoldo Panero*, Pamplona, Eunsa.

ANDÚJAR, Manuel (1977), *Las revistas culturales y literarias del exilio en Hispanoamérica* (en *El exilio español de 1939*, Vol. III), Madrid, Taurus.

ARAOZ, G. Nidia (1986), *Ángel García López. Una renovación del símbolo en la lírica española contemporánea*, Cádiz, Fundación A. Z. Ruiz Mateos.

ASCUNCE, José Ángel (ed.) (1986), *Al amor de Blas de Otero*, San Sebastián, Mundaiz.

AUB, Max (1957), *Una nueva poesía española (1950-1955)*, México, Imprenta Universitaria.

— (1969), *Poesía española contemporánea*, Méjico, ERA.

BALCELLS, José M.ª (1975), *Miguel Hernández, corazón desmesurado*, Barcelona, Dirosa.

BASSOLAS, C. (1973), *La ideología de los escritores (Ideologías y política en la «Gaceta Literaria»: 1927-1932)*, Barcelona.

BENITO DE LUCAS, Joaquín (1984), *Literatura en la posguerra: la poesía*, Madrid, Cincel.

BLECUA, José Manuel (1977), *Sobre el rigor poético en España*, Barcelona, Ariel.

— (1981), *La vida como discurso*, Zaragoza.

BOUSOÑO, Carlos (1976[6]), *Teoría de la expresión poética (Apéndice I: Poesía contemporánea y poesía poscontemporánea)*, Madrid, Gredos.

— (1985), *Poesía postcontemporánea (Cuatro estudios y una introducción)*, Madrid, Júcar.

BROOKS, Zelda I. (1979), *La poesía de Gabriel Celaya: las metamorfosis del hombre*, Madrid, Playor.

BURDIEL, I. (1980[2]), *Francisco Brines*, Valencia, Ocmo.

CÁCERES PEÑA, J. A. (1970), *La poesía de Leopoldo de Luis*, Málaga.

CAMPA, Antonio R. de la (1969), *La poesía española de posguerra*, Madrid.

CAMPBELL, F. (1971), *Infame turba*, Barcelona, Lumen.

CANO, José Luis (1955), *De Machado a Bousoño. Notas sobre poesía española contemporánea*, Madrid, Ínsula.

— (1960), *Poesía española del siglo XX. De Unamuno a Blas de Otero*, Madrid, Guadarrama.

— (1974), *Poesía española contemporánea. Las generaciones de posguerra*, Madrid, Guadarrama.

— (1984), *Poesía española en tres tiempos*, Granada, Don Quijote.

CANO BALLESTA, Juan (1972), *La poesía española entre pureza y revolución (1930-1936)*, Madrid, Gredos.

— (1978[3]), *La poesía de Miguel Hernández*, Madrid, Gredos.

— (1979), *En torno a Miguel Hernández*, Madrid, Castalia.

CAÑAS, Dionisio (1984), *Poesía y percepción (Francisco Brines, Claudio Rodríguez y José Ángel Valente)*, Madrid, Hiperión.

CARBONELL, Reyes (1962), *Espíritu de llama. Estudios sobre poesía hispánica contemporánea*, Pittsburgh, Duquesne University Press.

CAUDET, Francisco (1975), *«Romance» (1940-41), una revista del exilio*, Madrid, Porrúa.

CERNUDA, Luis (1957), *Estudios sobre poesía española contemporánea*, Madrid, Guadarrama.

CIPLIJAUSKAITÉ, Biruté (1966), *El poeta y la poesía (Del romanticismo a la poesía social)*, Madrid, Ínsula.

COBB, Carl W. (1976), *Contemporary spanish poetry (1898-1963)*, Boston, Twayne Publishers.

COLANGELI, Romano (1962), *José Luis Hidalgo, poeta della morte*, Bolonia, Editrice R. P.

CONNOLLY, E. (1969), *Leopoldo Panero: la poesía de la esperanza*, Madrid, Gredos.

CHEVALIER, Marie (1973), *L'Homme, ses oeuvres et son Destin dans la poésie de Miguel Hernández*, Université de Lille.

DEBICKI, A. P. (1970), *Dámaso Alonso*, Nueva York, Twayne Publishers.

— (1986), *Poesía del conocimiento. La generación española de 1956-1971*, Madrid, Júcar.

DÍAZ DE CASTRO, J. F. (1975), *La poesía de Miguel Labordeta*, Valencia, Universidad de Valencia.

DÍAZ-PLAJA, Guillermo (1966), *Memoria de una generación destruida (1930-1936)*, Barcelona.

— (1975), *Vanguardismo y protesta*, Barcelona, Libros de la Frontera.

DIEZ *años de poesía española* (1981), *Camp de l'arpa*, número 86, Barcelona.

ELEMENTOS *formales en la lírica actual* (1967), Santander, Universidad Internacional Menéndez y Pelayo.

EN MEMORIA *de Leopoldo Panero* (1965), *Cuadernos Hispanoamericanos*, números 187-188, Madrid.

EN TORNO *al poeta José Hierro (Palabras desde Cantabria)* (1982), Santander.

ENGELSON MORSON (1978), *Poesía y poética de Ángel Valente*, Nueva York.

ENTRE *la cruz y la espada. En torno a la España de la posguerra (Homenaje a Eugenio de Nora)* (1984), Madrid, Gredos.

FERRÁN, Jaime, y D. P. TESTAS (eds.) (1973), *Spanish Writers of 1936. (Crisis and Commitment in the Poetry of Thirties and Forties)*, Londres, Tamesis Book.

FERRER SOLA, J. (1983), *Poesía metafísica de Miguel Labordeta*, Universidad de Barcelona.

FERRERES, Rafael (1976), *Aproximación a la poesía de Dámaso Alonso*, Valencia, Bello.

FLYS, Miguel J. (1968), *La poesía existencial de Dámaso Alonso*, Madrid, Gredos.

GALÁN, Joaquín (1978), *Blas de Otero, palabras para un pueblo (Tres vías de conocimiento)*, Barcelona, Ambito.

GAOS, Vicente (1971), *Claves de la literatura española*, vol. II, Madrid, Guadarrama.

GARCÍA DE LA CONCHA, Víctor (1973), *Poesía española de posguerra. Teoría e historia de sus movimientos*, Madrid, Prensa Española.

— (1987), *La poesía española de 1935 a 1975*, Madrid, Cátedra.

GARCÍA MARTÍN, J. L. (1986), *La segunda generación poética de posguerra*, Badajoz, Diputación de Badajoz.

GARCÍA NIETO, José (1963), *La poesía de Leopoldo Panero*, Madrid, Editora Nacional.

GEIST, Anthony Leo (1980), *La poética de la generación del 27 y las revistas literarias: de la vanguardia al compromiso (1918-1936)*, Barcelona, Labor.

LA GENERACIÓN *poética de 1936* (1970), *La Estafeta Literaria*, número 452.

GIMFERRER, Pere (1971), *Treinta años de literatura en España*, Madrid, Kairós.

GONZÁLEZ, José M.ª (1982), *Poesía española de posguerra (Celaya, Otero, Hierro, 1950-1960)*, Madrid, Edi-6.

GONZÁLEZ MUELA, J. (1973), *La nueva poesía española*, Madrid, Alcalá.

GRANADOS, Juana (1956), *La poesía de Miguel Hernández*, Milán, La Goliardica.

GRANDE, Félix (1970), *Apuntes sobre poesía española de posguerra*, Madrid, Taurus.

GULLÓN, Ricardo (1985), *La juventud de Leopoldo Panero*, León, Diputación Provincial.

HERNÁNDEZ, M.ª Teresa, y A. GARCÍA BERRIO (1977), *Juan Rejano, poeta del exilio*, Salamanca, Universidad de Salamanca.

HERNANDO, M. A. (1974), *La Gaceta Literaria (1927-1932). Biografía y valoración*, Valladolid, Universidad.

HIRIART, Rosario (1981), *Un poeta en el tiempo: Ildefonso-Manuel Gil*, Zaragoza, Diputación Provincial.

— (1984), *Ildefonso-Manuel Gil ante la crítica*, Zaragoza, Diputación Provincial.

HOMENAJE *a Carlos-Edmundo de Ory* (1971), *Litoral*, números 19-20, Málaga.

IFACH, María de Gracia (ed.) (1975), *Miguel Hernández*, Madrid, Taurus, «El escritor y la crítica».

ILIE, Paul (1981), *Literatura y exilio interior*, Madrid, Fundamentos.

JIMENEZ, José Olivio (1964), *Cinco poetas del tiempo*, Madrid, Ínsula.

— (1972), *Diez años de poesía española, 1960-1970*, Madrid, Ínsula.

— (1983), *La presencia de Antonio Machado en la poesía española de posguerra*, Lincoln, The University of Nebraska.

JIMÉNEZ MARTOS, Luis (1976), *Informe sobre poesía española (Siglo XX)*, Barcelona, Planeta.

JOVEN *poesía española* (1984), *Ínsula*, número 454, Madrid.

LAPESA, Rafael (1977), *Poetas y prosistas de ayer y de hoy*, Madrid, Gredos.

LECHNER, J. (1975), *El compromiso en la poesía española del siglo XX. (Parte II: 1939-1974)*, Leiden, Universitaire Press.

LETRAS *españolas, 1976-1986* (1987), Madrid, Castalia-Ministerio de Cultura.

LEY, Charles David (1962), *Spanish poetry since 1939*, Washington, The Catholic University of America Press.

LITERATURA *contemporánea en Castilla y León* (1986), Valladolid, Junta de Castilla y León.

LÓPEZ ANGLADA, Luis (1967), *Caminos de la poesía española (Poetas castellanos de hoy)*, Madrid.

LORENZ, Erika (1961), *Der metaphorische Cosmos der modernen spanischen Lyrik (1936-1956)*, Hamburgo.

LUIS, Leopoldo de (1975), *La poesía aprendida (Poetas españoles contemporáneos)*, Valencia, Bello.

MANGINI GONZÁLEZ, G. (1979), *Jaime Gil de Biedma*, Madrid, Júcar.

MAINER, José Carlos (1971), *Falange y literatura*, Barcelona, Labor.

— (1977), *Miguel Labordeta. Un poeta en la posguerra*, Zaragoza, Alcrudo.

MANTERO, Manuel (1971), *La poesía del yo al nosotros (Introducción a la poesía contemporánea)*, Madrid, Guadarrama.

— (1986), *Poetas españoles de posguerra*, Madrid, Espasa-Calpe.

MANRIQUE DE LARA, J. G. (1973), *Poesía española de testimonio*, Madrid, Epesa.

— (1974), *Poetas sociales españoles*, Madrid, Epesa.

MARCO, Joaquín (1969), *Ejercicios literarios*, Barcelona, Taber.

— (1981), *Historia crítica de la Literatura Española. Época Contemporánea. La poesía*, Madrid, Crítica.

— (1986), *Poesía española. Siglo XX*, Madrid, Edhasa.

MELLIZO, C., y L. SALSTAD (eds.) (1980), *Blas de Otero, A Study of Poet*, Laramie, University of Wyoming.

MIRÓ, Emilio (1980[2]), *La poesía desde 1939. (Historia de la Literatura Española*, t. IV, *Siglo XX)*, Madrid, Taurus.

NEIRA, Julio (1987), *Correspondencia sobre la edición de «Pido la paz y la palabra»*, Madrid, Hiperión.

ORTIZ, Fernando (1981), *Introducción a la poesía andaluza contemporánea*, Sevilla, Calle del Aire.

OSUNA, Rafael (1986), *Las revistas españolas entre dos dictaduras: 1931-1939*, Valencia, Pre-textos.

PAULINO AYUSO, José (1983), *La poesía en el siglo XX: desde 1939*, Madrid, Playor.

PEÑA, Pedro de la (1978), *Individuo y colectividad. El caso de José Hierro*, Valencia, Universidad de Valencia.

— (1982), *Juan Gil-Albert*, Valencia, Júcar.

POESÍA *(Reunión de Málaga)* (1974), Málaga, Diputación.

POLO, Milagros (1983), *Poesía y poemas. José Ángel Valente*, Madrid, Narcea.

PONT, Jaume (1987), *El postismo. Un movimiento estético literario de vanguardia*, Barcelona, Edicions del Mall.

PRAT, Ignacio (1983), *Estudios sobre poesía contemporánea*, Madrid, Taurus.

QUIÉN *es quién en poesía* (1985), Madrid, Asociación Prometeo.

PUCCINI, Dario (1970), *Miguel Hernández. Vida y poesía*, Buenos Aires, Losada.

QUIÑONES, Fernando (1966), *Últimos rumbos de la poesía española. La postguerra: 1936-1966,* Buenos Aires, Columba.

RAFFUCCI DE LOCKWOOD, Alicia M. (1966), *Cuatro poetas de la Generación del 36 (Hernández, Serrano-Plaja, Rosales y Panero),* Madison University of Wisconsin Press.

RAMOS, Vicente (1973), *Miguel Hernández,* Madrid, Gredos.

RINCÓN, F. (1978), *La poesía de Miguel Fernández,* Valencia, Bello.

RODRÍGUEZ, Manuel José (1977), *Dios en la poesía española de posguerra,* Pamplona, Universidad de Navarra.

RODRÍGUEZ ALCALDE, L. (1956), *Vida y sentido de la poesía actual,* Madrid, Editorial Nacional.

ROVIRA, José Carlos (1976), *«Cancionero y romancero de ausencias» de Miguel Hernández. Aproximación crítica,* Alicante, Instituto de Estudios Alicantinos.

— (1986), *La poesía de Jaime Gil de Biedma,* Barcelona, Ediciones del Mall.

RUBIO, Fanny (1976), *Las revistas poéticas españolas (1939-1975),* Madrid, Turner.

RUIZ COPETE, Juan de Dios (1971), *Poetas de Sevilla. De la generación del «27» a los «taifas» del cincuenta y tantos,* Sevilla.

SALAÜN, Serge (1985), *La poesía de la guerra de España,* Madrid, Castalia.

SÁNCHEZ ROBAYNA, Andrés (1985), *La luz negra. Ensayos y notas. 1974-1978,* Madrid, Júcar.

SÁNCHEZ VIDAL, Agustín (1976), *Miguel Hernández en la encrucijada,* Madrid, Edicusa.

SÁNCHEZ ZAMARREÑO, Antonio (1986), *La poesía de Luis Rosales (1935-1980),* Salamanca, Universidad de Salamanca.

SANZ VILLANUEVA, Santos (1984), *Literatura actual. Historia de la Literatura española. Siglo XX. Tomo 6/2,* Madrid, Ariel.

SEGOVIA, Tomás (1970), *Contracorrientes,* México.

TORRE, Emilio E. de (1983), *José Hierro: Poeta de testimonio,* Madrid, Porrúa.

UGALDE, S. K. (1978), *Gabriel Celaya,* Boston, Twayne Publishers.

VALBUENA PRAT, Ángel, y M.ª del Pilar PALOMO (1983), *Historia de la Literatura Española,* Tomo VI, Barcelona, Gustavo Gili.

VILLENA, Luis Antonio de (1984), *El razonamiento inagotable de Juan Gil-Albert,* Madrid, Anjana Ediciones.

VIVANCO, Luis Felipe (1971[2]), *Introducción a la poesía española contemporánea,* Madrid, Guadarrama.

WAHNON, S. (1983), *El irracionalismo en la poesía de Miguel Fernández,* Granada, Antonio Ubago Edit.

WRIGHT, Eleanor Kate (1985), *Spanish social poetry after the civil war,* Ann Arbor, University of Michigan.

— (1986), *The poetry of protest under Franco,* Londres, Tamesis Books.

ZAPIAIN, Ítziar, y R. IGLESIAS, (1983), *Aproximación a la poesía de Blas de Otero,* Madrid, Narcea.

ZARDOYA, Concha (1974), *Poesía española del siglo xx,* Tomo IV, Madrid, Gredos.

ZORITA, Ángel (1976), *Dámaso Alonso,* Madrid, Ediciones y Publicaciones Españolas.

ESTE LIBRO
SE ACABO DE IMPRIMIR
EN LOS TALLERES GRAFICOS
DE ANZOS, S. A.
FUENLABRADA (MADRID)
EN EL MES DE SEPTIEMBRE DE 1990